KB030992

전학년 프로젝트
주제 중심 교육과정
재구성부터 수업 실천,
평가까지

수업으로
교육과정을
다시 디자인하다

전학년 프로젝트
수업으로
교육과정을
더 디자인하다

발행일   2019년 12월 17일 초판 1쇄 발행
          2025년 2월 1일 초판 3쇄 발행
지은이   기애경, 조은아, 송영범, 김성일, 옥진우, 한난희
발행인   방득일
편 집   박현주, 강정화
디자인   강수경
마케팅   김지훈

발행처   맘에드림
주 소   서울시 도봉구 노해로 379 대성빌딩 902호
전 화   02-2269-0425
팩 스   02-2269-0426
e-mail   momdreampub@naver.com

ISBN 979-11-89404-27-7 93370

전학년

주제 중심 교육과정
재구성부터 수업 실천,
평가까지

프로젝트
수업으로
교육과정을
다시 디자인하다

기애경 · 조은아 · 송영범
김성일 · 옥진우 · 한난희 지음

맘에 드림

여러분의 교실에 꼭 맞는
프로젝트 수업 디자인을 위하여

교실 문을 열고 들어와 아이들과 인사를 나누고, 수업을 진행하는 내내 교사로서 끊임없이 묻고 또 묻게 되는 질문이 있습니다.

"나는 과연 잘하고 있는 걸까?"

가능한 아이들 한 명 한 명과 눈맞춤을 하면서 아이들 각자의 눈높이에 맞추려고 노력하다 보면 어느새 수업시간이 훌쩍 흘러가버립니다. 수업을 마치고 나면 알림장을 쓰면서 짧은 수업 성찰의 시간을 가져봅니다. 오늘 계획했던 일과 해야 할 일들을 차질 없이 다 했는지, 혹시 전달사항 중 빼놓은 것은 없는지 자꾸만 확인하는 시간을 갖게 됩니다.

동학년 협의회 시간에 만난 동료와 어떻게 수업을 하고 있는지에 관해 이야기를 나누다 보면 '아, 그때 왜 나는 그렇게 하지 못했을까?' 하는 생각이 들며 종종 후회하기도 합니다. 경력이 쌓일수록 자신감보다는 두려움이 점점 더 많아지는 이유는 무엇일까요? 나 자신의 내면을 가만히 들여다보니 어느 누가 시킨 것도 아닌데, 나도 모르게 '비교와 경쟁'을 마음속 깊이 품고 있었다는 것을 깨달았습니다.

어디선가 들었던 이야기가 생각납니다. 해녀학교에서 가장 먼저 가르치는 것은 '자신의 숨 길이를 아는 것'이라고 합니다. 자신의 숨 길이는 무시한 채 오직 남들보다 더 오래 숨을 참고 자맥질을 하여 더 많은 것을 수확하려는 욕심에 사로잡혀 '어떻게 하면 숨 길이를 늘일 수 있을까?'만 골몰하다 보면 자칫 자신의 생명에 위험 신호가 오는 줄도 모르게 된다는 거죠. 마찬가지입니다. 교사가 특색 있는 학급 교육과정을 위하여 프로젝트를 계획하다 보면 '어떻게 하면 좀 더 멋지고, 신나고, 유익하게 교육과정 재구성을 할 수 있을까?' 하며 여기저기 기웃거리는 경우가 많습니다. 그러다 보면 정작 나의 '숨 길이'는 뒷전인 채 오직 '어떻게 하면 남보다 멋진 수업을 만들 수 있을까?'에만 얽매여 수업을 만들려고 하게 되죠. 그 결과 얼마 못 가 숨이 차서 포기하고 말았던 적이 많았던 것 같습니다.

나의 '숨 길이'를 이해하는 것처럼 스스로를 들여다보았습니다. 내가 좋아하는 것, 바라는 것, 절대 포기하지 않는 것, 노력했으면 하는 것 등 나에 대한 이해를 구체적으로 표현하게 되었습니다. 그리고 아이들과의 눈맞춤으로 어떻게 함께할 수 있을지 이야기를 나누어보았죠. 그렇게 빛깔 있는 학급 교육과정을 시작하였고, 프로젝트 활동으로 교육과정을 재구성하게 되었습니다.

개인적으로 부끄럽다는 생각이 들기도 하지만 나의 성장과 우리의 성장을 위하여 스펙트럼 교사 6인이 함께 노력하며 만들어간 학급 교육과정을 소개하고자 합니다. 어느 누구와 사사건건 비교하는 것이 아니라 함께할 때 더 힘이 되었고, 계획한 것을 더 지속적으로 이끌어갈 수 있었습니다. 이런 함께하는 우리의 모습이 '교사의 숨'을 더 길게 만들어줄 수 있는 밑거름이 될 수 있기를 진심으로 바랍니다.

2019년
저자 일동

※ 프로젝트 수업과 프로젝트 학습은 같은 의미이지만, 주체에 따라서 달리 부를 수 있습니다. 이 책에서도 용어가 혼용되어 있음을 밝힙니다.

차례

Part
01

프로젝트 수업의 기반

"뿌리 깊은 나무는 흔들리지 않습니다!"

Chapter 01   프로젝트 수업의 이해

우리가 알아야 할 프로젝트 수업의 거의 모든 것

Part
02

프로젝트 수업의 실제

"교육과정 재구성과 수업 디자인, 어렵지 않아요!"

Chapter 04 ## 학년별 교육과정 재구성

프로젝트 기반 교육과정, 어떻게 재구성할 것인가?

기초공사가 부실하면 그 위에 아무리 튼튼한 건물을 쌓아올려도 결국 무너지기 쉽다. 기초공
사가 중요한 것처럼 우리가 본격적으로 프로젝트 수업을 디자인하고 진행하기 전에 먼저 살
펴볼 것들이 있다. 이러한 것들을 살펴봄으로써 우리는 수업을 더욱 체계적으로 만들어갈 수
있을 것이다. 그래서 실제 프로젝트 수업 디자인을 어떻게 해야 하는지 살펴보기 전에 먼저
프로젝트 수업은 어떤 기반으로 이루어지는지를 중심으로 살펴보고자 한다. 본격적인 수업을
만들어가기 전에 머릿속에 수업의 큰 그림을 그려보는 데 분명 도움이 될 것이다.

Part
01

프로젝트
수업의 기반

"뿌리 깊은 나무는 흔들리지 않습니다!"

프로젝트 수업에 관해서는 이미 수많은 자료와 논문이 나와 있고, 단행본으로도 많이 출간되어 소개되고 있다. 그만큼 프로젝트 수업에 관한 이론적인 배경은 여러분도 잘 알고 있을 것이라고 짐작한다. 하지만 혹시라도 처음 접하는 교사들을 위해 간략하게나마 이론을 다룰 필요는 있다고 생각한다. 다만 여기에서는 지나치게 학술적인 관점에서 설명하기보다는 실제 수업과 연관시켜서 우리가 프로젝트 수업을 디자인할 때 놓치지 말아야 할 것들을 중심으로 살펴보고자 한다.

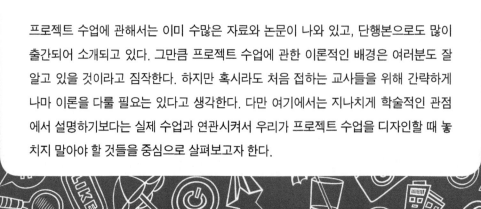

프로젝트 수업의 이해

우리가 알아야 할 프로젝트 수업의 거의 모든 것

01
프로젝트 수업이란
무엇인가?

교실에서 이미 프로젝트 수업을 수차례 진행해본 교사들도 있을 것이고, 단지 책에서 이론적으로만 접해보았을 뿐 아직 직접 실천해보지 못한 교사들도 있을 것이다. 본격적인 프로젝트 수업 디자인과 실천 과정을 설명하기에 앞서 우선 프로젝트 수업의 개념을 간략하게나마 짚어보려 한다.

프로젝트 수업의 개념에 대한 기존 논의는 다양하지만, 기본적으로 20세기 초 구성주의 학습법의 일환으로 듀이(Dewey)와 킬패트릭(Kilpatrick)의 진보주의 교육사상을 기저로 보는 것이 일반적이다. 프로젝트 수업을 간단히 정의해보면 "교사가 주도하는 지식 전달식 수업에서 벗어나 학생들이 능동적으로 수업에 참여하며 주변의 삶과 관련된 주제를 탐구하고 다양한 경험을 할 수 있는 상황을 제공하는 학습법"을 의미한다고 할 수 있다. 그러다 보니 오랫동안 프로젝트 수업은 학생 중심 수업의 대명사처럼 여겨져 왔다.

하지만 현재의 프로젝트 수업은 이에 머물지 않는다. 즉 20세기 초의 프로젝트 수업이 단순히 학생 주도 수업을 기치(旗幟)로 시작된 것이라면, 지금의 프로젝트 수업은 한층 발전된 형태로 진화하고 있다는 뜻이다. 물론 학생이 주도하는 주요 수업 방식임에는 분명하지만 여기에 몇 가지가 추가되었다. 예컨대 학생 주도 수업에 인류의 가치 포함, 탐구활동 속 배움과 성장 등이 강조됨과 동시에 교사의 역할 또한 중요시되고 있다.

특히 교사에게는 프로젝트 수업에서 학생이 사고하고, 탐구하며, 성찰할 수 있는 상황을 지속적으로 관리하고, 수업이 목표를 일탈하지 않고 올바른 방향으로 나아갈 수 있도록 디자인하는 수업 설계자로서의 역할이 강조되고 있다. 이러한 점에서 볼 때 과거의 강의식 수업에 비해 오히려 교사의 역량이 훨씬 더 중요해졌다고 할 수 있다. 이러한 최근의 프로젝트 수업이 가진 주요 요소들을 반영해서 프로젝트 수업이 어떤 수업인지 정리해보면 다음과 같다.[1]

첫째, 가치 있는 수업목표를 가져야 한다

프로젝트 수업은 학생과 교사 모두가 해당 과목에 깊이 있게 파고들어 기본적인 지식과 기능을 넘어서는 배움과 앎을 추구하게 하는 수업 방식이다. 즉 교육과정이 담고 있는 성취기준과 핵심역량 중심의 학습 내용뿐만 아니라 인류 공동체가 추구해야 할 의미 있는 가치와 개념을 학습 내용으로 다루고 있다. 따라서 프로젝트 수업을 디자인할 때는 이러한 배움이 이루어지도록 구체적인 수업목표를 설정해야 한다.

둘째, 수행해야 할 탐구질문을 이끌어내야 한다

질문의 가치는 현대사회에서 더욱 주목받고 있다. 올바른 질문이야말로 최선의 답을 찾기 위한 지름길이다. 배움에 있어서도 질문, 특

---

1. 존 라머 등, 《프로젝트 수업 어떻게 할 것인가?》(최선경·장밝은·김병식 옮김), 지식프레임, 2015, 40-57쪽 재구성

히 핵심질문의 중요성은 점점 더 강조되고 있다.

책상 앞에 앉아서 교사가 하는 말이라면 아무런 의심 없이 기계적·수동적으로 받아들이게 하는 수업은 옛말이 된 지 오래다. 이제는 학생들이 끝없이 의문을 갖고 질문하게 만드는 것이야말로 교사의 중요한 역할이 되고 있다.

특히 프로젝트 수업에서는 탐구활동의 단초가 되는 핵심질문인 **탐구질문**의 역할이 매우 중요하다. 무엇보다 탐구질문은 학습을 의미 있게 만들어줄 뿐만 아니라 학습에 목적을 부여해준다. 단편적인 지식 전달이 아니라 어떤 문제나 질문에 초점을 맞춰 수업을 디자인하면 학생들은 단지 기계적으로 기억하기 위해서 지식을 배우는 것이 아니라 자신의 삶과 이어진 살아 있는 지식을 추구하게 된다. 새로운 지식의 습득뿐만 아니라, 언제 어떻게 이 지식을 사용할지를 배워야 하는 것이다. 프로젝트 수업은 학생들이 스스로 해결하고 탐구해 나가야 할 질문을 공유하고 선정하여 습득하는 의미 있는 과정을 경험하는 데 최적이다.

셋째, 심층적인 탐구 과정을 거쳐야 한다

일반적으로 프로젝트 수업은 "무엇을 알고 있고, 앞으로 무엇을 알아야 하는가?"라는 질문과 함께 시작한다. 이러한 질문들은 학생들이 자발적으로 실행해야 할 조사와 연구, 완성해야 할 과업을 확인하고 자신이 앞으로 만들어서 '공개할 결과물'을 계획하도록 이끌어준다. 이렇게 진행되는 프로젝트 수업은 자연스럽게 학생들이 탐구문제에 대한 도전의식과 목표의식을 갖고 질문하고, 자료를 찾으며, 이를 활용하고 해결책을 발견하여 삶의 모습으로 연결짓는 등의 심층적 탐구 과정을 거치도록 유도하게 된다.

넷째, 현실 생활과 연결되어야 한다

배움이 삶과 동떨어질수록 학생들은 흥미를 잃고 배움과 점점 멀어지게 된다. 따라서 교사는 현실 생활과 배움을 어떻게 잘 연결시켜갈지 고민하게 된다. 이러한 고민은 프로젝트 수업 디자인에서도 학생들의 자발적인 참여와 집중을 이끌어내는 데 매우 중요한 요소이다. 프로젝트 수업은 학습 경험을 가급적 현실 생활에서 일어나는 상황과 연결시킴으로써 교육활동을 한층 의미 있는 활동으로 만들게 되고, 학생들 또한 배움에 좀 더 가깝게 다가서고 경험할 수 있게 해준다.

다섯째, 학생의 자기주도성이 발휘되어야 한다

성공적인 프로젝트 수업을 위해서는 학생의 자발적 참여가 관건이다. 따라서 학생들이 수업 전반에 걸쳐 자신의 생각을 정리하고 표현할 수 있게 배려해주어야 한다. 이런 요구는 학습의 동기유발과 지속성의 측면에서 학생이 자기주도성을 가지고 스스로 선정한 주제나 문제를 해결하기 위해 노력하는 자세를 성장시킨다는 점에서 중요하다.

여섯째, 학생과 교사의 성찰을 통해 더 나은 수업을 만들어간다

프로젝트 수업은 오직 최종 결과만을 가지고 평가하는 것이 아니라 탐구하는 과정 하나하나에 의미를 부여하는 수업 방식이다. 즉 과정마다 의미 있는 피드백이 주어지고, 이것이 새로운 탐구로 이어지는 선순환 구조를 낳게 하는 것이 무엇보다 중요하다. 따라서 학생과 교사는 프로젝트 수업 전반에 걸쳐 지속적인 성찰의 과정을 가질 필요가 있다. 이는 탐구 과정과 프로젝트 활동이 효율적인지, 어려움은 무엇인지, 어떻게 어려움을 극복할 수 있는지, 결과물의 제작 수준은 어떤지 등에 대한 성찰을 말한다. 이러한 성찰은 그 자체로 프로젝트 수업의 순조로운 진행과 완성도 높은 결과 및 수업 목표를 달성하는 데 매우 중요하고 의미 있는 과정이 된다.

일곱째, 결과물을 표현 및 공유할 수 있어야 한다

프로젝트 수업은 함께 힘을 모아 결과를 도출하는 수업 형태로, 모든 학생들이 성취감을 맛보는 데 중요한 표현과 공유의 과정을 포함하고 있다. 프로젝트 수업은 바로 이러한 표현과 공유의 과정을 거쳐서 완결되며, 학생들의 입장에서는 자신의 사고와 활동을 정리해내는 과제를 수행하게 된다. 즉 학습의 결과를 재구성하고 이를 정리해서 드러냄으로써 타인에게 자신의 생각을 전달 및 공유하는 것이다. 생각을 드러내고 표현하는 방법은 글을 비롯해서 멀티미디어의 활용, 전시, 연극, 발표 등 다양한 방법을 활용할 수 있다.

여덟째, 건강한 비평은 상호 발전의 밑거름이 된다

프로젝트 수업은 학생들 각자의 결과물을 공개하고 이에 대해 서로 거리낌 없이 비평할 수 있어야 한다. 다만 여기에서의 비평은 인신공격이나 공연한 트집 잡기가 아닌 합리적이고 건강한 의문에서 비롯된 것이어야 한다. 이러한 과정을 통해 궁극적으로 학생 스스로 자신의 결과물을 향상시키고 개선해 나가도록 하는 것을 중요시한다. 따라서 교사, 전문가, 멘토 등의 어른들과 동료 학생들로부터 학습에 대한 적절한 피드백을 받는 것이 중요하다. 이러한 피드백을 통해서 학생들은 자기 자신의 성취 수준을 점검하고 개선할 기회를 얻는 한편, 서로의 작업을 날카로운 시각에서 면밀히 살피는 법도 배우게 되기 때문이다. 그뿐만 아니라 어떻게 하면 상호 발전을 위한 제안을 할 수 있는지도 함께 배우게 된다.

아홉째, 최종 결과물의 발표 및 공개를 통해 성취 만족도를 높인다

학생들이 프로젝트 수업을 통해 만들어낸 결과물은 교실 밖 청중들과 공유할 기회를 갖는 것이 좋다. 이러한 기회는 프로젝트 결과물의 가치를 스스로 인식할 뿐만 아니라, 교사는 물론 다른 사람들에게도 결과물이 진지하게 받아들여진다는 것을 인식하게 해준다. 따라서 학생들이 결과물을 만드는 데 최선을 다하도록 이끄는 효과를 기대할 수 있다. 이를 통해 학생들은 자신들의 결과물과 성취를 자랑스럽게 생각하게 되며, 이러한 변화와 성장은 학부모의 지지와 학교 교육에 대한 신뢰로 돌아오게 될 것이다.

교사는 이상과 같은 것들을 꼭 염두에 두고 프로젝트 수업을 디자인해야 한다. 만약 프로젝트 수업을 진행한다고 해도 그저 뭔가 과제를 부여하고, 모둠활동을 통해 이를 풀어가도록 지시한 후에 활동 결과물만을 가지고 평가하고 끝낸다면 프로젝트 수업이 추구하는 본연의 교육적 성과에 이르기 어려울 것이다. 따라서 프로젝트 수업을 디자인하는 단계에서부터 이상과 같은 가치를 반영하고 있는지를 반드시 고려해야 하는 것이다. 그렇지 않으면 자칫 프로젝트 수업이 학생들의 배움으로는 이어지지 못한 채, 그저 색다른 수업을 진행했다는 데만 의의를 둔 채 아쉽게 끝나버릴 수도 있기 때문이다.

02

우리는 왜 또다시
프로젝트 수업에 주목하는가?

교사의 가르침에 학생이 수동적으로 따라가는 수업 방식에서 벗어나 학생이 수업의 주체가 되어야 한다는 주장이 설득력을 얻으면서 학생 중심 수업에 대한 관심이 크게 높아졌다. 아울러 교육이 단편적인 지식 전달이 아닌 창의력이나 문제해결 능력을 포함한 핵심역량을 함양한 인재로 키워내는 데 초점이 맞춰지면서 학생 중심 수업은 한층 더 주목을 받게 되었다. 프로젝트 수업 또한 그러한 과정에서 주목을 받게 된 수업 방식 중 하나이다.

하지만 최근 들어 우후죽순 생겨나는 새로운 수업 방식들의 공세와 형식적인 면에만 치중한 프로젝트 수업 진행은 여러 가지 오해와 피로감을 낳게 되었다. 즉 교사들의 업무만 쓸데없이 늘어날 뿐 교육적 성과, 특히 정규 교육과정과 이어지기 어렵다는 편견을 만들어낸 것이다. 이러한 편견 때문에 선뜻 프로젝트 수업 실천을 주저하고 망설이는 교사들도 상당수였다. 이는 아마도 프로젝트 수업의 방법론에만 초점이 맞춰졌기 때문일 것이다. 하지만 최근 들어 프로젝트 수업의 가치는 재조명되고 있다.

특히 프로젝트 수업이 지닌 의미와 필요성은 미래사회에서 요구되는 학생들의 역량 함양을 위한 방법적 측면뿐만 아니라 학생들의 삶과 인류의 가치를 주제로 하는 내용적 측면에서도 그 중요성을 생각해볼 수 있다. 게다가 프로젝트 수업은 학습자로서 학생들의 성장뿐만 아니라 한 인간으로서 교사의 성장에 있어서도 그 의미와 필요성을 찾아볼 수 있다. 이러한 프로젝트 수업이 지니는 의미와 필요성을 몇 가지로 정리하여 살펴보면 다음과 같다.[2]

첫째, 프로젝트 수업은 창의융합형 인재 육성을 위한 접근법이다

교과서 중심의 현행 교육과정은 교과 단위의 분절된 교육과정이다. 그렇기 때문에 각각의 교과목으로 나누어져 있으며, 같은 교과 내에서도 단원과 단원이 서로 나누어져 있다. 그러나 미래사회는 분절된 지식이 아니라 융합이나 통합을 통한 개인의 역량이 중심이 되는 사회가 될 것이다. 따라서 공교육에서 창의적 사고역량을 갖춘 창의융합형 인재를 키워내기 위한 교육과정의 개발과 핵심역량을 강화시키는 방향으로 흘러가야 한다. 이에 프로젝트 수업에서 취하고 있는 통합적 접근이이야말로 미래사회 인재 육성을 위한 최적의 접근법 중 하나로 주목받고 있다.

둘째, 프로젝트 수업은 자기주도적 학습 방법을 배우는 데 효과적이다

성공적인 프로젝트 수업을 위해서는 학생 스스로 프로젝트를 수행하기 위하여 자기주도적인 활동을 해야 한다. 즉 스스로 탐구질문을 하고, 이를 해결하기 위해 스스로 필요한 것을 찾아내고, 자신의 생각

---

2. 이현정 외, 《프로젝트 수업, 배움을 디자인하다》, 행복한 미래, 2017, 30-33쪽 재구성

을 입증하거나 재생산해야 한다는 뜻이다. 학생의 주도적인 사고와 경험이 중요하며, 이러한 과정에서 자연스럽게 스스로 학습하는 방법을 배우고 몸에 익히게 된다.

셋째, 프로젝트 수업은 진정한 학습자 중심 수업으로서의 의미를 지닌다

프로젝트 수업은 학생의 흥미에 부합하는 주제를 자유롭게 선정할 수 있을 뿐만 아니라, 수업 내용 및 수업 형태에 있어서도 학생의 자기주도적 탐구 수행과 학생들 간의 상호 협력적인 활동을 중심으로 진행된다. 이러한 수업을 통해 학생들의 수업에 대한 흥미와 집중을 이끌어내고 또 유지시킬 수 있다. 아울러 배움이 삶과 동떨어진 것이 아니라 학생 자신의 실제 삶과 연결지어 의미를 찾게 함으로써 더욱 깊이 있는 학습이 가능해진다.

넷째, 프로젝트 수업은 학습자의 삶을 반영하는 실제적인 수업이다

프로젝트 수업은 책 속에만 존재하는 이론 중심의 추상적 주제뿐만 아니라, 좀 더 실제적이며 학생들이 실감할 수 있는 현실에 가까운 주제를 수행하는 데 용이하다. 삶과 관련된 여러 주제 중 어떤 것이든 학생이 흥미를 느끼는 현재의 삶이 프로젝트의 주제가 될 수 있다는 뜻이다. 따라서 프로젝트 수업은 현실을 중요하게 고려하며, 이것을 학생의 삶 그리고 배움과 연결하고자 한다. 자신의 삶과 동떨어진 것이 아니라 삶과 연결된 수업에 임할 때, 학생들은 자신이 하고 있는 것에 대해 의미를 부여하고 한층 더 깊이 탐구하게 된다.

다섯째, 프로젝트 수업은 초등학교 수업에 한층 적합할 수 있다

초등학교는 외국어 등의 일부 과목을 제외하고 담임교사가 대부분의 교과를 담당하고 있다. 이는 교과를 통합하여 자유롭게 운영하기에 용이한 필요조건을 갖춘 셈이다. 또한 초등학교는 같은 교실에서 담임선생님과 학생들이 함께 생활하는 시간이 많기 때문에 프로젝트 수업을 생활지도나 학급경영과 연계하여 확장 진행할 수도 있다. 이를 통해 수업시간 이외에도 배움이 일상에서 지속적으로 이어지는 효과를 기대할 수 있다.

여섯째, 프로젝트 수업은 교사와 학생이 함께 성장하는 수업이다

프로젝트 수업은 학생과 교사가 함께 수업을 완성해 나가는 형태이다. 따라서 교사와 학생이 단순히 지식의 전달자와 전수자로서가 아닌 서로 독립된 인격체로 만나게 된다. 그리고 프로젝트를 함께 수행해 나가는 과정에서 교사와 학생이 함께 성장해 나갈 수 있다. 그러한 의미에서 볼 때, 프로젝트 수업은 학생뿐만 아니라 교사에게도 새로운 도전이다. 프로젝트 수업에서 교사는 학생들에게 주도권을 넘기고 뒤에서 그저 지켜보기만 하면 되는 존재가 아니라 치밀한 설계자로서의 역량을 한껏 발휘해야 한다. 그러다 보면 프로젝트 수업을 진행하면서 교사 스스로 의미를 부여하고, 수업을 통해 그 의미를 찾으려고 노력할 수밖에 없다. 새로운 도전 속에서 자신만의 수업을 만들어간다는 자부심과 함께 도전에 대한 희열을 느끼게 되는 것이다. 그 결과 학생뿐만 아니라 자연스럽게 교사도 함께 성장하는 수업이 만들어지는 것이다.

일곱째, 프로젝트 수업은 인간의 바람직한 삶의 모습을 생각한다

프로젝트 수업은 교육과정상의 성취기준과 핵심역량을 학습목표로 한다. 그와 동시에 교사의 관심과 역량에 따라 인류 공동체 또는 주변 생활의 다양한 문제와 가치들에 대한 주제를 대상으로 인간의 바람직한 삶의 방향에 대해 성찰하고 이야기를 나눌 수 있는 수업이다. 이러한 수업을 통해 학생과 교사는 인생의 가치, 삶의 의미를 생각하며 더 큰 자아를 경험할 수 있다. 바로 이러한 부분이 학생뿐만 아니라 교사에게도 프로젝트 수업이 의미 있고 매력적인 이유이다.

이상의 일곱 가지로 크게 정리하기는 했지만, 최근 그 가치가 더욱 주목받고 있는 프로젝트 수업의 당위성은 얼마든지 더 세부적으로 열거할 수 있을 것이다. 프로젝트 수업이 우리의 교실에서 일회성 이벤트가 아니라 일상적인 수업의 모습으로 자리를 잡아야 하는 중요한 이유이다. 또한 프로젝트 수업을 그저 하나의 수업 방식으로써만 인식할 것이 아니라 가치를 이끌어내는 수업 철학으로서 인식해야 하는 이유이기도 하다.

03
계획 단계에서의 수업은
어떻게 디자인해야 하는가?

본격적인 프로젝트 수업을 실천하기에 앞서 수업 디자인, 즉 수업의 큰 그림을 어떻게 그릴 것인가에 관해 고민해야 한다. 여기에서는 특히 계획 단계에서 무엇을 고려해야 하는지를 중심으로 살펴보자.

시작이 반이라는 말도 있다. 때로는 첫 단추를 어떻게 끼우느냐에 따라서 일의 향방이 결정되기도 한다. 잘못 끼운 첫 단추로 인해 때로는 원점으로 다시 돌아가야 하는 일까지도 생길 수 있기 때문이다. 그리고 이는 수업도 크게 다르지 않다. 교사가 그리는 수업의 큰 그림, 즉 수업 디자인을 어떻게 계획하는지에 따라서 향후 프로젝트 수업의 성패가 갈릴 수 있다.

프로젝트 수업을 위한 계획 단계에서의 디자인, 즉 설계 과정은 다음과 같이 크게 4가지로 나눠볼 수 있다. 첫째, 추구하는 가치와 그에 따른 목표 및 방향의 결정, 둘째, 교육과정의 목표 설정과 교육계획의 수립, 셋째, 프로젝트 주제 선정 및 교육과정 재구성, 넷째, 구체적인 수업 구상안의 작성으로 이루어진다.[3]

---

3. 이성대 외, 《프로젝트 수업, 교육과정을 만나다》, 행복한 미래, 2015, 37-69쪽 재구성

첫째, 추구하는 가치에 따른 목표와 방향을 결정한다

프로젝트 수업을 통해서 추구하고자 하는 가치가 무엇인지에 대한 명확한 목표와 방향이 있어야 한다. 그래야 프로젝트 수업이 단순히 색다른 경험이나 일회성 체험 수준에 머물지 않고 심화된 탐구로 이어질 수 있다. 프로젝트 수업의 형태나 프로젝트의 규모에 따라서 추구하는 목표도 달라져야 할 것이다. 따라서 어떠한 목표나 성격으로 프로젝트 수업을 규정하는가는 프로젝트 수업을 통해서 얻게 될 성취의 수준과 질적 가치를 결정하므로, 명확한 목표의 제시야말로 프로젝트 수업의 성공적인 출발을 위한 중요한 과업이다.

둘째, 교육과정 목표를 설정하고 교육계획을 수립한다

프로젝트 수업에 대한 명확한 목표와 방향이 정해지면, 그에 맞게 교육과정 목표를 설정하고, 전반적인 학사 운영에 대한 교육계획을 수립해야 한다. 이는 단위학교 교육과정에 대한 전 학년, 전 교과에 대한 구성원 전체의 체계적이고 통합적인 공동 논의 속에서 프로젝트 수업이 계획되어야 함을 의미한다. 그것이 가능할 때 프로젝트 수업 또한 공교육체계 안에서 온전히 자리를 잡을 수 있을 것이고, 교육적 효과 또한 온전히 발휘할 수 있다.

셋째, 프로젝트 주제를 선정하고 교육과정을 재구성한다

프로젝트 수업이 성공을 거두려면 프로젝트 수업에서 다루고자 하는 개념적 지식과 추구하는 가치에 적합한 주제를 잘 선정해야 한다. 무엇보다 주제는 교육과정에서 목표로 하는 내용요소를 포함하면서 성취기준 또한 잘 달성할 수 있어야 한다. 이를 위해 교육과정의 내용요소와 성취기준을 잘 분석해야 한다. 분석을 통해서 관련 있는 내용요소나 성취기준을 묶어내고 이들을 포괄할 수 있는 개념적 지식과 주제를 선정하고, 이에 맞게 교육과정을 재구성하는 것이 중요하다. 이를 구현하기 위한 교사의 역량이 강조되는 이유이다.

넷째, 구체적인 프로젝트 수업 구상안을 작성한다

뚜렷한 방향성을 제시해줄 구체적인 수업 구상안이 필요하다. 프로젝트 수업 구상안을 작성하는 데 있어 교사들이 반드시 고려해야 할 사항은 수업시간의 배분, 내용의 구성, 필요한 자원의 활용 및 지식의 공유 방법 등이다. 특히 프로젝트 수업 구상안을 작성하는 단계에서 중요한 과정은 프로젝트 수업에 대한 배경 설명, 주제의 선정, 프로젝트 수행을 위한 모둠별 공감과 기획 및 역할 분담, 본격적인 프로젝트 탐구 수행 그리고 결과의 공유 등과 같은 사항들을 프로젝트 수업 구상안에 구체적으로 반영해야 한다는 점이다.

프로젝트 수업 구상안을 구체적으로 작성하는 단계는 실제 교사가 교실 상황을 머릿속에 그려가며 수업의 흐름에 맞게 사고하는 과정이 요구된다. 이를 좀 더 구체적으로 살펴보면 다음과 같다.[4]

① 학습목표 수립하기
정해진 프로젝트 주제와 재구성된 교육과정 속에 담긴 성취기준과 핵심역량을 인식하여, 학생들이 무엇을 배워야 하는지를 분명하고

---

4. 존 라머 등, 《프로젝트 수업 어떻게 할 것인가?》(최선경 외 옮김), 지식프레임, 2015, 189-214쪽 재구성

구체적으로 반영한 학습목표를 수립한다. 프로젝트 수업이 일단 시작되고 나면 예상치 못한 방향으로 흘러갈 수도 있고, 때론 학생들의 흥미나 열정으로 인해 미처 생각하지 못한 엉뚱한 방향으로 흐르기도 한다. 따라서 교사는 프로젝트가 학습목표에서 벗어나지 않도록 일정 수준에서 방향을 잡아주는 키잡이 역할을 해야 한다.

② 학생 수준 확인하기

학습자인 학생들에 대한 고려가 없다면 결코 좋은 수업 디자인이라고 말할 수 없을 것이다. 따라서 수업을 계획하는 단계에서 자신이 가르치는 학생들에 대한 다양한 정보를 수집하고 난 후에 프로젝트 시작을 위한 준비가 이루어져야 한다. 예컨대 학생들의 프로젝트 경험 여부, 프로젝트를 하며 좋았던 점과 어려웠던 점, 학생들이 지닌 특별한 재능과 성향 등을 파악하고 그 밖에 프로젝트 수행에 도움이 될 만한 점들을 파악한다. 그 외에도 학생들의 준비상태 점검 사항으로 교사의 수업 스타일에 친숙한 정도, 학생들의 인지적 사고능력, 모둠활동 수행역량 등을 확인할 필요 등이 있다.

③ 탐구질문 작성하기

학생의 눈높이에 맞지 않는 질문은 아무리 그럴듯해 보여도 겉만 번드르르할 뿐 실제 학생들의 배움으로 이어질 가능성이 희박하므로 실속이 없다. 따라서 탐구질문은 프로젝트의 핵심 도전 과제나 질문을 학생들에게 친숙한 언어로 표현하는 것이 중요하다. 좋은 탐구질문은 학생들에게 그들 스스로가 왜 이 프로젝트를 수행하는지를 상기시켜준다. 탐구질문의 목적은 학생들의 흥미를 불러일으키는 동시에, 프로젝트의 핵심 아이디어, 질문, 지식에 관심을 집중하게 하는 데 있다. 또한 탐구질문은 교사가 프로젝트를 계획하는 데 있어 가이드 역할도 해줄 것이다. 교사는 학생들이 탐구질문에 답하기 위해 완수해야 하는 활동에 무엇이 있는지를 생각해볼 수 있다. 교사는 탐구질문을 통해 얻을 수 있는 장점을 적극 활용해야 한다. 프로젝트를 진행하면서 탐구질문을 교실 벽에 붙여놓고 프로젝트가 한 단계씩 진행될 때마다, 또 학생들이 새로운 지식과 이해를 얻을 때마다 학생들과 함께 탐구질문을 재정리할 필요가 있다.

④ 학습 결과물 선정하기

프로젝트 수업에서는 결과물을 공개하는 것이 매우 중요하다. 학습 결과물은 어떤 정량적 평가대상으로서가 아니라 학생들이 프로젝트 수업을 통해 학습한 것에 대해 토론하고 증명하는 하나의 방법이라는 측면에서 중요하다. 또한 학습 과정 전체를 지켜보지 못한 학부모와 지역사회 구성원들의 경우에는 학습 결과물만을 보게 되므로 그들의 입장에서는 학습 결과물 그 자체가 일종의 프로젝트이기도 하다. 따라서 어떤 학습 결과물을 선정할 것인지는 프로젝트를 설계할 때부터 매우 중요한 요인이다. 학습 결과물의 유형은 매우 다양할 수 있다. 예컨대 직접 제작한 구조물에서부터 공연이나 이벤트에 이르기까지 다양한 결과물을 선정할 수 있다. 전형적이고 일반적인 프로젝트의 결과물은 대체로 보고서나 멀티미디어를 활용한 프레젠테이션 등이다. 학습 결과물은 학생들마다 다양한 형태로 나타날 수 있으나 학습목표에 부합하는지, 실생활과 연관성이 있는지, 학생 수준에서 접근 가능한 결과물인지, 개별 결과물 혹은 모둠 결과물인지, 모두가 동일 결과물로 할 것인지 다른 결과물로 할 것인지 등에 대한 결정과 판단기준이 필요하다.

⑤ 학습 결과물의 전시 방법 결정하기

학생들은 프로젝트 수업의 결과물을 통해서 그동안의 탐구 과정을 되돌아보며 보람과 뿌듯한 성취감을 느끼게 된다. 따라서 어떻게 결과물을 전시할지를 결정하는 것 또한 매우 중요하다. 프로젝트 수업의 결과물을 전시하는 방법은 프로젝트 결과물 공개와 함께 프로젝트 설계 과정에서 매우 중요한 부분 중 하나이다. 결과물의 유형도 다양할 수 있지만, 결과물을 공개하고 전시하는 방법에도 여러 가지가 있다. 즉 프레젠테이션, 연극, 영상 페스티벌, 시낭송회, 작품 전시회, 박람회, 각종 축제, 출판물 제작 등 다양한 방법을 선택할 수 있으므로 이에 관련된 철저한 사전 조사와 준비가 필요하다.

⑥ 프로젝트 수업 구상안 점검하기

프로젝트 수업 구상안의 구체적인 작성을 마무리했다면 이제는 성찰과 수정의 시간이 필요하다. 이때 학생들의 관점이나 동료교사, 관리자의 입장이 되어 점검한다면 프로젝트 수업 개선을 위한 아이디어를 발산하는 데 좀 더 수월할 것이다. 예컨대 학생들이 이 프로젝트에 잘 참여할까? 학생들은 이 프로젝트를 부담스러워하지 않고 충분히 도전할 만하다고 느낄까? 이 프로젝트가 교육과정에 할애된 시간만큼 충분히 의미 있고 중요한가? 프로젝트의 가치와 주제, 학습목표, 탐구질문, 결과물 등이 서로 잘 어우러지는가? 주어진 상황과 한계점을 고려할 때 프로젝트가 적절하며 실행 가능한가? 등과 같은 측면에서 점검 과정이 필요한 것이다.

04
실천 단계에서
배움은 어떻게 디자인해야 하는가?

계획 단계에서 무엇을 반드시 고려하고 어떤 준비가 필요한지를 중심으로 수업의 큰 그림을 그렸다면 이제부터 교사가 디자인한 대로 차근차근 수업을 실천해야 할 것이다. 실천 단계에서의 프로젝트 학습(Project-Based Learning : PBL) 설계 과정은 첫째, 공감 및 설계, 둘째, 창의 및 실행, 셋째, 성찰 및 공유의 단계로 이루어진다.[5]

공감 및 설계 | 학생들의 관심을 높이고 올바른 학습방향을 설정한다

공감과 설계의 도입활동을 통해서 학생들은 프로젝트 수업이 여느 과제와는 다른 활동임을 깨닫게 된다. 프로젝트에 대해 관심을 갖게 되고, 프로젝트의 주제와 진행 과정에 대한 궁금증을 갖게 되는 것이다. 또한 교사가 탐구질문을 제시하면 학생들에게서 다양한 질문들이 속속 생겨나고, 이를 토대로 탐구 과정이 진행된다. 보통 이 단계에서 프로젝트의 주요 결과물의 형태가 결정되고, 모둠이 구성된다.

---

5. 존 라머 등, 《프로젝트 수업 어떻게 할 것인가?》(최선경 외 옮김), 지식프레임, 2015, 240-281쪽 재구성

기타 운영상 세부 사항도 이때 학생들과 함께 논의되며 프로젝트를 위한 기초 준비가 이루어진다. 프로젝트가 진행되면서 학생들은 필요한 지식과 역량을 습득하게 된다. 또한 학생들은 독자적인 조사활동도 하고, 전문가 및 멘토와 만나기도 한다. 학생들이 흥미를 느껴 자발적으로 더 많이 배울수록 한층 깊이 있는 질문들이 생겨난다.

다음에 제시되는 공감 및 설계 단계의 각 항목들은 다음 단계인 창의 및 실행 단계에서도 학생들과 함께 점검하고 수정하는 과정이 반복적으로 나타나게 된다. 그럼에도 프로젝트 학습에 들어가기에 앞서 교사의 방향 설정이 명확해야만 프로젝트 학습이 성공적으로 이루어질 수 있다는 점을 잊지 말아야 할 것이다.

① 도입활동 들어가기

흥미요소를 극대화하고 탐구 과정을 촉발시키려면 일종의 작전이 필요하다. 다만 프로젝트 수업에서 학생들의 기대와 호기심을 자극하는 활동은 기존 수업에서의 동기유발과는 다르다. 즉 학생들이 스스로 생각하게 만드는 것이 프로젝트 학습 도입활동의 주된 목적이다. 양질의 도입활동은 학생들이 프로젝트 속 어려운 문제 또는 과제와 관련된 자신들의 사전 지식과 접촉할 수 있도록 도와준다.

② 탐구질문 소개하기

프로젝트 수업에서 탐구질문을 꼭 언제 어떻게 소개해야만 한다는 법칙은 따로 없다. 다만 탐구질문이 제시된 후에는 학생들과 함께 토론하는 시간을 가진다. 이때 학생들이 완벽하게 탐구질문을 이해할 수 있게 해야 한다. 그 다음에는 학생들이 탐구질문에 대한 잠정적인 답을 제안해보게 한다. 이러한 과정을 거쳐 교사와 학생 모두 탐구질문이 그럴 듯하고 타당하다고 생각하면 탐구질문에 대한 세부 질문을 추가한다. 학생들은 이후 프로젝트의 모든 단계에서 탐구질문을 되돌아보게 될 것이다. 탐구질문으로 돌아가서 새로 떠오른 아이디어에 대해 토론하고, 그 답이 타당한지를 평가해보는 것이다. 어떤 프로젝트의 경우 교사와 학생의 결정으로 탐구질문이 수정되거나 바뀔 수도 있다. 프로젝트가 끝날 때 학생들로 하여금 탐구질문에 대한 최종적인 답을 설명하도록 하고, 그 해답에 이르게 된 과정을 돌아보게 하는 것은 그 자체로 의미 있다.

③ 질문 목록 만들기

도입활동과 탐구질문에 대한 소개가 끝나면 곧바로 주제와 역할에 대해 질문해보는 시간을 가져야 한다. 이미 알고 있는 것과 앞으로 알아야 하는 것을 비교할 수 있는 표를 활용하면 좋다. 예컨대 KWL 차트(Know, Wonder, Learn)를 통해 학생들의 질문과 프로젝트 과정 속의 배움을 따라가는 교사들도 있다. 이러한 목록은 탐구활동을 잘 정리하게 도와주고, 탐구질문에 답하기 위해 배울 것과 이해해야 할 것들이 무엇인지 잘 안내해준다. 또한 학생 질문 목록은 해당 주제와 관련해 학생이 기존에 학습하여 지니고 있는 사전 지식을 한층 활성화하기도 한다.

④ 주요 결과물 결정하기

프로젝트 결과물을 언제 어떻게 결정할지는 상황에 따라 달라질 수 있다. 도입활동 중이나 탐구질문을 논의하면서 교사가 학생들이 만들 결과물을 제시해주거나, 아니면 몇 가지 가능한 선택지를 제안할 수도 있다. 무엇을 만들지 논의하기 전에 먼저 주제에 관해 탐색하는 시간을 가져볼 수도 있다. 하지만 어떤 경우든 관계없이 모두가 반드시 지켜야 할 점은 프로젝트를 시작하는 과정에서 만든 학생들의 질문 목록에 학생들이 만들어낼 결과물과 그것을 어떻게 만들지에 관한 질문이 포함되어 있어야 한다는 점이다.

⑤ 모둠 구성하기

프로젝트 수업에서 모둠별 활동의 정도와 성격은 참여하는 학생들의 연령, 목적 등에 따라 달라진다. 모둠을 어떻게 구성할 것인지는 교사의 판단력이 필요한 부분이다. 다만 모둠을 구성할 때에는 반드시 고려해야 할 사항들이 있다. 예컨대 프로젝트의 성격, 리더십, 학업 능력, 성격, 언어 능력, 성별, 성숙 정도, 예술 능력, ICT 활용 능력 등과 같은 것들이다.

창의 및 실행 | 최적의 배움이 이루어지도록 아낌없이 지원한다

실천 단계 두 번째인 창의 및 실행 과정에서의 핵심은 어떻게 지도할 것인가와 비계 설정이다. 특히나 비계는 학생의 배움이 이루어지기 위한 다양한 지원을 말하는데, 한 번에 구축 및 구성되는 것이 아니라 수많은 경험과 시행착오를 필요로 한다.

① 탐구활동 지도하기

탐구활동에서는 학생들의 질문 목록을 적극 활용하는 것이 중요하다. 질문의 답을 찾는 과정에 어떻게 접근할 것인지는 교사와 학생이 함께 결정해야 한다. 어떤 질문은 프로젝트 모둠이나 전문가 모둠이 나누어 담당할 수 있다. 또 어떤 질문은 학생 스스로 조사를 통해서 답을 찾아야 할 것이고, 교사의 수업을 들어야 답을 할 수 있는 질문도 있을 것이다. 학생 질문 목록은 계속해서 활용해야 한다. 답을 찾은 질문은 목록에서 지워 나가는 동시에, 학생들이 프로젝트에 깊이 파고드는 동안에 더 많은 주제와 과업에 대해 이해하는 과정에서 생겨난 새로운 질문들을 목록에 추가하도록 한다. 그리고 프로젝트가 끝나기 직전에 학생 질문 목록을 다시 한 번 짚어봐야 한다.

② 비계 제공하기

비계란 수업이 이루어지는 동안 학생들이 배움에서 일종의 도움닫기를 가능케 해주는 모든 장치들을 아우른다. 프로젝트 수업에서 비계 혹은 학생의 학습 지원은 프로젝트 안에서 다양한 시기와 형태로 나타날 수 있다. 교사는 프로젝트의 공감 및 설계 단계에서부터 적절한 비계 자료를 준비해야 한다. 그리고 프로젝트를 진행하면서 학생들이 언제 어떤 도움을 필요로 하는지 그리고 도움을 받을 준비가 됐는지에 대한 판단을 내려야 한다. 가장 이상적인 시점은 바로 학생들이 도움이 필요하다는 사실을 깨닫고 요청해올 때이다.

③ 모둠 관리 및 지도하기

모둠 관리 및 지도는 사실 프로젝트의 모든 단계에서 필요한 일이다. 모둠원끼리 서로를 점검하고 또 교사가 모둠을 점검할 수 있는 절차가 필요하다. 프로젝트가 진행되는 동안 정기적인 점검 기회를 갖고 그간의 탐구활동을 돌아보자. 교사의 관찰, 프로젝트 일지, 소감문, 중간 점검 및 발표 등을 다양하게 이용해볼 수 있다.

성찰 및 공유 | 반성과 나눔을 통해 한층 깊이 있는 성장을 도모한다

탐구활동에 대한 중간 공개 및 탐구질문에 대해 학생들이 찾아낸 답의 타당성을 상호 확인하는 단계이다. 이때 교사는 추가 활동을 제공함으로써 학생들을 더 깊이 있는 질문으로 이끌 수 있다. 예컨대 문제 변형하기, 추가적인 읽기 자료 제공하기, 게스트를 초청해서 이야기 듣기, 현장학습 등을 활용할 수 있다. 이 단계에서 학생들은 결과물의 초안, 원형 및 아이디어를 제출해서 평가를 받게 된다. 동료 학생과 교사, 외부 전문가 혹은 결과물로서의 제품을 사용할 사람들이 비평을 제공한다면 학생들은 수정이나 추가로 개선이 필요한지 여부를 판단한다. 이러한 과정을 반복함으로써 학생들은 스스로 탐구질문에 대한 스스로 답에 도달하고, 만들어낸 결과물을 마무리한다. 이후 결과물을 공개적으로 발표하며 프로젝트 완성 과정에 대해 설명한다. 교사는 학생들이 스스로 활동을 평가하고, 프로젝트를 통해 무엇을 배웠는지 성찰의 시간을 가질 수 있도록 도와야 한다.

① 피드백을 통한 비평 및 개선하기

프로젝트 학습을 통해 학생들은 단순히 교과 지식만을 배우는 것이 아니라 수준 높은 결과물을 창조해내야 한다. 이 모든 과정에서 비판적 사고력, 문제해결력, 타인과 협력하는 법도 배우게 된다. 이를 위해 교사는 학생들에게 적절한 피드백 방법을 구안하고 또 제공함으로써 학생들이 자신의 수행 능력을 향상시키고 결과물을 스스로 다듬고 개선할 수 있는 기회를 마련해주어야 한다. 이러한 점검 방법으로는 자료 요약, 배운 내용 요약, 성찰일지 정리, 보고서 작성, 협의회, 동료 비평 등이 있다. 특히 동료 비평은 잘만 적용하면 학생들의 결과물 수준을 한층 높이는 데 기여할 수 있다. 다만 비평이 프로젝트의 주제와 무관한 논점을 흐리는 상호 비방으로 치닫지 않도록 협의된 규칙 또는 교사의 중재가 필요하다. 아울러 교사 본인도 학생들의 결과물에 대해 피드백을 제공해야 하며, 프로젝트의 성격에 따라서 교사 이외의 다른 성인이 학생의 작품을 검토하고 새로운 아이디어나 초안, 시제품 등을 평가하기도 한다.

② 결과물 발표 및 공개하기

프로젝트 학습의 대미를 장식하는 단계로 학생들이 최종적으로 결과물을 다듬어 점검한 후에 청중에게 공개하는 시기이다. 프로젝트 학습의 성격에 따라 학생들은 다양한 방식으로 자신의 작품을 공개할 수 있다. 청중과 직접 대면하는 프레젠테이션, 작품을 물리적 공간에 배치하는 전시회, 사용 가능한 제품을 사용자에게 나누어주는 캠페인, 문서 형태의 결과물을 독자들에게 배부하는 활동 그리고 학부모와 지역사회를 대상으로 다양한 형태의 행사를 개최할 수도 있다.

③ 성장을 위한 역량 평가하기

프로젝트 수업을 통해 달성하고자 하는 성취기준과 핵심역량을 평가하려면 공감 및 설계 단계에서 명확한 지침이나 채점표를 사전에 제작해서 제시해주어야 한다. 예컨대 자기보고서, 동료보고서, 교사관찰 등을 종합하여 학생의 성장과 발달을 위한 평가 정보를 수집할 수 있다. 또한 학생 프레젠테이션 등의 결과물 발표가 끝났을 때 자신의 역량이 어느 정도 성장하였는지를 스스로 성찰해보게 한다. 특히 잊지 말아야 할 것은 평가의 목적이다. 즉 프로젝트 수업을 통해 학생들이 스스로 역량을 발전시키도록 하는 것이 평가의 목적이며, 단순히 점수나 등급을 부여하기 위함이 아님을 잊지 말아야 한다.

④ 프로젝트 학습 성찰 및 공유하기

교사와 학생이 지금까지의 모든 과정을 돌아보고 무엇을 성취하였는지 생각해보는 시간이 필요하다. 프로젝트 학습의 각 단계에서 있었던 일들, 학생 질문 목록과 프로젝트의 탐구질문을 최종 검토하는 시간, 학생들이 자신의 수행 정도를 평가해보는 시간, 어떤 부분에 발전이 있었고, 부족한 부분은 무엇이었는지, 다음 프로젝트를 위한 교훈은 무엇이었는지 등을 공유하는 시간이 될 것이다. 이러한 반성과 공유의 시간은 그간의 모든 활동에 남다른 의미를 부여해줌은 물론 뿌듯한 성취감과 보람을 느끼게 해준다. 아울러 자발적으로 추후 탐구를 계획하는 계기를 마련해주어 꼬리에 꼬리를 물고 탐구와 배움이 이어지는 선순환 구조를 만들어가게 될 것이다.

앞선 Chapter 1이 프로젝트 수업에 대한 이론적 이해를 중심으로 객관적인 내용을 정리하였다면, Chapter 2는 프로젝트 수업에 대한 경험적 이해를 중심으로 주관적인 생각을 대화 형식으로 정리해보았다. 같은 학교에 함께 근무하며 3년간 프로젝트 수업을 하면서 든 소감, 프로젝트 수업이 지니고 있는 가치, 수업을 통한 학생들의 변화, 수업에 대한 교사의 만족도, 프로젝트 수업이 지닌 문제점과 개선할 점 등에 대한 이야기를 나누었다. 특히, 프로젝트 수업이 지닌 문제점과 개선할 점에 대해서는 대화 형식과는 별도로 추가로 기술하여 제시하였으며, 그러한 문제들과 개선이 필요한 부분을 해결하기 위해 Chapter 3에서 좀 더 상세히 다루고 있다.

수업 나눔

프로젝트 수업 경험을 공유하다

01
우리 교사들에게
프로젝트 수업이란?

혹시 '까막잡기'라는 놀이를 알고 있는가? 술래가 눈을 가리고 박수 소리에 의지해서 사람이나 물건을 찾는 놀이이다. '스펙트럼 교사 연구회'를 통해 필자들이 처음 프로젝트 수업을 시작했을 때, 잘 모르고 해보지 않았던 것에 대해 느꼈던 막연함과 불안감이 마치 '까막잡기' 놀이의 술래가 된 기분과 다르지 않았다. 당시 우리에게 수업을 만들어가는 데 도움이 될 만한 선배들의 조언이나 경험 나눔이 얼마나 간절했는지 모른다.

그래서 이번 기회에 우리가 그동안 프로젝트 수업을 진행하면서 고민하고 생각했던 것들과 시행착오 등을 여러분과 함께 나누려고 한다. 편의상 질문과 답변 형식으로 정리해보았는데, 여기에서 이야기하는 프로젝트 수업은 책속에 이론적으로만 정리된 추상적이고 막연한 것이 아닌 우리가 직접 몸으로 부딪히며 경험하고 깨달은 것들이니만큼, 앞으로 여러분이 실제 수업을 만들어갈 때 부디 실용적인 도움이 되기를 바란다. 일명 "프로젝트에게 묻는다! 프로젝트야, 넌 도대체 정체가 뭐니?"

답변 1 | 지식을 구조화하여 실제 생활에 적용하는 수업

프로젝트 수업이 교육학을 공부할 때 항상 중요하게 다루어졌던 듀이(Dewey)의 구성주의 교육철학에 의해 시작된 학습법임을 비추어볼 때, 학생들이 능동적으로 수업에 참여하여 실제 살아가게 될 삶을 경험하는 형태라는 생각이 들었어요. 실제 저는 프로젝트 수업을 영재교육에 심취해 있을 때 실시한 경험이 있습니다. 과학 교과를 중심으로 프로젝트 수업을 진행하다 보니 글쓰기와 산출물 만들기 작업이 필요하였고, 국어와 미술 교과를 연계하였지요. 그러나 프로젝트 수업을 전개하면서 주교과인 과학을 위해 국어와 미술은 들러리가 된다는 생각을 지울 수가 없더군요. 현재 근무하는 학교에서 3년간 전면 프로젝트를 하면서 주 교과가 과학에서 사회로 바뀌었지만 예전의 고민은 지금도 이어지고 있어요.

대부분의 새로운 학습 방법이 그러하겠지만, 프로젝트 수업은 전개하면 전개할수록 교사에게 계속해서 고민을 던져주는 학습법이라는 생각이 들어요. 프로젝트 수업이 무엇인지에 대해 물으셨죠? 직접 경험을 해보니 프로젝트 수업이란 단순하게 지식을 암기하여 습득하게 하는 과정이 아니라 지식을 구조화하여 이를 학생들이 실제 생활에 적용하고 응용할 수 있도록 도와주는 학습법이라는 생각이 더더욱 확고해졌습니다.

답변 2 | 문제해결 능력을 키우는 최적의 수업

프로젝트는 "우리 주변의 삶이다!"라고 말하고 싶네요. 프로젝트 수업은 단순히 학생들의 생활과 동떨어져 있는 교과서 속 문제를 살펴보는 것이 아니라 실생활 속에서 문제를 발견하고, 이에 대한 해결방법을 토의하며, 직접 해결 방법을 적용해서 발견한 문제를 해결해나가는 과정입니다. 이 과정에서 학생들은 문제에 대해서 공감하고과제에 직접 도전해봄으로써 학습에 대한 동기부여도 되고 자기주도적 학습이 이루어지는 것 같습니다.

답변 3 | 학생 각자의 생각과 참여를 북돋아주는 수업

학생의 생각과 참여를 존중하는 학습 방법이라고 생각합니다. 어떤방식의 수업을 하는가에 따라 개별 학생마다 스스로 생각하고 참여하는 정도가 다를 것입니다. 하지만 프로젝트 수업은 특히 학생의 생각과 참여를 더욱 많이 이끌어내고 반영하는 학습 방법이라고 생각합니다. 그래서 학생이 스스로 사고하고, 참여할 수 있게 교사의 준비와 노력도 특히 더 요구되는 학습 방식입니다.

02
프로젝트 수업의
가치는 무엇인가?

교사가 어떤 수업을 지속적으로 설계하고 또 운영해 나가기 위해서는 해당 수업 방식에 대한 신뢰가 담보되어야 할 것이다. 교사가 신뢰하는 수업 방식인지 여부를 평가하는 기준은 담당 교사가 얼마나 가치 있게 느끼는지에 따라서 크게 좌우된다고 할 수 있을 것이다. 이에 연구회 참여교사들이 이야기한 프로젝트 수업의 가치에 관해서 소개하려고 한다.

> **QUESTION**
> 프로젝트 수업의 필요한 이유는 무엇일까요? 다시 말해 여러분이 생각하시는 프로젝트 수업의 가치는 무엇인가요?

답변 1 │ 학생들의 공감, 감성지수를 높이는 수업

교과 수업을 하다 보면 종종 지도해야 할 학습 내용이 분절된다는 느낌이 들었습니다. 예를 들어 자신의 마음을 전하기 위해 편지쓰기 활동을 한 적이 있었죠. 그런데 내 마음을 전하기 위한 내용보다는 우선 편지글 형식, 다양한 상대의 호칭과 인사말의 종류를 알아보고 편지를 썼던 기억이 납니다. 학생들이 필요로 하여 쓴 편지가 아니다 보니 형식적으로 편지글의 내용을 쓰는 경우가 많았던 것 같습니다. 하지만 프로젝트 수업을 운영하는 도중에 내 마음을 전할 수 있는 상황이 생기는 경우 자연스럽게 편지의 형식과 받는 이에 따라 주의해야 할 점들을 통합적으로 지도할 수 있어서 더욱 유의미했습니다. 특히 마음을 왜 전하는지 학생의 공감, 감성지수가 높아져서 그런가 글 내용이 유창하고 독창적이었던 것 같습니다.

답변 2 | 학생들을 배움의 주체로 돌려놓을 최적의 수업

3년 전 전면 프로젝트 수업이 적용된다고 하였을 때만 해도 정말 혼란스럽기 그지없었습니다. 프로젝트 수업에 대한 어렴풋한 정의만을 알고 있었지 시작부터 적용 방법까지 죄다 모르는 것투성이였으니까요. 학교의 방침에 따라 1년간 10개의 프로젝트를 무작정 시작하기는 했지만, 3~4월에 전개한 2개의 프로젝트 수업은 솔직히 지금 생각해도 어설펐다는 생각이 듭니다. 그러나 프로젝트 수업을 시도할수록 변해가는 학생들의 모습이 속속 관찰되는데, 그럴 때마다 교사로서 정말 짜릿함을 느꼈어요. 특히 학습에 아무런 의욕이 없던 학생이 프로젝트 수업에 능동적으로 참여하고, 평소 친구들과 잘 어울리지 못했던 학생이 함께하는 프로젝트 수업을 통해 관계를 개선해 나가는 모습을 보았을 때 프로젝트 수업의 필요성을 절실히 느꼈습니다. 프로젝트 수업이야말로 현재 공교육을 바라보는 사회적인 시선을 바꾸고, 학생들을 학습, 즉 배움의 주체로 돌려놓을 최적의 학습법이라고 생각합니다.

답변 3 | 학생들의 삶과 연결된 살아 있는 수업

프로젝트 수업의 가장 큰 특징 중 하나가 실제성에 바탕을 두고 있다는 점입니다. 즉 학습 자체가 생생하게 살아 있다는 것을 말합니다. 전통적인 수업 방식에서는 배움과 실제가 서로 달라 이원화되었지만, 프로젝트 수업에서는 배움과 실제가 일원화되어 학생 스스로가 배움 안에서 문제를 인식하고 이를 통해 문제를 해결해 나가려는 자발적인 참여의식이 생겨난다고 생각합니다. 당연히 이 과정에서 다른 사람들과 자연스럽게 의사소통하게 되고, 때론 비판적인 사고로 살펴보고 창의적인 아이디어를 이용하여 심층적인 내용 지식을 개발하여 어려움을 해결해 나갑니다. 이러한 자발적인 문제해결이야말로 프로젝트 수업이 가진 궁극적인 가치가 아닐까요?

답변 4 | 역량을 발견하고 더욱 키워주는 수업

프로젝트 수업은 학생의 숨은 역량을 발견하고, 역량을 효율적으로 키우는 방법을 알려줍니다. 전통적인 학습 방식과 비교할 때 프로젝트 수업은 더 많은 학생들이 문제해결을 위해 자신이 기여할 수 있는 부분을 찾을 수 있게 해주고, 실제로 기여하도록 합니다. 물론 모든 학생들이 프로젝트 수업에 열렬하게 참여하는 것은 아니지만 전통적인 수업 방식보다 많은 학생들이 다양한 모습으로 전개되는 프로젝트 수업에서 자신의 역할을 찾고 역량을 발휘합니다. 또한 무엇인가 성취하며 스스로 주변에 긍정적인 영향을 준 것을 경험해본 학생들은 자신의 영향력이라든가 책임감에 대해서도 진지하게 생각해보게 됩니다. 이는 미래의 민주시민이 갖추어야 할 덕목으로서도 매우 중요한 부분이라고 생각합니다.

03
프로젝트 수업을 통해
학생들은 어떻게 변화하는가?

수업은 단순히 가르치는 것만으로 끝나는 일방적인 행위가 아니다. 가르침과 배움이 함께 일어나야 비로소 의미 있는 수업이 된다. 학생들이 계속 제자리걸음만 반복하는 수업을 만들고 싶은 교사는 아마 없을 것이다. 교사라면 수업을 통해 학생들에게 조금이라도 긍정적인 변화가 일어나기를 기대한다. 이에 프로젝트 수업을 진행한 후에 교사들이 체감했던 학생들의 긍정적인 변화들에 대해 살펴보려 한다. 이를 통해 우리가 왜 프로젝트 수업을 일상적으로 실천해야 하는지에 관한 당위성을 제공해줄 수 있을 것이라고 생각해 간단히 정리해보았다.

> **Q**UESTION
> 프로젝트 수업이 어떤 결과를 보였는지 검증도 필요할 것이라고 생각합니다. 프로젝트 수업을 통해 학생들은 어떤 변화를 보였나요? 학업성취도, 의사소통 능력, 학습태도, 생활모습, 각종 역량 등 다양한 방면으로 자유롭게 이야기해주시면 좋겠습니다.

답변 1 | 자신만의 언어로 표현하는 능력의 향상

올해 5학년 프로젝트 수업의 내용이 〈인권과 법으로 만들어가는 정의로운 세상〉이었어요. 학급에 학교폭력으로 힘들어 하는 학생, 분노조절 장애로 수업에 참여하기 힘들어하는 학생, 무기력에 빠져 있는 학생 등 평화로운 학급 운영이 쉽지 않은 것이 늘 고민이었죠. 하지만 인권이 무엇이고 인권 침해의 사례, 법의 필요성, 정의란 무엇인지, 권리와 의무 등 프로젝트를 설계하는 단계부터 학생 참여형 수업으로 진행하다 보니 진지한 토의토론이 이루어지는 수업 장면을 자주 경험할 수 있었죠. 특히 다수의 학생들이 서로의 인권을 보장하면서 정의로운 학급을 위해 무엇을 해야 하는지 자신의 언어로 표현하며 함께 만들어가고 있다는 느낌을 받을 수 있었습니다.

답변 2 | 배움에 무관심했던 학생들도 수업에 적극적으로 참여

앞의 질문에서도 이야기한 것처럼 프로젝트 수업으로 학생들의 눈에 띄는 변화를 관찰할 수 있었어요. 다소 원론적인 이야기일 수도 있지만, 저는 프로젝트 수업의 효과를 아래와 같이 정리하고 싶습니다.

- 실생활과 관련된 학습 제공으로 프로젝트 기반 학습에 적극적으로 참여하게 됨
- 지식에 대한 더 깊은 이해로 인해 고차원적인 사고가 가능함
- 창의적인 아이디어 산출 능력이 향상됨
- 모둠활동의 활성화로 인해 의사소통 능력이 향상됨
- 학생 스스로 계획하고 실행하는 과정을 통해 의사결정 능력 향상

2017년 2학기 첫 번째 프로젝트인 〈소비, 책임입니다〉 프로젝트(이하 책임 프로젝트)를 전개할 때, 평소 친구들과 다투거나 토의활동에 무관심했던 A학생이 나서서 토의를 주도하는 모습을 볼 수 있었어요. 원래 그 학생은 독서, 영어, 토의토론 등 학습에 관심이 전혀 없었던 학생이었는데, 전면 프로젝트 실시 한 학기 만에 확 달라진 모습을 보여주어 깜짝 놀랐죠. 책임 프로젝트는 소비자로서 물품을 분석하고 개선하는 아이디어 활동이 주로 이루어졌는데, A학생은 자신이 가장 좋아하던 장난감인 스피너를 모둠 소재로 선정하여 프로젝트 과정에 적극적으로 참여했을 뿐만 아니라 예전과 달리 주도적으로 프로젝트를 이끌어가는 모습을 보여주었어요. 하지만 프로젝트 주제가 달라지면 A학생이 예전으로 돌아갈 거라고 생각했는데, 저의 예상은 완전하게 빗나갔습니다. 이후 A학생이 프로젝트 수업뿐만 아니라 영어, 독서활동에도 관심을 보이며 학업의 참여도와 성취도뿐만 아니라 생활태도 등에서 이전에 비해 부쩍 향상된 모습을 보여주었으니까요. A학생뿐만 아니라 프로젝트 수업을 실시하면서 학생들마다 차이가 있긴 하지만, 학업성취도와 생활태도에서 긍정적인 변화를 관찰할 수 있었죠. 작년에도 그랬지만 올해 역시 학생들의 성장과 발달을 실감하고 있어, 적어도 제 경험상 프로젝트 수업은 학생들의 성장과 발달에 좋은 영향을 준다고 말씀드리고 싶습니다.

답변 3 | 의사소통 능력 및 학습동기 고취

프로젝트 수업은 문제해결을 위해 공동 작업 및 다양한 형태의 의사소통이 필수입니다. 이런 과정들을 반복적으로 수행하다 보면 의사소통 능력 및 의사결정 능력이 가장 눈에 띄게 향상되죠. 또한 문제선정, 문제해결 방법의 도출, 현실 적용 등의 전 과정이 학생 주도로 이루어지기 때문에 학습동기도 자연스레 높아집니다. 분명한 것은 전통적인 수업 방식보다는 프로젝트 수업이 미래사회에 필요한 역량과 기능을 익혀 나가는 데 도움을 준다는 것입니다.

답변 4 | 스스로 생각하고, 생각을 정리하며, 표현하는 능력의 향상

작년에는 4학년 학생들과 프로젝트를 진행했습니다. 진행하면서 손이 많이 갔던 부분 중 하나는 학생들의 학습 수준을 점검하는 것이었습니다. 매 수업마다 프로젝트를 통해 알게 된 점, 자신의 생각, 느낀 점을 기록하도록 했고, 프로젝트 산출물을 발표한 다음에는 프로젝트의 전 과정을 돌아보면서 성찰한 후 자유로운 형식의 글을 쓰며 마무리하였습니다. 수업에 대한 생각을 매번 기록하는 것, 자신의 생각이나 의견을 쓰는 것을 학생들이 처음에는 많이 부담스러워하고 어려워했습니다. 그래서 처음에는 '~을/를 알게 되어 좋았다. 신기했다.' 등과 같은 다소 모호하고, 형식적인 글이 많았죠. 솔직히 이런 글을 통해서는 학습 수준을 가늠하는 것조차 어려웠습니다.

그래서 생각이나 의견, 알게 된 점을 구체적으로 쓰게 하는 것부터 시작했죠. 구체적으로 글쓰기와 함께 학습 수준을 점검하고 피드백을 꾸준히 제공하니 한 학기 후에는 많이 발전된 모습이 보이더군요. 한 학생은 프로젝트 수업 전에는 입버릇처럼 "저는 글 쓰는 게 너무 어려워요. 힘들어요."라고 말하곤 했습니다. 어떤 주제에 대해 깊이 생각해본 경험도 적었고, 생각을 정리해본 경험도 적었던 것 같았습니다. 하지만 꾸준히 학습을 기록하고 피드백을 받으면서 자기 생각을 쓰는 것에 점차 익숙해졌고, 많은 글을 쓰고 접하는 과정에서 글의 내용을 파악하는 능력도 크게 향상되었죠. 프로젝트 이외의 다른 교과시간에서 텍스트를 다룰 때에도 내용을 파악하거나 자신의 생각을 쓰는 부분에서 자신감이 부쩍 성장한 모습을 보였습니다. 일 년 후에는 "이 정도는 껌이죠!" 하면서 본인 스스로도 성장을 뿌듯해하는 모습을 보니 교사인 저도 함께 뿌듯한 기분이 들었습니다. 비단 이 학생뿐만 아니라, 대체로 많은 학생들이 주제나 어떤 개념에 관해 생각하고, 그 생각을 정리하는 능력이 전에 비해 부쩍 향상된 것 같다며 긍정적으로 평가했습니다.

04
교사의 만족도를 높이는
프로젝트 수업의 매력은 무엇인가?

학생들의 적극적인 참여를 이끌어내는 수업을 만들려면 당연히 학생의 만족도가 높은 수업을 디자인하는 것이 관건이다. 하지만 그러한 수업을 지속할 수 있으려면 교사의 만족도 또한 매우 중요하게 고려되어야 한다. 교사가 스스로 만족할 수 없는 수업은 결코 교실에서 상시적으로 운영될 수 없기 때문이다. 특히 프로젝트 수업은 교사가 교육과정을 재구성하고, 과정 중심 평가를 위한 기준을 마련하는 등에 있어 여러 가지 준비와 노력이 필요한 것이 사실이다. 따라서 교사 스스로도 깊이 만족해야 수업을 계속 추진해 나갈 수 있는 동력을 확보할 수 있다. 프로젝트 수업을 통해 교사들은 과연 어떤 측면에서 수업 만족도를 높일 수 있었는지 살펴보자.

> **QUESTION**
> 프로젝트 수업에 대한 선생님들의 만족도는 어떠셨나요? 자기 스스로 자기를 평가한다는 것은 참 어려운 일이지만 그래도 객관적인 시각에서 각자의 프로젝트 수업에 대한 만족도는 어느 정도인지 솔직하게 말씀해주세요.

답변 1 | 수업시간에 종종 관찰되던 학생들의 무력감 감소

프로젝트 수업을 디자인하면서 진통을 겪고 흐름에 따라 운영하면서 고학년 학생들의 무력감이 많이 줄어드는 느낌이 들었을 때 교사로서 만족도가 높아지는 것 같습니다. 고학년 수업의 학습 내용이 많기는 하지만, 교과 내용만으로 한정 짓다 보면 교사나 학생 모두 배움의 갈증을 느끼게 됩니다. 프로젝트 과정 중 학생들이 적극적으로 참여하고, 변화하는 모습을 본인 스스로 느끼며 상호 평가할 때 프로젝트 운영의 의미를 찾을 수 있었습니다. 또한 교과서 중심으로 수업을 하기보다는 성취기준 중심으로 교육과정을 재구성할 때 학습 자료와 내용, 방법 등이 다양해져서 학생들이 선택할 수 있는 폭이 넓어졌던 것 같습니다. 그 결과 학생의 성장과 발달이 맥락적·지속적이어서 프로젝트의 만족도가 높아지는 것 같습니다.

답변 2 | 스스로 성장을 체감하며 즐기는 학생들의 긍정적인 모습

프로젝트 수업을 잘 모르는 경우에는 막연하게 학생 위주의 활동이기 때문에 교사의 역할은 수업에서 그리 크지 않을 것이라고 생각하는 경우가 종종 있어요. 그러나 교사는 핵심질문을 통해 프로젝트를 계획하고, 수많은 관련 자료들을 제공해야 하는 막중한 책임이 있습니다. 또한 학생들의 방향성을 끊임없이 점검해야 하는 등 예상보다 많은 역할을 수행해야 하죠. 그렇기 때문에 처음 프로젝트 수업을 시작했을 때에는 솔직히 만족도가 매우 낮았어요. 이 모든 것들이 솔직히 교사에게 너무 힘들고 어려운 작업이었으니까요. 지금은 학생들의 변화를 체감하며 처음보다 만족도가 올라갔지만, 만약 학생들의 성장마저 보이지 않았다면 프로젝트 수업에 대한 만족도는 더 낮아

졌을 것 같아요.

프로젝트 수업을 전개하면서 매번 높은 만족감을 얻기란 어려울 수도 있어요. 프로젝트 수업을 실시하면서 교사로서 본인의 전문성에 대해 끊임없이 의심하게 되거든요. '이 질문은 프로젝트의 핵심을 나타내는가?', '사고의 통합이 이루어지려면 프로젝트 수업을 어떻게 전개해야 하지?', '학생들과 전개하고 싶은 프로젝트와 성취 기준이 일치하지 않을 때에는 어떻게 해결해야 하지?' 등 수많은 질문들이 머릿속을 가득 채우면 때때로 교사로서 자존감이 낮아지기도 합니다. 그럴 때마다 책도 찾아보고 동료 교사들에게 고민을 털어놓고 조언을 구하기도 하지만, 모든 문제가 해결되는 것은 아니죠. 프로젝트 수업을 계속 전개하는 동안 이런 고민은 앞으로도 계속될 것 같습니다. 그럼에도 불구하고 프로젝트 수업을 계속 실천하는 이유는 학생들 때문입니다. 많은 연구 논문에서도 프로젝트 수업의 효과성이 입증되었고, 저 또한 긍정적인 효과를 체감하고 있으니까요.

답변 3 | 학생 스스로 긍정적 변화를 즐기고 또 만들어가는 선순환

프로젝트 수업을 진행하면서 무엇보다 학생들 스스로 성취기준의 향상을 확인할 때, 학생이 스스로의 역량을 확인하고 뭔가 더 해보려는 마음을 보일 때 만족감을 느낍니다. 학부모도 학생의 변화와 성장의 모습을 다양하게 접할 기회가 많아 만족스러운 반응을 교사에게 많이 전달해오곤 합니다. 그런 반응들을 확인할 때도 큰 만족감을 느끼게 되죠. 그러나 만족감과 함께 아쉬운 점도 남기 마련입니다. 교사 역시 프로젝트 후 전반적인 과정을 성찰해보면 '교육과정을 좀 더 세밀하게 분석할 걸' 혹은 '다른 방식으로 재구성했다면 더 좋았겠다…' 하는 아쉬움도 남습니다. 게다가 프로젝트의 진행 과정에서도 준비할 부분이 생각보다 꽤 많기 때문에 부담스럽기도 합니다. 그래도 또 다시 프로젝트 수업을 준비하게 되는 것은 학생과 학부모님의 만족감, 교사 자신의 만족감이 크기 때문에 가능한 것 같습니다.

답변 4 | 수업에 몰입하여 진정으로 배움을 즐기는 학생들의 모습

프로젝트 수업에 대한 만족도는 전반적으로 높은 편입니다. 특히 프로젝트 결과물들은 대부분 실생활의 문제를 해결하기 위한 과정에서 나오는 산출물들입니다. 학생들이 프로젝트 산출물을 가지고 다른 사람들에게 안내하고 소개하면서 즐거움을 느끼는 모습을 지켜볼 때면 프로젝트 수업의 힘을 새삼 느끼게 됩니다.

05
교사들이 생각하는
프로젝트 수업의 문제점은 무엇인가?

아무리 널리 검증된 좋은 수업이라고 해도 단점이나 문제점이 전혀 없을 순 없다. 지피지기(知彼知己)면 백전백승(百戰百勝)이라고 했던가? 프로젝트 수업을 진행하며 교사들이 실제로 느꼈던 문제점들을 살펴봄으로써 여러분이 앞으로 디자인하고 만들어갈 프로젝트 수업을 좀 더 나은 방향으로 보완할 수 있을 것이다. 아울러 유사한 실수를 반복하지 않도록 반면교사로 삼기를 바란다.

> **QUESTION**
> 프로젝트 수업을 더 발전시키기 위해서는 쓴소리도 필요할 것입니다. 선생님들께서 프로젝트 수업을 하시면서 경험한 부정적인 영향이나 개선되었으면 하는 점을 말씀해주세요.

답변 1 | 학력 저하의 우려는 없을까?

교육과정을 재구성할 때 수동적으로 시수, 진도표 순서 위주로 하다 보니 능동적으로 프로젝트 계획을 세우는 것에 대해 두려움이 생기는

것 같습니다. 프로젝트 결과물 또는 산출물을 자연스럽게 만들기보다
는 형식적이고 전시성에 중점을 두어 프로젝트의 목적과 취지가 제대
로 반영되기가 어려운 것 같습니다. 또한 프로젝트 평가를 종합적으로
할 때와 나이스 입력을 위한 수행평가가 불일치하는 경우가 생길 때
성취기준에 따른 공정하고 객관적인 평가에 대한 확신이 없어지고, 행
여 학력 저하는 발생하지 않을까 하는 생각이 들 때도 있습니다.

답변 2 | 겉보기에 그럴듯한 산출물에만 자꾸 연연하게 될 때

프로젝트의 시작을 프로게티(progetti)라고들 하잖아요. 그렇다 보니
프로게티의 목표인 산출물이 프로젝트 수업에서도 중요하게 다루어
지고 있어요. TV 다큐멘터리 등에서 외국 교실의 모습 보신 경험들
있으시죠? '무슨 저런 작품까지 게시하지?'란 생각이 드는 프로젝트
수업 결과물이 교실에 전시되어 있는 모습을 보셨을 거예요. 지금은
많이 바뀌었다고는 하지만 우리나라 초등학교 교실에서는 상상도 하
지 못할 게시물인거죠. 프로젝트 수업에서 산출물을 강조하다 보니
자연스럽게 이것저것 전시를 하게 되는데, 어쩔 수 없이 산출물끼리
서로 비교하는 경우도 발생하는 것 같아요. 그래서 일단 겉보기에 그
럴듯한 산출물을 만들어야 하기도 해요. 누군가를 초대하는 프로젝
트 발표회 역시 수준이 높아야 한다는 생각에 무리하게 전개되는 경
우가 종종 있죠. 관람이나 참여하는 사람들의 입장에서야 그럴듯한
산출물이나, 수준 높은 발표회를 환영하겠지만, 과연 그것이 프로젝
트의 본질일까요? 이런 문제들이 생길 때마다 프로젝트 수업을 계속
실시해야 하는지 고민하게 됩니다. 요즘 마이크 맥도웰의 "프로젝트
기반 학습이라는 말에서 가장 강조되어야 하는 것은 '프로젝트'가 아
니라 '학습'이라고 생각한다."는 이야기에 크게 공감하고 있죠. 눈에

보이는 화려한 산출물이 아니라 학생들의 사고 과정과 성장 과정이 드러난 프로젝트 결과물이라면 옆 반 눈치를 보지 않고 당당하게 산출물을 전시할 수 있는 문화가 절실한 것 같아요.

답변 3 | 지나치게 많은 성취기준을 설정하지 말아야 한다

개선해야 할 점이라기보다는 프로젝트 운영의 유의할 점이라고 말씀드리는 게 나을 것 같습니다. 그건 바로 프로젝트 수업 안에 너무 많은 교과와 성취기준을 넣지 않아야 한다는 거죠. 교육과정 재구성 시에 프로젝트 관련 내용 통합만을 생각하고 지나치게 많은 성취기준을 포함시키게 되면 여러 교과의 지식 및 기능이나 개념 등을 제대로 학습할 기회가 사라지게 됩니다. 따라서 처음 프로젝트를 시작하시는 선생님께서는 단기 프로젝트와 5가지 이내의 성취기준 선정할 것을 권장합니다.

답변 4 | 각 교과별 기능과 성격을 간과하지 말아야 한다

프로젝트 수업도 중요하지만 각 교과의 특성을 살린 지도 또한 중요합니다. 예를 들어 핀란드에서도 '현상기반학습(Phenomenon Based Learning)'이 연구 및 실행되고 있지만, 그것이 모든 교육과정을 차지하지 않습니다(1년에 1회 이상 60차시 이상을 기준으로 함). 이는 학생의 삶과 연계된 탐구와 사고도 중요하지만 각 교과가 지닌 고유의 기능과 성격도 간과하지 않기 때문입니다. 따라서 프로젝트 수업과, 일반 교과학습이 어느 정도 균형을 이루어야 학생들 역시 다양한 교과의 지식을 깊이 있게 학습할 수 있다고 생각합니다.

06
처음 시작하는 교사들에게
건네고 싶은 조언은 무엇인가?

프로젝트 수업을 어려워하는 교사들의 상당수는 준비 과정이 복잡한 것에 비해 눈에 띄는 배움의 효과가 떨어진다는 오해나 선입견이 있을 것이다. 또한 어떻게 첫발을 떼야 할지 막막해서 섣불리 도전하지 못하는 경우도 있다고 생각한다. 프로젝트 수업을 경험한 교사들의 조언은 교실에서 프로젝트 수업을 어떻게 시작하면 좋은지에 관한 이정표를 제시해줄 것이다.

> **QUESTION**
>
> 앞으로 더 좋은 프로젝트 수업을 만들어가는 데 있어서 도움이 될 만한 제언을 부탁드립니다. 특히 이제 프로젝트 수업을 시작하려는 선생님들께 도움이 될 만한 조언을 해준다면?

답변 1 | 교사 자신의 특성과 전문성과 책무성을 바탕으로 수업 만들기

프로젝트의 설계, 운영, 결과물 발표 등을 시도하다 보면 교사 자신만의 특성을 이해할 기회를 가질 수 있습니다. 따라서 점진적으로 시

작해볼 것을 권하고 싶습니다. 그러다 보면 교사는 교직생활 중 좀
더 능동적으로 참여하게 되고, 자신의 전문성과 책무성에 대한 확고
함이 생겨 자연스레 교직 만족도가 높아질 것이라고 생각합니다. 일
단 시작해보라고 권하고 싶습니다. 그리고 곁에 있는 동료와 나눌 수
있는 여유가 있으면 더 좋을 것 같습니다.

답변 2 | 끊임없이 노력하고 연구하는 자세로 수업 만들기

프로젝트 수업에 대해 이런저런 이야기를 드렸지만, 프로젝트 수업
이 우리가 나아가야 할 방향임은 분명해요. 프로젝트 수업이 방법이
아니라 철학이라는 것 때문에 처음 접하는 교사들은 접근을 못하고
있는 것도 사실이지요. 프로젝트 수업법에 대한 관심이 높아지고 있
는 지금 관련 책들이 많이 출판되었지만 교사들의 어려움을 속시원
히 해결해주는 책은 아직 나오지 않은 것 같아 아쉬운 마음이 있어
요. 그래서 저희가 책을 쓰는 것이긴 한데 도움이 되겠지요? 프로젝
트 수업을 실시하면서 대학시절보다 더 많은 교육학 서적을 읽고 있
는 것 같아요. 프로젝트, 철학, 교육학 등 우선 많은 책을 읽으시고,
다른 선생님들이 프로젝트 수업을 어떻게 전개해왔는지 자료를 찾아
봐야 합니다. 비슷하게 따라하다 보면 나의 방향과 맞지 않아 고민하
는 순간이 오거든요. 그때 선생님만의 프로젝트가 새롭게 탄생하게
된다고 생각해요. 자, 시작이 반입니다.

답변 3 | 나 홀로가 아닌 동료 교사들과 적극 협력하며 수업 만들기

프로젝트 수업은 생물인 것 같습니다. 설계에 따라 수업이 진행되기

도 하지만 대부분의 경우, 학생들의 탐구방향에 따라서 수업의 방향과 내용이 수시로 달라지니까요. 어떤 변수가 작용하는가에 따라 달라지기 쉬운 만큼 학생들에게 안내해줄 수 있는 교사 자신만의 노하우와 전문성을 길러야 합니다. 또한 쉬운 과정이 아니다 보니 도중에 쉽게 포기해버리는 경우도 꽤 많습니다. 그렇기 때문에 혼자보다는 학년 단위 또는 마음 맞는 동료 교사와 함께 시작해볼 것을 권유합니다.

답변 4 | 교사 스스로 성찰하며 성장하게 하는 것이 프로젝트 수업

프로젝트 수업에 대한 시도 자체가 중요하다고 생각합니다. 초기 프로젝트 수업의 설계를 돌아보면 부족했던 점이 많이 보입니다. 후회와 아쉬움이 막심하고, 아이들에게 미안한 마음도 듭니다. 그러나 이런 부족함을 스스로 성찰할 수 있는 것은 프로젝트에 대해 고민하는 동안 교사도 함께 조금씩 성장했기 때문입니다. 첫발을 떼기가 쉽지 않았지만 일단 시작한다면 어느새 조금씩 성장하는 교사 자신과 학생들의 모습을 마주하게 될 것입니다.

이상에서 밝힌 모든 이야기들은 실제 프로젝트 수업을 실천하고 성찰한 경험을 바탕으로 한 조언이다. 프로젝트 수업을 디자인하고 실천하면서 경험한 고민과 이에 대한 문제해결을 위해 함께 머리를 맞대고 고민한 흔적이기도 하다. 이러한 작은 조언들이 이제 프로젝트 수업을 시작하려는 선생님들께 조금이나마 용기를 주고 도움이 되기를 진심으로 희망한다.

07
무엇이 프로젝트 수업을 망설이게 하는가?

실제 교육 현장에서 프로젝트 수업을 진행하는 과정에서 자주 거론되는 편견이나 문제점들이 몇 가지 있다. 이러한 것들 때문에 많은 교사들이 프로젝트 수업을 망설이게 된다. 여기에서는 그러한 편견이나 의문점을 크게 4가지로 정리해보았다.

첫째, 프로젝트가 주 교과 중심으로 운영되어
주변 교과에 대한 지식 및 기능을 학습할 기회가 부족하다

프로젝트 수업 디자인에서 교육과정을 재구성하다 보면 프로젝트를 이끌어갈 주 교과가 필요하다. 대부분의 경우 주 교과는 사회 교과가 담당하게 된다. 프로젝트 학습에서는 주 교과를 제외한 나머지, 즉 주변 교과가 생기게 된다. 주 교과에 대한 교과개념 및 교과지식, 교과기능 중심으로 프로젝트가 운영됨에 따라 주변 교과에 대한 교과개념, 교과지식, 교과기능을 짜임새 있게 학습할 기회가 없다. 다음의 표 2-1에서 볼 수 있듯이 초등 3학년의 실제 프로젝트 운영 사례를 살펴보면 1년간 6개의 프로젝트를 운영하였고, 프로젝트 내용은 거

| 표 2-1 | 프로젝트 운영 사례

프로젝트 운영기간	프로젝트명	프로젝트 내용	관련 주교과	주변 교과
3학년 1학기 프로젝트 운영	우리 고장 탐험대	우리 고장 알아보기	사회	국어, 미술, 음악
	우리 가족 탐험대	우리 가족 알아보기	도덕	국어, 체육, 미술
	우리 살림 탐험대	고장의 경제중심지	사회	국어, 미술
3학년 2학기 프로젝트 운영	착한 소비 탐험대	우리 지역과 다른 지역 교류	사회	국어, 미술
	우리는 시간 탐험대	옛날과 오늘날의 생활모습	사회	국어, 미술
	우리는 문화 탐험대	다양한 문화 살펴보기	사회	국어, 미술

의 대부분 사회 교과였다. 프로젝트 내용을 통해 사회 교과의 지식과 기능을 주로 익히게 되다 보니 자칫 주변 교과의 지식과 기능을 학습할 기회가 줄어들 수 있다.

둘째, 프로젝트 내용의 확산성으로 인해 학년 간 위계가 중첩되어 똑같은 내용을 다시 학습하는 경우가 발생한다

여러 교과에서 학년 간 내용이 중복되는 경우가 발생하지만, 여기서는 3·4학년 사회과 내용을 통해 중복되는 경우를 살펴보자. 다음의 예시처럼 3학년은 우리 고장(예-계양구, 서구), 4학년 우리 지역(예-인천광역시)에 대해서 학습한다. 그러나 프로젝트 수업을 진행하다 보면 3학년에서 우리 고장의 범위를 넘어가는 4학년의 교과 내용을 학습할 수 있어 학년 간 위계가 중첩될 가능성이 높아진다.

3학년 사회 교과 내용
- 고장과 관련된 옛 이야기를 통하여 고장의 역사적인 유래와 특징을 설명한다.
- 고장에 전해 내려오는 대표적인 문화유산을 살펴보고 고장에 대한 자긍심을 기른다.

4학년 사회 교과 내용
- 우리 지역을 대표하는 유무형의 문화유산을 알아보고 지역의 문화유산을 소중히 여기는 태도를 갖는다.
- 우리 지역과 관련된 역사적 인물의 삶을 알아보고 지역의 역사에 대해 자부심을 갖는다.

셋째, 프로젝트 프로그램 수준을 학년에 상관없이 똑같이 사용하는 경우가 발생한다

학년에 상관없이 '우리는 누구인가?', '인권 문제', '환경 문제' 등을 프로젝트 주제로 많이 다룬다. 해당 주제와 관련된 프로그램은 흐름이 같더라도 고학년으로 갈수록 이해 수준이 깊어져야 하는데, 학년 수준과 관계없이 같은 과정을 반복해서 학습하는 경우도 발생한다. 이 경우, 프로젝트 수업의 결과는 고차원 수준의 사고 이해로 넘어가지 못하고 사실적 지식 수준의 이해에 머물고 만다. 이에 IB 프로그램에서는 다음의 그림[1]과 같이 각 학년에서 주제의 겹침이나 내용의 중복을 피하기 위해 교육과정 주제를 학년별로 달리하여 제시한다.

---

1. 일본 도쿄세이센 국제학교 커리큘럼 참고

나는 누구인가
관계 - 자기인식 - 건강한 선택 - 신체 - 성장과 발전 - 국제적 마인드

우리는 어떻게 조직할까?
공동체 노동자(역할)- 판매시장 - 세계적 식량 생산 - 정부

넷째, 프로젝트 설계에 대한 체계적인 접근 방법이 없다

프로젝트를 처음 접하는 교사들은 프로젝트의 설계 단계부터 막막함을 느끼게 된다. 시중에 나와 있는 프로젝트 수업 관련 책들은 상당수가 어떻게 디자인할 것인지에 관한 설계 단계보다는 프로젝트 수업의 이론적 내용에 초점을 맞춰 소개하고 있는 편이다. 특히 프로젝트를 설계할 때에 탐구질문을 작성하는 것은 매우 중요한데, 어떻게 탐구질문을 만들고 어떤 탐구질문 순서대로 학습할지에 대해서는 그저 해당 교사의 역량에만 맡겨두고 있어 초보 교사의 경우에는 프로젝트를 설계하기가 어려운 것이 사실이다. 프로젝트 수업은 탐구질문으로 프로젝트를 시작하고 교사가 프로젝트를 계획하는 데 있어 가이드 역할을 해준다. 탐구질문만 잘 작성되어도 프로젝트 성공의 반은 확보한 셈이다. 이 책에서 탐구질문의 중요성을 거듭 강조하는 이유이다.

이에 본 책에서는 이런 편견과 문제점을 극복하고 한층 체계적인 프로젝트 설계와 탐구질문을 작성하기 위한 방안으로 개념 기반 교육과정과 SOLO 분류법을 적극 활용해볼 것을 권장하고 있다. 이어지는 Chapter 03의 내용에서 개념 기반 교육과정과 SOLO 분류법을 적용한 사례를 자세히 안내하고 있으므로 앞서 언급했던 문제점들을 해결함은 물론 의미 있는 프로젝트 수업을 구상하는 데 유용할 것이다. 부디 프로젝트 수업에 관한 그간의 오해를 조금이나마 해소하고 각자의 교실 상황에 맞게 배움이 살아 있는 즐거운 수업을 설계하기를 바란다.

이미 프로젝트 수업에 관한 이론을 설명한 논문이나 단행본 등이 많이 소개되어 있는 만큼 이 책에서는 이론적인 내용은 가급적 최소화하려고 하지만, 그럼에도 알아두면 프로젝트 수업을 질적으로 개선하는 데 도움이 될 만한 것들이 있다. 여기에서는 특히 개념 기반 교육과정 및 수업(CBCI)과 솔로분류법에 대해 설명하고 나아가 이를 적용하여 프로젝트 수업을 설계하는 과정에 관해서 실제 수업 사례와 함께 차근차근 설명해 보려고 한다.

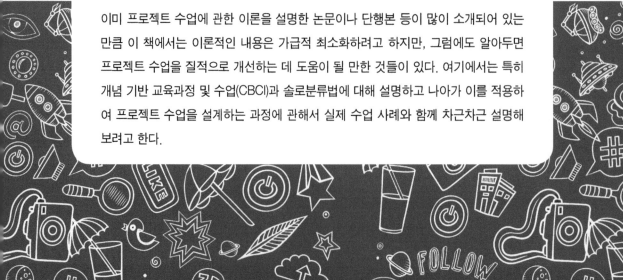

CHAPTER

03

집중 탐색

어떻게 더 나은 프로젝트 수업을 만들어갈 것인가?

01
핵심질문을 이끌어내는
개념 기반 교육과정 및 수업

앞서 성공적인 프로젝트 수업을 위해서는 탐구를 이끌어내는 핵심 질문들, 즉 탐구질문을 어떻게 작성할 것인지가 중요하다고 이야기한 바 있다. 실제로 프로젝트 수업에서 탐구질문만 잘 이끌어내도 절반의 성공을 거두었다고 말할 수 있을 정도이다. 하지만 여러 교과를 융합해서 교육과정을 재구성한 프로젝트 수업 디자인에서 좋은 탐구질문을 이끌어낸다는 것이 말처럼 쉬운 일은 아니다. 그래서 여기에서는 실제로 탐구질문을 어떻게 작성하는지 살펴보기에 앞서 탐구질문을 이끌어내기에 용이한 '개념 기반 교육과정과 수업(Concept-Based Curriculum and Instruction)'에 관해 설명하고자 한다.

개념 기반의 교육과정 및 수업이란?[1]

개념 기반 교육과정과 수업(CBCI)이란 교과 개념, 일반화 및 원칙을 사용하여 사실적인 내용 및 기능을 구조화한 3차원 설계모델이다. 개

---

1. H. Lynn erickson, *concept-based teaching and learning*, IB Position paper, 2012

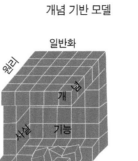

〈2차원 모델〉
소재 / 기능 기반 모델

사실
기능

〈3차원 모델〉
개념 기반 모델

일반화
원리
개
념
사실
기능

일반화 / 원리
개념
사실 / 기능

| 그림 3-1 | 2차원과 3차원 모델 비교

※자료: H. Lynn erickson. "concept-based teaching and learning". IB Position paper, 2012

념 기반 교육과정과 수업을 바탕으로 한 3차원 모델은 오직 사실적
내용과 기술에만 중점을 두고 있는 주제 기반 커리큘럼의 기반인 전
통적인 2차원 모델과 대조된다(그림 3-1 참조).

3차원 모델은 사실과 기능을 토대로 하여 시간, 문화, 상황에 상관
없이 적용되는 개념적 이해를 계발할 수 있도록 하며, 개념적 렌즈를
사용함으로써 단원에 초점을 부여하고 방향을 설정한다. 또한 개념
적 렌즈와 탐구질문과 같은 도구나 전략을 사용하여 사실, 기능, 개
념 및 일반화 간의 상호작용이 일어나도록 한다. 탐구질문은 사실을
묻는 질문과 개념을 요구하는 질문을 함께 제시함으로써 학생들의
사고가 수업에서 목표로 하는 일반화로 나아갈 수 있도록 안내하며,
학생 스스로의 개인적 입장을 나타낼 수 있도록 논쟁이 가능한 질문
도 포함한다.

기존의 전통적인 2차원 교육과정은 내용을 분석하고 암기하는 것

을 주요 목표로 사실과 기능에 초점을 맞춘다. 하지만 3차원 모델은 개념, 원칙 및 일반화에 초점을 맞춰 이와 관련된 사실 및 기능을 개념, 원리, 일반화에 대한 심층적인 이해를 도모하기 위해 구조화하여 사용한다. 무엇보다 개념적 렌즈와 탐구질문과 같은 도구나 전략을 사용함으로써 얻게 되는 장점 중 두드러진 점이라면 이해된 개념이나 원리, 일반화는 문화 및 상황에 상관없이 시간을 통한 개념적 전이가 용이하다는 것이다. 즉 전통적 방식과 달리 배움의 범위가 자연스럽게 확장되는 측면이 강하다는 뜻이다. 이처럼 3차원 모델은 학문 전반에 걸친 사실적 지식의 확고한 기반도 중요하게 고려하지만, 무엇보다 학습의 초점을 개념적 이해에 맞춤으로써 교육에 대한 기준을 높인다.

개념 기반의 3차원 모델에서 교사는 개념과 일반화와 함께 사실을 사용하여 시너지를 이끌어내는 고차원적 사고를 수행함으로써 학생들로 하여금 사실적 지식보다 깊고 개념적인 사고와 이해를 요구하게 된다. 또한 학생의 질문과 개인적 의미 형성을 지원하는 **구성주의적 학습**을 중시한다.

여기에서 개념 이해는 특정 교과에만 한정되는 것이 아니다. 교과를 막론하고 모든 교과에 걸쳐 매우 중요하다. 또한 소위 전문적 지식은 중요한 개념을 중심으로 연결되고 체계화되는 법이다. 그렇기 때문에 학생들이 사실적인 지식에 근거하여 개념을 이해한 후에, 개념적 틀로 지식을 조직화하면 한층 더 큰 전이가 가능해진다. 그 결과 새로운 상황에 배운 내용을 더 빨리 익히고 적용할 수 있게 된다.[2] 2차원 교육과정과 3차원 교육과정을 적용한 수업모델을 좀 더 알기 쉽게 비교할 수 있도록 표 3-1에서 정리하였다.

---

2. John D. Bransford외 2인, *How People Learn: Brain, Mind, Experience and School,* National Academy of Sciences and the National Research Council, 2000, p.16-17

| 표 3-1 | 2차원과 3차원 교육과정 수업모델 비교[3]

2차원 교육과정 수업모델	3차원 교육과정 수업모델
목표는 사실적 지식과 기능 개발을 향상시키는 것	목표는 사실적 지식과 기능 및 글로벌 컨텍스트를 통한 이해의 전이에 의해 지원되는 개념적 이해의 증대
교사는 사실적인 지식을 전파하기 위해 강의에 크게 의존	교사는 하나 또는 두 가지 주요 개념을 개념적으로 사용하여 중요한 학제 간 및 학문 주제 및 문제에 대한 학생의 탐구를 용이하게 함
수업 및 학습 경험은 개념적 이해를 가정하고 사실적인 예와 개념의 정의에 초점을 맞춤	교육 및 경험은 개념을 실제 내용과 함께 사용하여 시너지 사고를 보장하며 교사는 의도적으로 학생들이 사실을 초월하는 데 도움이 되는 개념을 사용함
교사는 필요에 따라서 각 차시 수업마다 목표를 게시	교사는 흥미를 유발하고 시너지 사고를 촉진하기 위해 여러 가지 종류의 질문 (사실적, 개념적, 논쟁의 여지가 있음)을 게시
학생들은 선생님의 지시에 따라 순서와 주의를 확실히 하기 위해 교사와 직선으로 마주 봄	학생들은 종종 사회적 탐구, 협동, 시너지 사고 및 문제해결을 공유하기 위해 그룹으로 활동함. 학생들은 인터넷이나 기타 의사소통 도구를 사용하여 독립적으로, 쌍으로 또는 그룹으로, 또는 글로벌 맥락에서 작업할 수 있음
교사는 차시 수업을 끝낼 때 목표와 관련된 학습을 구두로 요약함	교사는 귀납적인 가르침을 사용하여 수업이 끝날 무렵 학생들에게 개념적 이해의 진술을 제시하고 교육과정의 향후 주제에 관한 후기 연결에 대한 핵심 아이디어 또는 제안된 아이디어를 게시함. 학생들은 양질의 시너지 사고의 증거로서 정확한 사실을 이해하는 데 도움을 줌
평가는 사실적인 지식과 기능을 측정	개념적 이해의 평가는 과제를 통해 다시금 중심생각을 통합적이고 명확한 언어로 이끌어내는 것
교사는 필수 교육과정을 다루는 데 중점을 둠	교사는 학생의 사실적 지식(저차원 사고)과 개념적 이해(고차원 사고)의 시너지 효과를 발현하는 데 중점을 둠

---

3. H. Lynn erickson, *concept-based teaching and learning*, IB Position paper, 2012, p.9

왜 개념 기반 중심의 교육과정이어야 하나?

기존에는 교육과정이 단편적인 내용 분석 및 암기를 목표로 오직 사실과 기능의 습득에만 초점을 맞추었다. 하지만 개념 기반 교육과정은 여기에서 머물지 않고 개념과 원칙 및 나아가 이의 일반화에 초점을 맞춰 관련된 사실 및 기능을 한층 심층적으로 이해할 수 있도록 구조화한 것이다.

그렇다면 왜 오늘날 이러한 개념 기반 중심의 교육과정 운영이 주목을 받게 된 걸까? 그 이유는 우선 개정 교육과정에서 근거를 찾아볼 수 있을 것이다. 2015 개정 교육과정 학교 교육과정 편성·운영에 교수학습 부분을 살펴보면 우리가 왜 개념 기반 교육과정을 바탕으로 수업을 만들어가야 하는지를 이해할 수 있다. 지식의 심층적 이해, 탐구의 심화, 융합적 사고를 도모하는 교과 간 연계 등이 중시되고 있는 현실을 고려할 때 앞으로의 교실 수업은 개념 기반 교육과정을 적용한 디자인을 바탕으로 이루어져야 한다는 것이 자명하다.

2. 교수·학습[4]

가. 학교는 교과목별 성취기준에 따라 다음과 같은 사항에 중점을 두고 교수·학습이 이루어지도록 한다.

1) 교과의 학습은 단편적 지식의 암기를 지양하고 핵심개념과 일반화된 지식의 심층적 이해에 중점을 둔다.
2) 각 교과의 핵심개념과 일반화된 지식 및 기능이 학생의 발달 단계에 따라 그 폭과 깊이를 심화할 수 있도록 수업을 체계적으로 설계한다.
3) 학생의 융합적 사고를 기를 수 있도록 교과 내, 교과 간 내용 연계성을 고려하여 지도한다.

---

4. 2015 개정교육과정 해설서 91쪽 참조

개념이란 무엇인가?[5]

개념 기반 교육과정의 시대적 요구와 필요성을 이해했다면 실천으로 이어져야 할 것이다. 개념 기반 교육과정을 디자인하고 운영하려면 우선 수업시간에 다루고자 하는 개념이 무엇인지에 관한 명확한 정의가 필요하다. 우선 개념은 체계적이고 조직적인 사고로 그 특징은 영원하고 보편적이며 추상적이다. 하나 또는 두 단어로 표현하며 공통된 속성을 공유한다. 각 학문 영역의 개념들은 구체적인 것부터 광범한 것까지 다양하게 존재한다. 구체적인 것은 마이크로 개념이며, 광범한 것은 매크로 개념을 의미한다. 여러 학문에 광범위하게 걸쳐 있는 규칙, 관계, 변화와 같은 개념들은 **통합개념**이라고 불린다.

• 매크로 개념 VS 마이크로 개념

매크로 개념이라고 해서 여러 교과에 걸쳐 모두 적용되는 것은 아니다. 특정 학문 분야에만 특히 더 적절한 매크로 개념도 있다. 예를 들면 인물, 작품 주제 등과 같은 매크로 개념은 문학, 예술과는 관련이 있겠지만 과학이나 수학으로 전이되지는 않을 것이다. 매크로 개념이 이해의 폭을 넓힌다면, 마이크로 개념은 이해의 깊이를 제공한다고 할 수 있다. 예컨대 수학 교과에서 매크로 개념인 '규칙'은 수학 개념의 이해의 폭을 넓히겠지만 '기울기'라는 마이크로 개념은 학생들에게 점진적으로 수학 교과의 전문 지식을 발달시켜줄 것이다(74쪽 표 3-2). 프로젝트의 일반화를 작성할 때에는 여러 교과를 통합할 매크로 개념과 마이크로 개념을 사용하게 된다. 하지만 프로젝트 주제나 개념에 적합한 매크로 개념인지, 프로젝트 속 각각의 교과에 적합

---

5. 린 에릭슨 외 2인, 《생각하는 교실을 위한 개념 기반 교육과정 및 수업》(온정덕·윤지영 옮김), 학지사, 2019, 77-79쪽 참조

한 매크로 개념인지를 꼭 미리 점검해보는 것이 중요하다. 표 3-2는 매크로 개념과 마이크로 개념을 몇 가지 예시해본 것이다.

| 표 3-2 | 매크로 개념과 마이크로 개념의 예

매크로 개념	마이크로 개념	
변화	미생물	생태적 지위
시스템	전기음성도	크기
규칙	기울기	선형함수
상호의존성	명도	채도
음성	어조	음조

※자료: 릭 에릭슨 외 2인, 《생각하는 교실을 위한 개념 기반 교육과정 및 수업》(온정덕·윤지영 옮김), 학지사, 2019, 7쪽

매크로 개념의 좀 더 확실한 이해를 돕기 위해 질문을 하려 한다. 다음에 제시한 개념들 중에서 매크로 개념인 것과 아닌 것을 구분해보자.

순천만 습지 생태계	가족
김홍도	문화
변화	캐나다 이민
시스템	인권
서식지	혁신
가치	협력
체계	6.25전쟁
신념	관점

그렇다. 순천만 습지 생태계, 김홍도, 캐나다 이민, 6.25전쟁은 생태계, 화가, 이민, 전쟁이라는 개념의 대표성을 띠지 않기 때문에 매크로 개념이 아니다. 이렇듯 개념은 우리에게 학습의 초점을 제시해주

지만 하나하나 꼽다 보면 그 양이 실로 방대해진다. 이에 IB 프로그램(International Baccalaureate)도 PYP(Primary Years Programme) 수준에서는 8개의 핵심개념을, MYP(Middle Years Programme) 수준에서는 8개 핵심개념을 세분화하여 16가지의 핵심개념을 추려서 제시하고 있다.

IB 프로그램으로 살펴보는 개념 기반 교육과정

국제 학위(IB)에서 관리하는 교육 프로그램인 IB 프로그램은 3세부터 19세까지의 학생들에게 초급·중급·고등과정 프로그램을 운영한다. 이 교육 프로그램은 토론, 발표, 쓰기 등 학생들이 주도적으로 참여하는 수업 중심이 되며 교육과정은 배운 지식과 경험을 스스로 분석하여 지식이 학습되는 과정을 배우는 통합 프로그램이다.[6]

• IB 프로그램이란?

IB 프로그램을 우리나라의 교육 시스템에 빗대어보면 초등학교와 같은 PYP, 중학교와 같은 MYP, 고등학교 수준과 같은 DP(Diploma Programme)를 운영하고 있다. 초등학교 수준인 PYP의 경우, 형식(Form), 기능(Function), 인과관계(Causation), 변화(Change), 연결(Connection), 관점(Perspective), 책임(Responsibility), 반성적 사고(Reflection)의 8개 핵심개념을 이용하여 6가지 교육과정 주제를 운영하고 있다.

8가지 핵심개념과 6가지 교육과정 주제를 요약해서 정리하면 다음의 표 3-3과 같다.

---

6. 후쿠타 세이지, 《국제바칼로레아의 모든 것》(교육을바꾸는사람들 옮김), 21세기교육연구소, 2019 참조

| 표 3-3 | IB PYP 교육과정 안내[7]

학제 간 교육과정 주제	핵심개념	탐구질문 형태
· 우리는 누구인가? · 우리는 어떤 장소, 어떤 시간에 있는가? · 우리 자신을 어떻게 표현할 수 있을까? · 세상은 어떻게 움직이고 있는가? · 우리 자신을 어떻게 조직할 수 있는가? · 지구를 어떻게 나눠 써야 할까?	· 형식 (Form)	- 이건 뭘까?
	· 기능 (Function)	- 이건 어떻게 작용하는 걸까?
	· 인과관계 (Causation)	- 왜 이건 이렇지? 어떤 관계가 있는 거지?
	· 변화 (Change)	- 이것은 어떻게 변화해가는 걸까?
	· 연결 (Connection)	- 이것은 다른 저것과 어떻게 연결되어 있는 것인가?
	· 관점 (Perspective)	- 물, 사람, 현상 등을 바라보는 관점은 무엇인가?
	· 책임 (Responsibility)	- 우리의 책임은 무엇인가?
	· 반성적 사고 (Reflection)	- 우리는 어떻게 아는가?

핵심개념은 탐구질문 형태로 제시되며, 이러한 질문은 그 단위를 형성하고 교육과정의 방향 및 목적을 제시한다. 또한 핵심개념은 6가지 교육과정 주제 영역에 대한 이해를 심화시키는 동시에 학습 과정 전반에 걸쳐 한 주제에서 다른 주제로 그리고 학문과 학제 간의 학습을 연결하는 기회를 제공한다. 예컨대 '우리 자신을 어떻게 표현할 수 있을까?'라는 학제 간 교육과정 주제와 '축제'라는 탐구 주제를 학습하기 위해 형식, 연결, 관점이라는 핵심개념을 이용하여 국어, 사회, 체육 교과 간의 학습을 연결하는 징검다리 역할을 하게 된다.

• IB 프로그램에서 8가지 개념을 선정한 이유

IB 프로그램에서는 왜 8가지 개념을 선정했을까? 이유를 정리하면 표 3-4와 같다. 이는 IB에서 발간한 《Making the PYP happen: A curriculum framework for international primary education》에서 밝힌 내용이기도 하다.

---

7. IB, *What is an IB education?*, International Baccalaureate Organization, 2017

형식 (Form)	정의 (Definition)	모든 것이 관찰되고 식별되고 설명되고 범주화될 수 있는 인식할 수 있는 특징을 가진 형태를 가짐을 이해한다.
	이론적 근거 (Rationale)	형식은 관찰, 식별, 기술 및 분류하는 능력이 모든 분야 내에서 그리고 모든 분야에서 인간 학습의 기본이기 때문에 선정되었다.
기능 (Function)	정의 (Definition)	모든 것에 목적, 역할 또는 행동 방식이 있다는 것을 이해한다.
	이론적 근거 (Rationale)	기능은 역할, 행동 및 사물이 작동하는 방식을 분석할 수 있는 능력이 모든 분야를 학습하는 데 있어 기본적이기 때문에 선택되었다.
인과관계 (Causation)	정의 (Definition)	행동이나 사건은 이유 없이 일어나는 것이 아니라 원인과 결과라는 인과관계가 있다는 것을 이해한다.
	이론적 근거 (Rationale)	인과관계는 학생들에게 "왜?"라고 물어보고 행동과 사건에 대한 이유와 결과가 있음을 인식하도록 돕는 것이 중요하기 때문에 선정되었다. 인과관계의 분석은 모든 학문 분야 내에서 그리고 그 분야 전반에 걸쳐 중요하다.
변화 (Change)	정의 (Definition)	변화란 한 상태에서 다른 상태로 이동하는 과정이라는 것을 이해하는 것으로, 그것은 보편적이며 필연적이다.
	이론적 근거 (Rationale)	변화는 모든 존재의 보편적인 특징이다. 변화의 속도, 지역 및 세계에서 자라는 학생들에게 국제적 마인드가 필요하기 때문에 선택되었다.
연결 (Connection)	정의 (Definition)	개별 요소의 동작이 다른 요소에 영향을 주는 상호작용하는 시스템의 세계에서 우리가 살고 있다는 것을 이해해야 한다.
	이론적 근거 (Rationale)	연결은 외부와 단절된 상태로 존재하는 것이 아니라 시스템의 한 요소로 존재한다는 것을 인식하는 중요성 때문에 선택되었다.
관점 (Perspective)	정의 (Definition)	지식은 관점에 따라 다르게 이해되며 다른 관점은 다른 해석, 이해 및 결과를 가져온다. 관점은 개인, 집단, 문화 또는 학문일 수 있다.
	이론적 근거 (Rationale)	관점은 학생들이 단순하고 편향된 해석을 지양하고 타인의 관점을 고려하여 논리적이고 타당한 해석을 개발해야 하기 때문에 선정되었다.
책임 (Responsibility)	정의 (Definition)	사람들은 자신이 이해한 것을 바탕으로 선택을 하고 그 선택이 다른 결과를 가져올 수 있다는 것을 받아들인다.
	이론적 근거 (Rationale)	학생들이 책임을 확인하고, 책임지고, 사회적으로 책임 있는 행동을 할 수 있는 성향을 개발할 필요가 있기 때문에 선택되었다.
성찰 (Reflection)	정의 (Definition)	아는 것에 대한 여러 가지 방법이 있다는 것을 이해하고 우리의 결론을 성찰하는 것이 중요하다. 우리의 추론 방법과 우리가 고려한 증거의 질과 신뢰성을 검토한다.
	이론적 근거 (Rationale)	성찰은 결론을 뒷받침하는 근거들의 상호 관련성 때문에 선택되었다. 학생들에게 그들의 증거, 방법 및 결론을 조사하도록 요구한다. 그렇게 함으로써 메타 인지의 상위 계층으로 그들의 생각을 확장시키고, 잠재적인 편향이나 다른 부정확성에 대한 증거를 조사하는 것을 엄격하게 권장한다.

개념 기반 교육과정은 학생의 학습에 어떤 변화를 가져오는가?[8]

여기서 문득 궁금한 점이 있을 것이다. 그것은 바로 실제로 개념 기반 교육과정을 적용하여 수업을 만들어갈 때 이것이 학생들의 배움에 과연 구체적으로 어떤 긍정적인 영향을 미치는지에 관해서일 것이다. 개념 기반 교육과정 및 수업에서는 일반적으로 다음과 같은 장점을 기대할 수 있다고 정리하고 있다.

- 시너지 사고가 일어난다. 시너지 사고는 정신적 처리의 사실적 수준과 개념적 수준 간의 인지적 상호작용 과정에서 발생하는 것이다. 사실적 / 개념적 상호작용 없이 사고하는 것은 얕은 사고이다. 인지적 상호작용이 이루어지는 의도된 교과과정 설계를 하지 않으면 자칫 암기된 지식을 마치 더 깊게 이해하는 수준으로 착각할 수 있다. 단지 개념의 정의를 아는 것이나 사실만을 아는 것은 충분하지 않다는 뜻이다.
- 지식과 기능의 전이가 일어난다. 사실적 지식은 시간, 장소 또는 상황에 고정되어 있기 때문에 전이되지 않는다. 하지만 개념, 일반화 및 원리는 전 지구적 맥락과 상황에 적용됨에 따라 개념적 차원에서 지식 전이가 이루어진다. 지식과 기능의 전이는 새로운 지식을 사전 지식과 관련시키고, 동일한 개념 또는 다른 개념적 사례 사이의 관련을 지어보며, 확장된 정보 자료를 패턴화하고 분류할 수 있게 한다.
- 협력적 과정을 통해 학습 지식을 구성해간다. 깊이 있는 사고는 학생들에게 결코 쉽지 않은 일이다. 이에 개념 기반 모델은 공동 작업을 통해 사고력과 문제해결 능력을 향상시킨다. 이로 인해 서로 다른 생각을 가진 학생들이 협력하는 과정을 통해 새로운 사고와 해결 방안을 창출하게 된다.

---

8. H. Lynn Erickson, *concept-based teaching and learning*, IB Position paper, 2012, 6-7쪽 참조

또한 개념 기반 교육과정과 수업을 적용함으로써 학생들에게 가져오는 이로움은 크게 두 가지로 정리할 수 있다. 우선 개념 기반 교육과정은 비판적이고 창의적이며 반성적·개념적 사고 능력을 가진 생각하는 학생을 만든다는 점이다. 그 이유는 다음과 같다.

- 사실적 및 개념적 사고 수준 간의 인지적 상호작용을 촉진한다.
- 학생들이 사실과 핵심개념 및 원칙을 관련짓기 때문에 더 깊은 지식 처리가 가능하다.
- 새로운 지식을 사전 지식과 관련시키고 지식의 패턴과 연결을 조명하기 위해 뇌의 개념 구조(뇌 스키마)를 개발한다.
- 개념 수준에서 지식의 전이를 촉진한다.
- 사고, 창조 및 성찰 과정을 통해 개인의 의미 형성을 위한 기회를 제공한다.

두 번째 개념 기반 교육과정은 지적 동기와 정서적 참여가 학습동기에 필수적이라는 것을 인식하여 학습동기를 부여한다는 점에서 장점을 가진다. 그것이 가능한 이유는 다음과 같다.

- 학생들이 핵심개념을 통해 사실적 지식에 대해 생각하도록 유도함으로써 학습동기가 부여된다. 단위 주제와 핵심개념은 반복적인 관계를 가지고 있다. 예를 들어, "21세기의 세계적인 갈등"의 단위 주제를 '관점'이라는 핵심개념을 통해 생각해본다면 종교, 인종, 역사적 사건 등 다양한 관점에서 세계적인 갈등을 생각할 수 있게 된다.
- 단순 이해에 그치지 않고 복합적인 관계의 이해를 바탕으로 개인의 생각을 존중하고 가치 있게 생각한다.
- 관련성 있고 중요한 구성주의적 학습경험을 장려한다.
- 협업적 사고, 토론 및 문제해결을 가치 있게 생각한다.

2차원과 3차원 교육과정 수업모델은 서로 어떻게 다른가?

앞서 개념 기반 교육과정은 기존의 사실적 내용과 기술 습득에 초점을 맞춘 2차원 모델과 달리 개념과 원칙에 근거한 일반화에 초점을 맞춘 3차원 설계라고 설명한 바 있다. 좀 더 확실한 이해를 돕기 위해서 2차원 교육과정과 3차원 교육과정을 직접 비교해볼 수 있는 예시를 들어보려고 한다.

> · **2차원**: 과거와 현재의 기술 변화를 비교한다.
> · **3차원**: 기술의 발전이 사회·경제적 생활양식을 변화시킨다는 점을 이해하기 위해 과거와 현재의 기술 변화를 비교한다.

2차원 모델의 수행지표를 보면 '과거의 기술, 현재의 기술'이라는 '아는 것'과 '비교하기'라는 하는 것만 제시할 수 있을 뿐이다. 하지만 단지 이런 것들만으로는 전이 가능한 이해가 일어날 수 없다. 한편 3차원 모델과 같이 과거와 현재의 기술 변화를 비교하는 활동을 통해서 학생들이 기술의 발전이 사회·경제적 생활양식을 변화시킨다는 점을 이해한다면 기술의 발전은 또 어떤 것을 변화시킬 수 있을 것인지 또는 사회·경제적 생활양식은 기술의 발전 이외에 다른 어떤 요인으로 변화될지 생각해볼 수 있는 가능성, 즉 이해의 전이가 일어날 수 있는 조건이 마련된다.

3차원 모델에 대한 좀 더 확실한 이해를 돕기 위해 1학년 국어 교과에 제시되어 있는 읽기 성취기준을 예로 들어보겠다.

> · **2차원**: [2국04-01] 한글 자음의 이름과 소리값을 알고 정확하게 발음하고 쓴다.

이상에 제시한 2차원 교육과정에서 달성해야 할 성취기준은 '자음의 이름', '소리값'이라는 소재에 '안다', '쓴다', '발음한다'라는 동사가 합쳐진 전형적인 내용 목표의 형태이다. 이는 단순한 사실인 '한글 자음의 이름'과 '한글 자음의 소리값'을 아는 것과 '한글 자음을 발음하고 쓰기'라는 기능을 습득하는 데 초점을 맞추고 있다. 이러한 성취기준을 달성하는 것을 개념적 이해라고 할 순 없을 것이다.

한편 이를 3차원 개념 기반 모델로 바꾸어보면 다음과 같다.

> **· 3차원:** 자음자 낱자의 이름과 소리값이 다름을 이해하기 위해 한글 자음의 이름과 소리값을 알고 정확하게 발음하고 쓴다.

두 모델 간 성취기준의 가장 큰 차이는 단순한 사실이나 기능의 습득을 넘어서는 사고가 포함되어 있는지 여부이다. 즉 3차원 모델에서는 전이가 가능한 이해를 위해 성취기준에 '자음자 낱자의 이름과 소리값이 다름'과 같은 개념 진술을 포함함으로써 단순 사실이나 기능을 넘어서는 사고를 망라해야 하며, 개념(고차원 수준의 사고)과 사실, 기능(저차원 수준의 사고) 간의 상호작용을 통해서 시너지 사고가 일어나도록 해야 한다.

다시 말해 3차원 모델에서는 사실과 기능을 구조화해서 'ㅈ + 아'는 '지읒'과 '아'가 만나서 '지읒아'라고 발음하는 하는 것이 아니라 '자'라고 발음한다는 것을 통해 자음자 낱자의 이름과 소리값이 다름을 이해하고 'ㅌ + 아'는 '티읕아'라고 발음하는 것이 아니라 '타'라고 발음한다는 사실을 알게 되는 이해의 전이가 일어나야 한다는 뜻이다. 또 다른 관점에서는 모음자 낱자의 이름과 소리값은 같은지, 다른지를 생각하게 되는 전이 가능한 이해가 발생하게 된다.

3차원 교육과정 수업모델에서 지식의 구조는 어떻게 구성할까?

3차원 교육과정 수업모델에서 지식의 구조[9]란 무엇일까? 학교, 사회, 생물 등에 구조가 존재하는 것처럼 지식에도 고유의 구조가 존재한다. 개념 기반 교육과정 및 수업을 설계하기 위해서는 교사가 지식의 구조에 나타나는 여러 가지 수준을 이해하고, 이를 통해 개념 기반 학습을 설계함으로써 학생들의 지적 수준을 높일 수 있도록 도와주어야 한다. 지식의 구조를 이해하기 위해서는 지식의 구조를 구성하는 요소들을 먼저 살펴볼 필요가 있다. 지식의 구조를 이루는 6가지 요소들을 정리하면 다음과 같다.

- 이론: 아직 입증되지 않은 개념적 아이디어로 현상을 설명하기 위한 개념적인 아이디어의 집합.
- 원리: 일반화의 한 형태이지만 시간을 통해 일관되게 유지되는 학문에서 기초를 이루는 진리.
- 일반화: 둘 이상의 개념의 연결 / 관계를 진술한 것.
- 개념: 소재로부터 도출된 지적 구성체이며 하나 또는 두 단어로 표현되는 체계적인 아이디어.
- 소재: 구체적인 인물, 장소, 상황 혹은 물건과 관련된 일련의 사실에 틀을 제공.
- 사실: 진실의 진술로 인물, 장소, 상황 혹은 물건의 구체적인 예.

하지만 이러한 정리만으로는 수업 디자인에서 어떻게 적용해야 할지 다소 모호할 것이다. 좀 더 구체적인 이해를 돕기 위해 '가족'이라는 지식을 이상에서 설명한 6가지 요소로 구성해보면 다음의 그림 3-2

---

9. H. Lynn Erickson, *Concept-Based Curriculum and Instruction: Teaching Beyond the Facts*, 2002

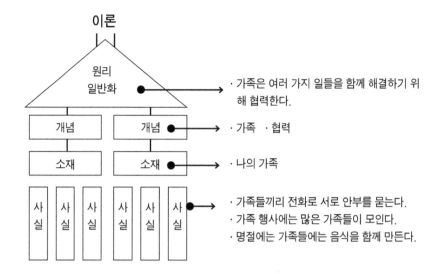

| 그림 3-2 | '가족'에 대한 지식의 구조 예시 자료

와 같이 정리할 수 있다. 그림에서 정리한 것처럼 일반화는 '가족은 여러 가지 일들을 함께 해결하기 위해 **협력한다.**'이며, '가족'과 '협력'이라는 두 개념의 관계를 진술하는 것으로 표현한다. '가족'과 '협력' 개념은 '나의 가족'이라는 소재로부터 도출된 지적 구성체로 '가족들끼리 전화로 서로 안부를 묻는다', '가족 행사에는 많은 가족들이 모인다' 등과 같은 사실들이 가족에 대한 틀을 제공한다.

또 다른 예를 들어보자. 이번에는 '이민'에 관한 지식의 구조를 어떻게 구성할지 살펴보자.

일반적인 2차원 교육과정 수업모델에 익숙한 교사들이라면 아마도 6.25전쟁 이후의 이민이라는 소재와 전쟁으로 인한 산업기반 시설의 파괴, 사회적인 혼란과 경제적인 어려움, 안전한 생활에 대한 갈망이라는 사실들을 안내해준 다음에 학생들로 하여금 이를 습득하고 암기할 것을 목적으로 수업을 진행할 것이다. 하지만 개념 기반 교육과정을 적용한다면 달라질 수 있다. 즉 이민, 욕구라는 개념을 기반으

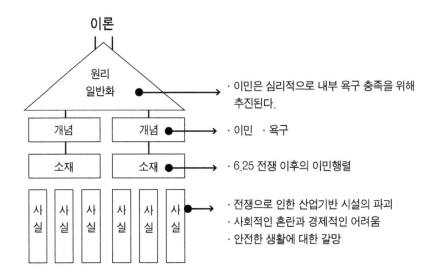

| 그림 3-3 | '6.25 전쟁 이후 이민'에 관한 지식의 구조 예시자료

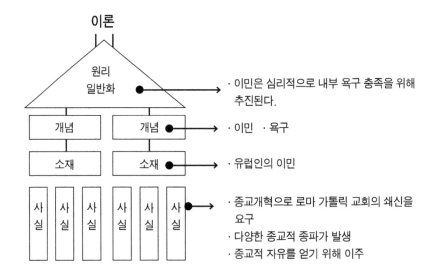

| 그림 3-4 | '종교개혁 이후 유럽의 이민'에 관한 지식의 구조 예시자료

로 프로젝트 학습을 통해서 이민은 심리적으로 내부 욕구를 충족시키기 위해 추진된다는 일반화를 학생들 스스로 도출하도록 유도하는 수업을 디자인할 것이기 때문이다.

프로젝트 상황에서는 어떤 소재나 사실을 중심에 두고 운영하기보다는 이민, 욕구라는 개념과 관련된 일반화를 중심으로 프로젝트를 운영하도록 한다. 소재나 사실이 아닌 개념과 일반화가 중심이 된다면 프로젝트 재구성이나 교사에 따라 소재나 사실은 고정되지 않고 변화될 수 있기 때문에 얼마든지 다양한 프로젝트를 운영할 수 있다. 예를 들면 앞선 지식의 구조에서는 6.25전쟁 이후의 이민행렬이란 소재와 관련된 사실들로 프로젝트를 운영할 수도 있을 것이다(그림 3-3 참고). 한편으론 지식의 구조에서는 같은 개념과 일반화이지만 유럽인들의 미국 이민이라는 소재와 관련된 사실들로 프로젝트를 운영할 수도 있다(그림 3-4 참고).

두 사례를 비교해보면 알 수 있듯이 동학년끼리 같은 프로젝트를 운영하더라도 소재나 사실들이 학급마다 달라질 수 있기 때문에 교사는 자신이 가르치는 학생들의 특성이나 상황에 맞춰 얼마든지 다르게 접근해갈 수 있다. 아울러 각 학급만의 특색을 살려 프로젝트를 진행해 나갈 수도 있을 것이다. 하지만 프로젝트를 처음 운영하는 교사는 프로젝트 개념을 정하고 이를 통해 일반화를 도출해내는 과정에서 어려움을 겪게 된다. 이러한 어려움을 해결하기 위해서 필요한 것이 바로 개념 기반 교육과정에서 언급하는 개념적 렌즈이다.

개념적 렌즈를 사용하면 어떻게 될까?

일반화는 어떻게 도출하면 좋을까? 일반화를 이끌어내는 데 꼭 필요한 것이 바로 개념적 렌즈이다. 개념적 렌즈는 어떤 생각이나 개념(매크로 개념)을 말하는데, 학습 초점을 제시하고 사고의 깊이를 더해주는 데 유용하다. 즉 이해의 전이를 촉진시켜 학생들이 학습 과정에서 자신만의 생각을 손쉽게 끄집어낼 수 있도록 도와준다.

| 표 3-5 | 개념적 렌즈의 다양한 예

갈등	신념 / 가치	복잡성	역설
상호의존성	자유	상호작용	변환
정체성	관계	규칙성	기원
변화	관점	혁명	개혁
권력	시스템	영향	균형
구조 / 기능	설계	혁신	체재
영웅	힘	유용성	창의력

※자료: 린 에릭슨 외 2인, 《생각하는 교실을 위한 개념 기반 교육과정 및 수업》(온정덕 · 윤지영 옮김), 학지사, 2019, 34쪽

어떤 개념적 렌즈를 적용하는가에 따라 도출되는 일반화 또한 달라질 수 있다. 예컨대 아래의 그림 3-5와 같이 행사, 문화 개념에 '통합'이라는 개념적 렌즈를 사용하면 일반화 진술문장을 만들어내기가 용이해진다. 행사(문화)와 관련된 소재나 사실들을 '통합'에 학습 초점을 맞춰 프로젝트를 운영하기 때문에 "행사는 사람들을 통합한다."와 같은 일반화 진술문장을 만들 수 있을 것이다.

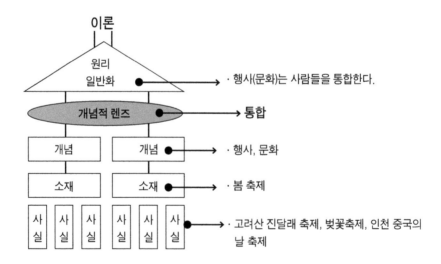

| 그림 3-5 | 개념적 렌즈를 활용한 일반화의 예

개념과 일반화 진술문장을 완성하면 프로젝트의 목적이 설정된다. 이후 개념과 일반화를 도출해낼 수 있는 '봄 축제'라는 소재에 '고려산 진달래 축제', '벚꽃 축제', '인천 중국의 날 축제' 등의 사실, 즉 학습 내용을 선정하는 것이다. 물론 학습 내용은 학급의 특성 또는 교사의 의도에 따라 '크리스마스', '부처님 오신 날', '추석', '설날' 등의 소재와 '음식', '의식', '전설' 등의 사실로 바꾸어 얼마든지 재구성할 수 있다.

좀 더 확실한 이해를 돕기 위해 또 다른 구체적인 예시를 들어보겠다. 1학년 통합교과 '가족' 단원을 대상으로 교육과정을 재구성할 때 개념적 렌즈를 '관계'에서 '변화'로 바꿔 적용했을 경우, 교육과정의 방향이 어떻게 달라지는지에 관해 생각해보자.

먼저 가족, 친척이란 핵심개념에 적용 가능한 개념적 렌즈를 '관계'로 정하면 일반화된 지식은 "사람들은 가족과 친척의 관계 속에서 살아간다."로 교육과정의 방향이 정해질 것이다. 하지만 개념적 렌즈를 '변화'로 바꾸면 "사회, 문화, 경제적 상황에 따라 가족과 친척의 모습은 변화한다."로 일반화된 지식이 바뀌고, 교육과정의 방향 또한 변화에 초점이 맞춰지게 된다.

| 표 3-6 | 개념적 렌즈의 변화에 따른 교육과정의 방향성

프로젝트 핵심개념	적용 가능한 개념적 렌즈	일반화된 지식	소재	사실
가족, 친척	관계	사람들은 가족과 친척의 관계 속에서 살아간다.	나의 가족	• 친척들이 있다 • 가족행사가 있다
가족, 친척	변화	사회, 문화, 경제적 상황에 따라 가족과 친척의 모습은 변화한다.	대가족 핵가족 다문화가족	• 경제적 어려움이 있다. • 국제결혼이 많아지고 있다.

이처럼 개념적 렌즈를 무엇으로 설정하는지에 따라 교육과정의 방향이 달라진다는 것을 충분히 이해할 수 있을 것이다. 이해한 내용을 바탕으로 연습 삼아 '가족' 단원에 적합하고 학생들에게 학습의 즐거움을 줄 수 있을 만한 개념적 렌즈를 나름대로 정하여 일반화된 지식을 한번 만들어보자.

프로젝트 핵심개념	적용 가능한 개념적 렌즈	일반화된 지식
가족, 친척		

직접 실천해보면 개념적 렌즈에 의해 교육과정의 방향이 바뀌는 것을 좀 더 확실히 체감할 수 있을 것이다. 또한 개념적 렌즈는 프로젝트가 나아가야 할 방향을 명확하게 정해주기 때문에 프로젝트를 처음 경험하시는 선생님들과 전체적인 프로젝트 설계 과정을 어려워하시는 선생님들에게 큰 도움이 된다. 앞으로 선생님들께서 직접 프로젝트 수업을 디자인할 때는 학습하고 싶은 핵심개념을 정한 후에 개념적 렌즈 적용을 권한다. 어떤 개념적 렌즈가 학생들을 흥미롭게 만들지 상상해보자. 아래에 연습해보는 것도 좋을 것이다.

프로젝트 핵심개념	적용 가능한 개념적 렌즈		
	1.	2.	3.
	1.	2.	3.
	1.	2.	3.
	1.	2.	3.
	1.	2.	3.

02
체계적인 프로젝트 접근을
돕는 솔로 분류법

프로젝트 수업에서 탐구를 이끌어가는 핵심질문, 즉 탐구질문의 중요성은 이미 앞서도 수차례 강조한 바 있다. 프로젝트를 설계할 때, 탐구질문은 유형별로 사실적 질문, 개념적 질문, 논쟁 가능한 질문, 실제 경험할 수 있는 질문으로 구분할 수 있다. 개념 기반 교육과정 및 수업에서는 사실적 질문, 개념적 질문, 논쟁 가능한 질문의 세 가지로 구분하고 있지만, 본 프로젝트를 설계할 때는 실제 경험할 수 있는 질문, 즉 실제적 질문을 추가하였다.

- 사실적 질문: 시간, 공간, 상황에 한정적이다. 또한 이들은 구체적이며 여러 사례에 걸쳐서 전이되지 않고 지식의 기초를 마련한다.
- 개념적 질문: 일반화처럼 여러 상황에 걸쳐 적용되고 사고시간에 구애받지 않는다. 또한 사고를 깊이 있고 전이 가능한 이해로 연결 지을 수 있도록 한다.
- 논쟁적 질문: 사실적 지식을 통합하고 연결하여 해당 개념들을 이해한 후에 자신의 주장을 다른 의견을 가진 사람들과 논쟁할 수 있는 기회를 제공한다.
- 실제적 질문: 학습의 경험을 실제적으로 만드는 질문으로 프로젝트

상황, 과제, 영향과 개인적인 관심, 흥미, 인생 문제에 대해 실제성을 이끌어내도록 유도한다.[10]

실제 경험할 수 있는 질문을 추가한 가장 큰 이유는 프로젝트에서 실제성은 학생의 학습에 대한 동기를 향상시키고 성취도를 높이는 데 중요한 요인이기 때문이다. 탐구질문을 만드는 목적은 학생들의 개념적 이해를 이끌어내기 위함이다. 그리고 이러한 질문들을 통해 학생들의 깊이 있는 사고를 촉진하여 일반화로 향하도록 도와야 한다. 이것이 가능한 탐구질문이야말로 의미 있는 수업을 만드는 데 꼭 필요한 요소이다. 특히 솔로 분류법(SOLO Taxonomy)으로 설계한 탐구질문은 프로젝트에 한층 체계적으로 접근할 수 있도록 도와주기 때문에 추천할 만한 최적의 방법이다. 그래서 여기에서는 솔로 분류법에 관해 좀 더 자세히 설명해보려고 한다.

솔로 분류법이란 무엇인가?

솔로(SOLO; Structure of the Observed Learning Outcome) 분류법[11]이란 빅스(J. B. Biggs)와 콜리스(K. F. Collis)가 처음으로 제안한 인지발달의 일반적인 모델로서 준거 지향 질적 평가의 성격을 띤 분류체계의 일종이다. 빅스와 콜리스는 "사고 기능에서 위계성이 존재하는가, 학습자의 사고 기능은 어떻게 획득되며 발전하는가?"에 관해 연구하였는데, 그 결과 교과나 과제와는 상관없이 학습자들은 일정한 사고의 반복적인 패턴을 가지고 있었다. 또한 학습자의 사고 기능에서 순차

---

10. 존 라머 · 존 머겐달러 · 수지 보스, 《프로젝트 수업 어떻게 할 것인가?》(최선경 · 장밝은 · 김병식 옮김), 지식프레임, 2017, 49-51쪽 참고

11. 조현영, 〈SOLO분류법에 따른 초등학교 6학년 학생들의 비와 비례개념분석〉, 석사학위논문, 경인교육대학교, 2015

적으로 유사한 구조적 복합성이 나타나는 것을 발견하였는데, 이를 솔로 분류라는 모형으로 정리한 것이다. 각 단계별 사고 기능의 구조적 특성을 정리하면 다음과 같다.

- 전구조 단계: 주어진 질문을 그 목적에 맞게 이해하지 못하며 부적절하고 관련이 없는 반응요소들을 이용하여 문제를 해결하려는 단계로 질문에 답하는 시도조차 회피하는 경향이 있다.
- 단일구조 단계: 제시되어 있는 오직 한 개의 반응요소만을 이용하는 단계이기 때문에 문제를 부분적으로는 해결할 수 있지만, 전체적인 일관성 없이 중요한 핵심을 거의 놓친다.
- 다중구조 단계: 제시되어 있는 모든 반응요소들을 이용하여 질문에 답하지만, 반응요소들 사이의 관련성에 대해서는 아직 인식하고 있지 못한 채 순차적으로 한 개씩 적용하는 경향이 있다.
- 관계적 단계: 문제와 관련되어 있는 모든 자료를 이용하며 자료들 간의 관련성을 파악하고 있어 마치 모자이크를 조립하듯 통합하여 활용할 수 있다. 실제 주어진 체제 내에서는 통합된 자료들을 바탕으로 일반화가 가능하다.
- 확장된 추상화 단계: 문제와 관련이 있고 제시되어 있는 반응요소뿐만 아니라 제시되어 있지 않은 요소들을 결합하여 새로운 결과를 도출하게 된다. 또한 새롭고 추상적인 특징을 이끌어내게 되며, 주어진 체제를 초월하여 일반화할 수 있는 단계이다.

솔로 분류법에 따르면 학습자의 사고 기능은 이상의 5단계를 거쳐 발전해가게 된다. 우리가 이것에 주목해야 하는 이유는 만약 이러한 구조적 특성을 무시한 채 탐구질문을 만들 경우 내용적으로는 그것이 아무리 훌륭한 질문이라고 해도 정작 학습자에게 무용한 것이 될 수도 있기 때문이다.

솔로 학습모델이란 무엇인가?[12]

솔로 분류법이란 사고 기능에서 순차적으로 유사한 구조적 복합성이 나타나는 데 따른 학습단계를 분류한 것이라고 설명했다. 그렇다면

| 표 3-7 | 솔로 단계별 해당동사와 질문 형태

이해 정도	솔로단계 (생각유형)	해당 동사	질문 형태
.	전구조 (생각 없음)	해당 없음	.
표면적 이해	단일구조 (하나의 생각)	정의하다. 파악하다. ~을 라벨을 붙여 분류 하다. 간단한 절차를 수 행하다.	· **정의하기**: 무엇입니까? · **파악하기**: 맞습니까? · **간단한 절차 수행하기**: 무엇을 해야 합니까?
	다중구조 (다양한 생각)	설명하다. 나열하다. 요점이다.	· **(특징)설명하기**: 그것 어때?, 　　　　　　　　무엇을 알게 되었나요? · **나열하기**: 무엇 무엇입니까? · **요점**: 중요한 점은 무엇입니까?
깊은 이해	관계 (생각 관계짓기)	순서이다. 분류하다. 분석하다, (효과) 설명하다, (원인) 설명하다, 비교/대조하다, 관련있다. 적용하다.	· **순서**: 순서가 어떻게 됩니까? · **분류하기**: 어떤 집단에 속합니까? · **(원인)설명하기**: 왜 일어났을까?, 　　　　　　　　어떻게 발생했을까? · **비교하기**: 유사점은?, 차이점은? · **분석하기**: 부분은?, 어떻게 함께 작동할까? · **(효과)설명하기**: 결과는 무엇인가? · **추론하기**: 왜 그렇게 생각합니까? · **유추하기**: 어떻게 관련되어 있는가?
개념적 이해	확장된 추상화 (생각 확장하기)	토의하다. 일반화하다. 예측하다. 평가하다. 성찰하다. 창조하다.	· **일반화**: 전체적으로 어떤 내용인가요? · **토의하기**: 논쟁거리는 무엇인가요? · **예측하기**: 다음에 무슨 일이 일어날까요? · **평가하기**: 가장 좋은 점은?, · **창조하기**: 새로운 관점은 무엇입니까? · **궁금해하기**: 무엇을 더 알아보고 싶습니까?

솔로 학습모델이란 무엇일까? 솔로 학습모델은 교수와 학습에 관한 모델로 관찰된 학습 결과의 구조를 말한다.

솔로 학습모델은 솔로 분류모델과 마찬가지로 표면적 이해 수준인 단일구조와 다중구조 단계, 깊은 이해 수준인 관계적 단계, 개념적 이해 수준인 확장된 추상화 단계로 구성되며 표면적 이해, 깊은 이해, 개념적 이해 수준의 학습 과정을 거치면서 학습 결과는 점층적인 구조적 복잡성을 나타내게 된다. 또한 학생들의 사고가 어떻게 구조화되었는지, 학습 과정을 가시화해줄 수 있기 때문에 한층 계층적이고 명시적인 피드백을 제공해주는 장점을 가진다.

각 솔로 단계에는 관련된 동사들이 있으며, 이는 학생들이 각 단계의 탐구질문 만들기나 학습 결과를 완성할 때 사용된다. 왼쪽의 표 3-7은 각 솔로 단계별 동사와 질문 형태를 정리한 것이다.

성공적인 프로젝트 수업을 이끄는 탐구질문 만들기

앞에서도 이야기한 바 있지만, 프로젝트 수업의 성공 여부는 사실상 얼마나 좋은 탐구질문을 만드는가에 달려 있다고 해도 과언이 아니다. 좋은 탐구질문이란 학습동기를 이끌어내는 동시에 실제 성취도를 높여줄 수 있는 것이어야 한다. 따라서 프로젝트 수업을 위한 탐구질문을 만들 때는 다음의 사항들을 고려하는 것이 좋다. 구체적인 이해를 돕기 위해 여기에서는 5학년 사회 교과 '인권 존중과 정의로운 사회' 단원을 중심으로 디자인한 프로젝트 수업 사례를 함께 제시해보았다.

---

12. Pam Hook, *First steps with SOLO Taxonomy Applying the model in your classroom*, 2016 참조

• 매크로 개념 선정

프로젝트 수업에서의 내용 구성은 간학문적인 구성이다. 따라서 프로젝트 주제는 교과 간의 관계를 연결시켜줄 수 있는 매크로 개념으로 선정할 것을 권장한다. 프로젝트 주제는 해당 학년 모든 교과교육 내용 중에서 관련 있는 것으로 선정하는 것이 프로젝트를 구성하는 데 한층 수월하다. 왜냐하면 그렇게 해야 각 교과별 성취기준을 적용하기에 용이하기 때문이다.

• 프로젝트 수업을 위한 단원과 주제 설정

프로젝트 주제를 실제 5학년 1학기 사회 교과 중 '인권 존중과 정의로운 사회' 단원에서 설정해보자. 여기에서는 목적 지향의 교육과정 및 개념 기반의 지식 구조를 기반으로 한 교육과정 설계를 강조하며 학습 경험이나 내용의 선정에 앞서 구체적인 성취기준을 마련하는 백워드(backward) 설계를 근거로 하여 주제를 설정하였다.

주제 설정 후 '왜 이것이 학습할 가치가 있는가?', '어떤 방식으로 이 지식과 기능이 학교 및 학교 너머에서 학생들에게 이익을 줄 것인가?'에 대한 물음을 거쳐 프로젝트 학습의 목적을 뚜렷이 한다.[13] 프로젝트 학습의 명확한 목적 설정은 평가의 성취기준을 명확히 해주어 이에 부합하는 학습경험이나 수업계획을 세우도록 이끈다.

> ◎ 왜 인권이 학습할 가치가 있는가?
>
> 모든 사람은 소중한 존재이다. 따라서 인권을 통해 성별이나 외모, 나이, 종교 등의 이유로 차별받거나 소외되어서는 안 되며, 인간으로서 행복과 안전을 누려야 한다.

---

13. 강현석 · 이지은, 《이해 중심 교육과정을 위한 백워드 설계의 이론과 실천》, 학지사, 2016, 176-178쪽 참조

◎ 어떤 방식으로 인권 학습이 학교 및 학교 너머에서 학생들에게 이익을 줄 것인가?

내가 존엄한 존재이며 인간다운 행복한 삶을 누릴 수 있는 권리에 대해 알게 된다. 나와 다른 사람을 배려하고 인격적으로 대함으로써 내가 다른 사람들에게 존중받는 행복한 사회 안에서 차별받지 않는 안전한 삶을 영위할 수 있다.

• 교육과정상의 성취기준 확인

5학년 1학기의 사회 교과에서 '인권 존중과 정의로운 사회' 단원의 내용체계 및 성취기준을 살펴보면 다음의 표 3-8, 3-9와 같다.

| 표 3-8 | '인권 존중과 정의로운 사회' 단원의 내용체계

영역	핵심개념	일반화된 지식	내용요소			기능
			초등학교		중학교	
			3-4학년	5-6학년	1-3학년	
법	헌법과 우리 생활	헌법은 국민의 기본권을 보장하고, 국가기관의 구성 및 역할을 규정한다.		인권, 헌법, 기본권과 의무, 국가기관의 구성	인권, 헌법, 기본권, 국가기관의 구성 및 조직	조사하기 분석하기 구분하기 적용하기 존중하기 참여하기
	개인 생활과 법	민법은 가족 관계를 포함한 개인 간의 법률관계와 재산 관계를 규율한다.		법, 법의 역할	법, 법의 구분, 재판	
	사회 생활과 법	우리나라는 공동체 질서 유지를 위한 형법과 사회적 약자 보호를 위한 사회법을 통해 정의로운 사회를 구현한다.				

| 표 3-9 | '인권 존중과 정의로운 사회' 단원의 성취기준

소단원 구분	성취기준
인권을 존중하는 삶	[6사02-01]인권의 중요성을 인식하고 인권 신장을 위해 노력했던 옛 사람들의 활동을 탐구한다. [6사02-02]생활 속에서 인권 보장이 필요한 사례를 탐구하여 인권의 중요성을 인식하고, 인권 보호를 실천하는 태도를 기른다.
인권 보장과 헌법	[6사02-03]인권 보장 측면에서 헌법의 의미와 역할을 탐구하고, 그 중요성을 설명한다. [6사02-04]헌법에서 규정하는 기본권과 의무가 일상생활에 적용된 사례를 조사하고, 권리와 의무의 조화를 추구하는 자세를 기른다.
법의 의미와 역할	[6사02-05]우리 생활 속에서 법이 적용되는 다양한 사례를 제시하고, 법의 의미와 성격을 설명한다. [6사02-06]법의 역할을 권리 보호와 질서 유지의 측면에서 설명하고, 법을 준수하는 태도를 기른다.

• 학습차시의 구분

성취기준을 확인했다면 인권 주제와 관련된 학습차시를 구분지어 본다. 예컨대 소단원 '인권을 존중하는 삶'과 '인권 보장과 헌법'의 성취기준은 일반화된 지식과 핵심개념, 성취기준, 내용요소가 프로젝트 주제인 인권과 연관성을 갖고 있으므로 프로젝트 내용에 포함시킨다. 이를 정리해보면 다음의 표 3-10과 같다.

| 표 3-10 | 소단원의 일반화된 지식과 핵심개념 및 내용요소

소단원명	일반화된 지식	핵심개념	내용요소
인권을 존중하는 삶	· 헌법은 국민의 기본권을 보장하고, 국가기관의 구성 및 역할을 규정한다.	헌법과 우리 생활	인권, 헌법, 기본권과 의무, 국가기관의 구성
인권 보장과 헌법			

• 핵심개념 찾기

프로젝트의 관련 교과인 사회 지도서에서 인권 프로젝트에 포함된 사회과 내용의 핵심개념이 무엇인지를 찾아본다. 실제 사회 지도서에서 제시하고 있는 핵심개념은 '헌법', '생활'이다. 여기에 재구성한 〈인권〉 프로젝트에서 학습해야 할 '인권'을 핵심개념에 추가한다.

> | 프로젝트 핵심개념 |
>
> 헌법, 생활, 인권

• 일반화된 지식의 제시

사회과 해설서를 살펴보면 해당 단원의 일반화된 지식을 "헌법은 국민의 기본권을 보장하고, 국가기관의 구성 및 역할을 규정한다."라고 제시하고 있다. 하지만 프로젝트의 주제는 인권이므로 인권과 관련된 일반화를 다음과 같이 제시해야 한다. 이때 프로젝트 학습의 초점은 개념적 렌즈를 '체제'로 적용하여 도출한 것이다.

> | 프로젝트 일반화 |
>
> - 사람들이 생활 속에서 인간다운 삶을 영위할 수 있도록 이를 사회적 체제(헌법)로 보장한다.

만약 프로젝트 일반화를 작성할 때에 프로젝트 학습 초점을 달리하고 싶다면, 얼마든지 가능하다. 즉 개념적 렌즈를 바꿔 프로젝트 일반화를 다르게 제시할 수도 있다. 예컨대 개념적 렌즈를 '균형'으로 정한다면 어떨까? 아마 다음과 같이 프로젝트 일반화를 제시할 수 있을 것이다.

| 개념적 렌즈를 '균형'로 하고 작성한 프로젝트 일반화 |

- 사회 안정과 질서를 유지하기 위해 인권이 균형 있게 보장되어야 한다.

• 성취기준을 만족시키는 주요 내용요소들도 함께 기재

사회 지도서에서 내용요소로 제시한 인권, 생활, 헌법, 기본권과 의무 이외에도 성취기준을 만족할 수 있도록 제시된 성취기준에서 명사 및 형용사로 진술되거나 암시된 주요 내용요소를 함께 기재하도록 한다(이는 위긴스와 맥타이(G. Wiggins & J. McTighe, 2005)가 백워드설계의 1단계 목표 풀이하기 조직자에서 제시하는 주요 아이디어를 찾는 방법이기도 하다). 여기서는 지도서에서 제시한 것 이외에 인권신장과 인권보장을 추가하였다.

| 주요 내용요소 |

인권, 헌법, 생활, 기본권과 의무, 인권신장, 인권보장

• 핵심개념의 우선순위 선정

위긴스와 맥타이(Wiggins & McTighe, 1998)는 핵심개념 중심으로 우선순위를 정할 수 있도록 다음과 같은 세 개의 동심원을 제시하고 있다.[14]

이상의 동심원에서 먼저, '친숙할 필요가 있는 것'이란 프로젝트를 학습하는 동안 학생들이 읽고, 보고, 조사하기를 바라는 것들이다. 둘째, '알고 할 수 있어야 밝히는 중요한 것'은 관련성과 전이력이 있는 중요한 지식, 기능, 개념 등을 분명하게 하는 것을 말한다. 이는 프로젝트 학습 동안 학생들이 꼭 알아야 하는 필수적인 지식과 기능

---

14. 강현석·이지은, 《이해중심 교육과정을 위한 백워드 설계의 이론과 실천》, 학지사, 2016, 85-86쪽 참조

| 그림 3-6 | 우선순위를 정하는 동심원

을 확인시키는 역할도 한다. 셋째, '영속적 이해'는 프로젝트의 핵심이다. 전이 과제를 명확히 하고, 프로젝트가 내포하고 있는 핵심개념을 확인할 수 있다. 아래의 그림 3-7은 위긴스와 맥타이의 동심원을 활용하여 〈인권〉 프로젝트의 주요 개념 우선순위를 명료하게 정리해본 것이다.

• 탐구질문 작성

탐구방향과 본질적 질문(프로젝트에서는 탐구질문이라고 하지만 백워드 설계에서는 본질적 질문이라고 함)을 사용하며, 본질적 질문 생성을 위해 여섯 측면, 즉 설명·해석·적용·관점·공감·자기지식의 렌즈를

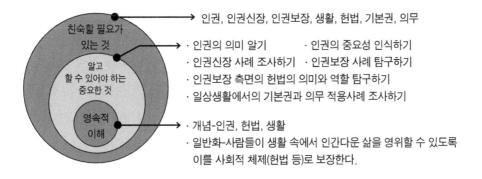

| 그림 3-7 | 〈인권〉 프로젝트 핵심개념 파악을 위한 동심원

사용한다. 하지만 이 여섯 측면은 계열성이나 위계성이 없고, 질문 형태 또한 매우 복잡하게 제시되어 있으므로 차라리 팸 후크(Pam Hook)의 솔로 탐구질문 만들기 활용을 권한다. 동심원에서 제시한 인권, 인권 신장, 인권 보장, 헌법, 기본권, 의무 내용요소들을 활용해 표면적 이해, 깊은 이해, 개념적 이해 순으로 탐구질문을 만든다. 프로젝트 학습의 첫 단계인 **표면적 이해**에서는 단일/다중구조 단계의 탐구질문으로, '정의하다, 확인(조사)하다, (특징) 설명하다, 요점을 말하다' 동사를 활용하여 질문을 만든다. 두 번째 단계인 **깊은 이해**에서는 관계짓기 단계의 탐구질문으로, '(원인)설명하다, (효과)설명하다, 분석하다, 분류하다, 비교/대조하다, 관련 있다' 등의 동사를 활용하되, 제시된 내용요소들을 둘 이상 관계를 지어본다. 마지막 단계인 **개념적 이해**는 확장된 추상화 단계의 탐구질문이 필요한데, 제시된 내용요소들을 단순히 관계짓기하는 수준을 넘어서서 '토의하다, 일반화하다, 창조하다, 평가하다, 궁금해하다, 예측하다' 등의 동사를 활용한다.

각 단계별 탐구질문을 모두 완성하고 나면, 다음으로 인권 프로젝트의 일반화를 도출하기 위한 탐구질문들을 계열화하여 선별한다. 102쪽의 표 3-12는 깊은 이해를 이끌어내기 위한 솔로 탐구질문 매트릭스를 제시한 것이다. 이 매트릭스를 활용해보면 탐구질문을 계열화하고 선별하는 데 분명 큰 도움이 될 것이다. 이에 앞서 표 3-11에서 Q-Matrix를 정리하였다. 사실 솔로 탐구질문 매트릭스는 Q-Matrix를 응용한 것이다. Q-Matrix[15]는 척 비더홀트(Chuck Wiederhold)에 의해 개발된 것으로 고차원적 사고를 개발하도록 설계된 질문 생성 전략으로 블룸의 인지처리 분류법(지식, 이해, 적용, 분석, 종합, 평가)을 바탕으로 하고 있다. 표 3-11의 왼쪽 상단 모서리에 있는 숫자가 클수록 더 높은 수준의 질문임을 나타낸다.

---

15. Chuck Weiderhold, *Cooperative Learning & Higher-Level Thinking(The Q-Matrix)*, Kagan Publishing

| 표 3-11 | 고차원적 사고 개발을 위해 설계된 질문 생성 전략 Q-Matrix

구분	사건 (What)	상황 (Where/When)	선택 (Which)	사람 (Who)	이유 (Why)	수단 (How)
현재 (is?)	1. 무엇입니까? What Is?	2. 어디 / 언제 입니까? Where/When Is?	3. 어느 것입니까? Which Is?	4. 누구입니까? Who Is?	5. 왜 합니까? Why Is?	6. 어떻게 합니까? How Is?
과거 (Did?)	7. 무엇을 했습니까? What Did?	8. 어디 / 언제 했습니까? Where/When Did?	9. 어느 것을 했습니까? Which Did?	10. 누가 했습니까? Who Did?	11. 왜 했습니까? Why Did?	12. 어떻게 했습니까? How Did?
가능성 (Can)	13. 무엇을 할 수 있습니까? What Can?	14. 어디 / 언제 할 수 있습니까? Where/When Can?	15. 어느 것을 할 수 있습니까? Which Can?	16. 누가 할 수 있습니까? Who Can?	17. 왜 할 수 있습니까? Why Can?	18. 어떻게 할 수 있습니까? How Can?
개연성 (Would)	19. 무엇이었을까? What Would?	20. 어디 / 언제였을까? Where/When Would?	21. 어느 것이었을까? Which Would?	22. 누구였을까? Who Would?	23. 왜 그랬을까? Why Would?	24. 어떻게 했을까? How Would?
예측 (Will)	25. (확실한 미래의) 무엇일까? What Will?	26. (확실한 미래의) 어디 / 언제할 것인가? Where/When Will?	27. (확실한 미래의) 어느 것인가? Which Will?	28. (확실한 미래의) 누구일까? Who Will?	29. (확실한 미래의) 왜 할 것인가? Why Will?	30. (확실한 미래의) 어떻게 할 것인가? How Will?
상상 (Might)	31. (가능성 있는 미래의) 무엇이-일지도 몰라? What Might?	32. (가능성 있는 미래의) 어디/언제-일지도 몰라? Where/When Might?	33. (가능성 있는 미래의) 어느 것-일지도 몰라? Which Might?	34. (가능성 있는 미래의) 누구-일지도 몰라? Who Might?	35. (가능성 있는 미래의) 왜-그럴지도 몰라? Why Might?	36. (가능성 있는 미래의) 어떻게-할지도 몰라? How Might?

- 현재와 과거는 '무엇/ 언제 / 어떻게 합니까?', '무엇 / 언제 / 어떻게 했습니까?'와 같이 정보에서 얻은 것을 알아보기 위해 고안된 질문이다.
- 가능성과 개연성은 '무엇/ 언제 / 어떻게 할 수 있습니까?', '무엇 / 언제 / 어떻게 했을까?'와 같이 정보에서 힌트를 추론하거나 찾도록 고안된 질문이다.
- 예측과 상상은 '(확실한 미래의) 무엇/언제/어떻게 할 것인가?', '(가능성 있는 미래의) 무엇/언제/어떻게 하지 않을까?'와 같이 읽고 처리한 정보를 확장할 수 있는 기회를 제공하기 위해 고안된 질문이다.

| 표 3-12 | 솔로 탐구질문 매트릭스

깊은 이해 →

솔로 단계	활용동사	무엇?	누가?	어디?	언제?	왜?	어떻 게?
단일구조	확인하다 정의하다						
다중구조	(특징)설명하다 나열하다 요점을 말하다						
관계	순서이다 (원인) 설명하다 (효과) 설명하다 대조 / 비교하다 분석하다 분류하다 관련있다						
확장된 추상화	토의하다 평가하다 정당화하다 예측하다 증명하다 일반화하다 궁금해하다 성찰하다						

깊은 이해 ↓

표 3-12에서 세로축은 솔로 단계를, 가로축은 척 비더홀트(Chuck Wiederhold)의 질문 매트릭스를 나타낸다. 솔로 단계는 단일구조, 다중구조, 관계, 확장된 추상화 단계로 진행될수록 표면적 이해에서 깊은 이해로, 깊은 이해에서 개념적 이해로 심화된다. 한편 가로축인 척 비더홀트의 질문 매트릭스(Q-Matrix)에서는 '무엇?', '누가?', '어디?', '언제?', '왜?', '어떻게?' 순으로 이해의 정도가 깊어진다.

솔로 탐구질문 매트릭스를 활용하여 실제 프로젝트 탐구질문을 작성해보자. 프로젝트의 핵심개념을 파악하려면 위에서 제시한 위긴스와 맥타이의 첫 번째 동심원(친숙할 필요가 있는 것)의 내용요소를 사용하여 질문을 만들어야 한다. 이때 단일·다중구조 단계에서는 내용요소 하나와 활용동사를 넣고, 관계·확장된 추상화 단계에서는

| 표 3-13 | 인권 프로젝트 탐구질문 예시 자료

이해 단계	질문
표면적 이해	인권이란 무엇인가? (정의하다) 헌법이란 무엇인가? (정의하다) 인권이 중요한 이유는 무엇인가? (요점을 말하다) 헌법의 특징은 무엇일까? (특징 설명하다) 옛날에도 인권 신장을 위해 노력했는가? (확인하다) 기본권은 무엇 무엇이 있는가? (나열하다) 의무에는 무엇 무엇이 있는가? (나열하다)
깊은 이해	헌법과 인권은 어떤 관련이 있는가? (관련 있다) 기본권과 의무는 어떤 관련이 있는가? (관련 있다) 우리 생활 속 인권 침해 사례를 분류해볼까? (분류하다) 인권 신장의 과정은 어떻게 됩니까? (순서이다.) 인권과 헌법의 유사점은? 차이점은 무엇인가? (비교/대조하다) 헌법으로 인권을 보장한 결과 어떻게 되었는가? (효과 설명하다) 인권은 어떻게 생겨났는가? (원인 설명하다)
개념적 이해	왜 인권 보호가 필요한가? 어떻게 인권을 보호할 것인가? (토의하다) 인권이 보장되면 어떤 점이 좋을까? (평가하다) 우리 생활에 필요한 인권법을 만들어볼까? (창조하다) 왜 인권은 헌법으로 보장해야 하는가? (정당화하다) 인권을 헌법으로 보장하지 않으면 어떤 일이 일어날까? (예측하다)

되도록 둘 이상의 내용요소와 동사를 활용해 질문을 만들 것을 권장한다. 표 3-13은 실제 〈인권〉 프로젝트의 탐구질문 예시 자료이다.

표 3-13의 예시 자료와 같이 탐구질문을 정리했다면 이제 선별 작업이 필요하다. 즉 탐구질문들 중에서 학생들이 〈인권〉 프로젝트를 통해 일반화에 도달할 수 있는 탐구질문만을 선정하는 것이다. 그리고 선정된 탐구질문으로 일반화에 도달할 수 있도록 이를 계열화한다. 각 이해 단계별 선정된 탐구질문을 정리하면 표 3-14와 같다.

표면적 이해 단계에서는 탐구질문을 해결하기 위해서 읽고 보고 조사할 수 있도록 교사가 사전에 읽기 자료나 시청각 자료 등의 목록을 구비해놓아야 한다. 왜냐하면 표면적 이해 단계에서 인권과 관련된 지식을 충분히 쌓아두지 않으면 향후 깊은 이해와 개념적 이해 단계에서 인권 프로젝트에 대한 심층적인 학습이 이루어질 수 없기 때문이다. 105쪽의 표 3-15는 〈인권〉 프로젝트에서 심층 학습을 도모하는 데 도움이 될 만한 읽기 및 시청각 자료들을 정리한 것이다.

| 표 3-14 | 〈인권〉 프로젝트에서 선정된 탐구질문

이해 단계	질문
표면적 이해	- 인권이란 무엇인가? (정의하다) - 헌법이란 무엇인가? (정의하다) - 일상생활 속 기본권은 무엇 무엇이 있는가? (나열하다) - 일상생활 속 의무에는 무엇 무엇이 있는가? (나열하다) - 인권이 중요한 이유는 무엇인가? (요점을 말하다) - 옛날에도 인권 신장을 위해 노력했는가? (확인하다)
깊은 이해	- 헌법과 인권은 어떤 관련이 있는가? (관련 있다) - 기본권과 의무는 어떤 관련이 있는가? (관련 있다) - 헌법으로 인권을 보장한 결과 어떻게 되었는가? (효과 설명하다)
개념적 이해	- 왜 인권은 헌법으로 보장해야하는가? (정당화하다) - 어떻게 인권을 보호할 것인가? (토의하다)

솔직히 학생들은 탐구질문 만들기를 많이 어려워하다 보니 처음부터 양질의 탐구질문을 기대하기란 어렵다. 이런 점을 다소나마 극복하고 도움을 주기 위해서 이해 단계별 헥사곤 질문판을 제작하였다(106쪽 표 3-16 참조). 단 탐구질문을 만들 때에는 표면적 이해 탐구질문부터 깊은 이해 탐구질문, 개념적 이해 탐구질문 순으로 작성할 필요는 없으며 학급 상황에 맞춰 융통성 있게 탐구질문을 작성하는 것이 좋다. 탐구질문을 만들 때 내용요소를 넣어 만들 수 있도록 헥사곤 질문판 위에 프로젝트 내용요소를 기재해두자.

SOLO 분류법은 이처럼 학생들의 학습에 대해 복잡한 인지 상태나 학습 결과에 대한 변화를 체계적으로 보여줄 수 있다. 또한 교과나 프로젝트 학습 시 SOLO 지도 질문 형태를 통해 학습의 과정을 이해 단계별로 체계적으로 접근해갈 수 있다. 106쪽의 표 3-16은 〈인권〉 프로젝트에서 탐구질문을 바탕으로 각 단계별 평가가 어떻게 이루어지는지를 예시한 것이다.

| 표 3-15 | 〈인권〉 프로젝트 읽기 및 시청각 자료 목록

자료 구분	책제목 / 사이트명	저자(역자)	출판사
읽기 자료	10대를 위한 정의란 무엇인가?	마이클 샌델(신현주)	아이세움
	청소년을 위한 인권 에세이	구정화	해냄출판사
	제자백가 공동체를 말하다	임건순	서해문집
	헌법을 읽는 어린이	임병도	사계절
	거짓말 같은 이야기	강경수	시공주니어
	내 목소리가 들리나요?	다시마 세이조(황진희)	사계절
시청각 자료	국가 인권위원회	인권도서관, 웹드라마, 카드뉴스 등	
	국제 엠네스티	인권뉴스, 인권교육자료, 인권온라인 학습 등	

| 표 3-16 | 헥사곤 질문판에 기재한 프로젝트 내용요소 사례

구분	내용
인권 프로젝트 내용요소	인권 / 인권 신장 / 인권 보장 / 생활 / 헌법 / 기본권 / 의무
이해 수준별 헥사곤 보드판	**표면적 이해 탐구질문** (확인하다, 나열하다, 정의하다, 묘사하다, 계산하다, (간단한 절차) 수행하다) → **깊은 이해 탐구질문** (분류하다, (효과) 설명하다, 관련있다, 비교하다/대조하다, 분석하다, (원인) 설명하다) → **개념적 이해 탐구질문** (성찰하다, 예측하다, 일반화하다, 창조하다, 가정하다, 평가하다)
실제 수업 사례	

| 표 3-17 | SOLO 평가 단계

탐구질문	단일/다중구조 단계	관계 단계	확장된 추상화 단계
왜 인권은 헌법으로 보장해야하는가?	인권과 헌법이 무엇인지 안다.	인권 보장에 대한 헌법의 효과를 설명한다.	인권을 헌법으로 보장해야 하는 정당성을 글로 표현한다.
어떻게 인권을 보호할 것인가?	인권 보호 사례를 나열한다.	인권을 보호해야 하는 이유를 설명한다.	새로운 관점으로 인권을 보호하는 방법을 이야기한다.

03
개념 기반 교육과정 및 수업과
솔로를 적용한 프로젝트 수업의 설계 과정

지금까지 우리는 개념 기반 교육과정 및 수업(CBCI)과 솔로분류법에 관해 살펴보았다. 또한 이를 활용해 어떻게 탐구질문을 이끌어내야 하는지에 관해서도 살펴보았다. 그렇다면 이 모든 것들을 기반으로 프로젝트 수업을 과연 어떻게 디자인해야 한다는 것일까? 아래에 앞서 설명했던 내용들을 바탕으로 프로젝트 수업을 설계하기 위한 과정을 편의상 8단계로 나누어 정리하였다. 다만 이와 같이 과정을 나눈 것은 수업 디자인에 있어 일련의 흐름을 파악하는 데 도움을 주기 위한 편의 때문이다. 하지만 정리한 바와 같이 실제 프로젝트 수업은 교육과정 재구성, 수업 및 평가가 별개의 과정이 아닌 일련의 큰 흐름 속에서 상호 긴밀히 연계되어 있음을 기억했으면 한다.

운영기간 정하기 ·· ①

교과별로 교육과정을 재구성한 후 프로젝트 운영기간을 정한다. 교과는 단원 순서대로 학습 내용을 제시하고 있기 때문에 교육 내용 학습시기의 변동이 필요하다.

프로젝트명 정하기 ②

프로젝트명은 배움의 초점이 무엇인지 알려주고 중심이 되는 소재나 맥락을 정하는 데 중요한 역할을 한다. 따라서 프로젝트명은 학생의 호기심을 불러일으키고 생활 속 문제를 해결하거나 생각을 자극하는 아이디어를 표현해야 하며, 단순히 '바르게 글자 쓰기'와 같이 알맹이 없는 단순한 기능의 묶음이 되어서는 안 된다.

효과적이지 못한 프로젝트명		효과적인 프로젝트명
규칙 (광범위함)	➡	자연에서의 규칙
물 (불분명함)	➡	홍수 시 안전
황어장터에서의 3·1운동 (협소함)	➡	3·1운동에 의한 독립운동의 변화

핵심역량과 교과역량 함께 기재하기 ③

통합교과와 창의적 체험활동을 제외하면 교육과정상의 핵심역량과 교과역량은 모두 다르다. 따라서 핵심역량과 교과역량을 함께 기재한다. 핵심역량을 기르기 위해서는 지식 암기 중심 수업에서 벗어나 주제 중심 접근, 토의토론, 발표 학습, 상호작용적 학습 방식, 팀티칭 등 학생 중심적 참여수업이 이루어져야 한다. 진정한 의미의 학생 중심 참여수업이 되려면 학생들이 자발적으로 참여해야 한다. 자발적 수업 참여를 이끌어내려면 무엇보다 학습자들은 왜 배워야 하는지에 대한 필요성을 스스로 느껴야 하며, 이를 위해 학생 자신이나 사회와 관련된 실생활 문제를 해결할 실천기회가 있고, 학생 스스로 선택할 수 있는 도전의식을 가질 만한 수업이 이루어져야 한다.[16]

---

16. 《교과별 핵심역량 제고를 위한 정책 토론회 자료집》, 2011, 교육과정 평가원

2015 개정교육과정에서 강조하는 각 교과별 핵심역량을 정리하면 다음의 표 3-18과 같다.

| 표 3-18 | 2015 개정교육과정 교과별 핵심역량

교과		교과역량	교과	교과역량
통합교과	바른 생활	공동체 역량, 자기관리 역량, 의사소통 역량	수학	문제해결, 추론, 창의·융합, 의사소통, 정보 처리, 태도 및 실천
	슬기로운 생활	창의적 사고역량, 지식정보처리 역량, 의사소통 역량	과학	과학적 사고력, 과학적 탐구 능력, 과학적 문제해결력, 과학적 의사소통 능력, 과학적 참여와 평생학습 능력
	즐거운 생활	심미적 감성역량, 창의적 사고역량, 의사소통 역량	실과	실천적 문제해결 능력, 생활자립 능력, 관계형성 능력
국어		비판적·창의적 사고역량, 자료·정보활용 역량, 의사소통 역량, 공동체·대인관계 역량, 문화향유 역량, 자기성찰·계발 역량	체육	건강관리 능력, 신체수련 능력, 경기수행 능력, 신체표현 능력
사회		창의적 사고력, 비판적 사고력, 문제해결력 및 의사결정력, 의사소통 및 협업 능력, 정보활용 능력	음악	음악적 감성역량, 음악적 창의·융합 사고역량, 음악적 소통역량, 문화적 공동체 역량, 음악정보처리 역량, 자기관리 역량
도덕		자기 존중 및 관리 능력, 도덕적 사고능력, 도덕적 대인관계 능력, 도덕적 정서능력, 도덕적 공동체의식, 윤리적 성찰 및 실천 성향	미술	미적 감수성, 시각적 소통 능력, 창의·융합 능력, 미술 문화 이해 능력, 자기주도적 미술 학습 능력
창의적 체험활동		자기관리 역량, 지식정보처리 역량, 창의적 사고 역량, 심미적 감성 역량, 의사소통 역량, 공동체 역량	영어	영어 의사소통 역량, 자기관리 역량, 공동체 역량, 지식정보처리 역량
			안전한 생활	자기관리 역량, 공동체 역량, 지식정보처리 역량

프로젝트명과 교육과정 재구성의 내용 및 맥락을 파악한 후에는 개념적 렌즈를 선택한다. 단 개념적 렌즈를 선택할 때는 재구성한 교과의 학년군별 내용요소를 파악하여 학년군별 위계를 지킬 수 있도록 해야 한다. 예컨대 '가족'단원을 기반으로 한 프로젝트 수업에서 교육과정 재구성은 통합교과 지도서에서 제시하고 있는 일반화된 지식에 '상호 의존성'이라는 개념적 렌즈를 활용해 프로젝트의 방향을 "사람들은 가족과 친척의 관계 속에서 서로 의지하며 살아간다."라고 정하였다. 이는 2학년의 다양한 가족 형태의 내용 위계를 침범하지 않는다. 하지만 이때 만약 개념적 렌즈를 '상호 의존성' 대신에 '다양성'으로 바꾸거나 추가한다면 2학년 때 학습할 '다양한 가족의 형태' 내용을 학습하게 되기 때문에 2학년이 되어서 중복 학습하게 될 가능성이 높아진다. 따라서 개념적 렌즈는 가급적 학년 위계를 지키는 범위 내에서 적용하는 것이 타당하다고 여겨진다. 통합교과 '가족' 단원의 내용체계를 정리하면 표 3-19와 같다.

| 표 3-19 | 통합교과 '가족' 단원의 내용체계

학년	핵심개념	일반화된 지식	내용 요소
1	가족, 친척	사람들은 가족과 친척의 관계 속에서 서로 의지하며 살아간다.	·가정예절　·가족의 특징 ·가족·친척의 관계　·가족 행사 ·가족에 대한 마음 표현 ·가족활동 및 행사 표현
2	가족, 다양성	가족의 형태는 다양하며 구성원마다 역할이 있다.	·다양한 가족 배려 및 문화 존중 ·다양한 가족의 형태 ·가족 구성원의 역할 ·집 안팎의 모습 표현 ·가족구성원 역할놀이

• 프로젝트 학습으로 성취해야 할 주요 개념 간 관계를 일반화로 제시한다

일반화는 교과 개념의 관계로부터 도출되며 개념적 렌즈의 중요한 이해를 나타낼 수 있어야 한다. 이때 주의해야 할 점은 프로젝트 수업에서 교육과정을 재구성할 때 사용된 각 교과 고유의 개념과 기능이 단순히 프로젝트 학습의 보조적인 수단에만 머물지 않도록 교과 개념에 대한 일반화도 함께 제시해야 한다는 점이다. 이를 예시하면 다음의 글상자와 같다.

> • **국어교과 일반화**: 사람들은 쓰기, 읽기 맥락에 따라 적절한 전략을 사용하며 의사소통한다.
> • **프로젝트 일반화**: 사람들은 가족과 친척의 관계 속에서 서로 의지하며 살아간다.

• 우선순위를 정한다

프로젝트 내용요소, 성취기준, 핵심개념, 일반화 순으로 정한다. 앞서 설명한 위긴스와 맥타이의 동심원을 활용하여 '가족' 단원을 기반으로 한 프로젝트 학습의 우선순위를 파악해보면 아래의 그림 3-8과 같이 정리할 수 있다.

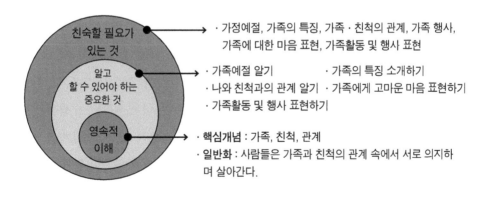

| 그림 3-8 | 동심원을 활용해 파악한 프로젝트 학습의 우선순위

운영목표 정리 ⑤

운영목표는 '왜 프로젝트가 학습할 가치가 있는가?', '어떤 방식으로 프로젝트 학습이 학교 및 학교 너머에서 학생들에게 이익을 줄 것인가?'의 물음에 대한 답으로서 기재하면 된다. 예를 들면 다음과 같다.

> ◎ 왜 〈가족〉 프로젝트는 학습할 가치가 있는가?
>
> 가족 프로젝트를 통해 학생들의 삶에서는 친척은 넓은 의미의 가족에 포함되는 개념이며 사람들은 가족과 친척의 관계 속에서 살아간다는 것을 이해하게 된다.

> ◎ 〈가족〉 프로젝트가 학교 및 학교 너머에서 학생들에게 어떤 이익을 줄 것인가?
>
> 가족은 학생이 태어나서 경험하는 최초의 사회적 구성 단위이다. 가족 구성원에 대한 이해를 높여 다른 사람과의 사회적 관계 형성을 돕는다.

탐구질문 작성 ⑥

탐구질문은 프로젝트 수업에서 재구성하는 교과의 소재와 개념을 살펴보고 프로젝트의 운영방향과 내용에 적합한 것으로 만든다. 탐구질문은 앞서 설명한 것처럼 사실적 질문, 개념적 질문, 논쟁적 질문에 실제적 질문의 형태를 더해 작성하되 논쟁적 질문과 실제적 질문은 소프로젝트당 한두 개 정도로 만든다. 작성된 탐구질문(사실적 질문, 개념적 질문, 논쟁적 질문과 실제적 질문)은 SOLO 분류 형태로 우선순위를 정하고, 프로젝트 설계표에 작성 및 배치한다. 이는 학습할 개념들의 이해 과정을 체계화함으로써 학생들로 하여금 개념적 이해를 도모하기 위함이다.

다음은 실제 국어 교과와 통합 교과에서 솔로 분류법에 따라 어떻게 탐구질문을 작성했는지를 예시한 것이다. 표 3-20과 3-21의 탐구질문 작성 및 구성을 살펴보면 표면상으로는 국어 교과와 통합 교과가 어떻게 하나의 프로젝트로 연결되어 있는지 파악하기 어렵다. 따라서 국어교과 탐구질문 칸 윗부분에 '가족의 정의로 문장의 형태 알기', '가족사진을 통해 다양한 모습을 문장으로 표현하기', '가족 간에 왜 예절을 지켜야하는가에 대한 자신의 생각을 문장으로 표현하기' 등처럼 관련성을 기재해둔 것이다.

| 표 3-20 | 국어교과에 대한 SOLO 분류법에 따른 탐구질문 작성 및 구성

국어교과 사람들은 쓰기, 읽기, 맥락에 따라 적절한 전략을 사용하며 의사소통한다. ⓐ - 사실 조사 및 관찰, ⓖ - 개념 및 분석, ⓝ - 논쟁거리, ⓢ - 실제 경험 및 제작		
SOLO 분류	단일 · 다중구조 단계	관계 반응단계	확장된 추상화 반응단계
탐구 질문	가족의 정의로 문장의 형태 알기	가족사진을 통해 다양한 모습을 문장으로 표현하기	가족 간에 왜 예절을 지켜야 하는가에 대한 자신의 생각을 문장으로 표현하기
	▸ 문장은 무엇인가? ⓐ	▸ 문장은 어떻게 만듭니까? ⓖ ▸ 가족의 모습을 문장으로 어떻게 설명할 수 있을까? ⓖ	▸ 왜 가족 간에 예절을 지켜야 하는지 문장으로 어떻게 표현할까? ⓢ

| 표 3-21 | 통합교과에 대한 SOLO 분류법에 따른 탐구질문 작성 및 구성

통합교과 사람들은 가족과 친척의 관계 속에서 서로 의지하며 살아간다. ㉮ - 사실 조사 및 관찰, ㉓ - 개념 및 분석, ㉫ - 논쟁거리, ㉰ - 실제 경험 및 제작			
SOLO 분류	단일 · 다중구조 단계	관계 반응단계	확장된 추상화 반응단계
탐구 질문	▸ 가족이란 무엇인가? ㉮	▸ 어떻게 가족이 되었을까? ㉮㉓ ▸ 가족이 있어서 좋은 점은 무엇일까? ㉮㉓	▸ 가족과 친적 간에는 왜 예 절을 지켜야할까? ㉮㉫ ▸ 우리 가족이 행복하게 살 기 위해 노력해야 할 일은 무엇일까? ㉰
	▸ 친척이란 무엇인가? ㉮ ▸ 가족이나 친척 행사에는 어떤 것이 있을까? ㉮	▸ 나와 친척은 어떤 관계인 가? ㉓ ▸ 가족 행사들의 공통점과 차이점은 무엇인가? ㉮ ㉓	▸ 왜 가족(친척)끼리 서로 도 우며 살아갈까? ㉫ ▸ 가족이나 친척에게 고마운 마음을 어떻게 전달할까? ㉰

평가계획 및 평가물 ⑦

탐구질문까지 이끌어냈다면 이제 어떻게 평가할 것인가의 문제가 남아 있다. 수업 디자인에서 평가는 늘 예민한 부분이다. 특히나 프로젝트 수업에서는 '평가기준'의 모호성 문제는 빈번하게 지적되는 문제이기도 하다. 하지만 교과나 프로젝트 학습 시 이해 단계별 SOLO 지도의 질문 형태를 활용하면 얼마든지 체계적으로 학습 결과에 접근할 수 있다. 실제 프로젝트 수업에서 적용했던 평가 단계를 제시하면 다음의 표 3-22와 같다.

| 표 3-22 | 프로젝트 수업에서의 평가 단계

탐구질문	단일/다중구조 단계	관계 단계	확장된 추상화 단계
▶ 가족이 있어서 서로에게 좋은 점은 무엇일까?	가족이 있어서 좋은 점을 나열한다.	가족구성원 서로를 관련지어 좋은 점을 설명한다.	가족의 좋은 점을 서로 관련지어 설명하고 앞으로의 가족의 모습을 예측한다.
▶ 가족 및 친척 간에 지켜야 할 예절에는 어떤 것이 있을까?	가족 및 친척 간에 지켜야 할 예절을 나열한다.	가족 및 친척 간에 지켜야 할 예절의 효과를 설명한다.	가족 및 친척 간에 지켜야 할 예절을 지켜야 하는 이유를 알고 실천한다.
▶ 나와 친척은 어떤 관계인가?	나의 친척을 조사한다.	친척의 호칭을 나와 관련지어 분류한다.	나와 친척의 관계를 친구와 친구 친척과의 관계에 일반화한다.
▶ 가족과 친척에게 고마운 마음을 어떻게 전달할까?	가족과 친척에게 고마운 점을 나열한다.	가족과 친척에게 고마웠던 일과 고마운 마음을 관련지어 설명한다.	가족과 친척에게 고마운 마음을 표현하면 가족 관계가 어떻게 변화할지 예측하여 설명한다.

성취기준과 내용요소 ⑧

프로젝트 수업에 포함된 교과의 성취기준과 내용요소를 기재한다. 특히나 내용요소는 자칫 학년 간 위계가 중첩되는 경우가 있기 때문에 지도서나 해설서에서 상급학년의 교과 내용요소도 함께 꼼꼼히 살펴볼 필요가 있다. 또한 내용요소는 탐구질문 작성 시에 사용하기 때문에 프로젝트 설계표에 반드시 기재한다.

이상에서 설명한 8가지 과정을 바탕으로 작성한 프로젝트 수업의 운영안을 예시하면 다음과 같다(116~117쪽 표 참조). 이 예시안은 국어 교과의 교육과정을 재구성하여 실제로 프로젝트 수업을 진행한 것이기도 하다. 좀 더 쉽게 알아볼 수 있도록 오른쪽 끝에 앞서 설명한 과정의 번호를 함께 적었으니 참고가 되었으면 한다.

운영기간	5. 20 ~ 6. 19		---①
프로젝트명	가족은 무엇인가?		---②
핵심역량 교과역량	▶ 지식정보처리 역량, 창의적 사고역량 ▶ 국어 – 비판적 · 창의적 사고역량 ▶ 통합교과 – 창의적 사고역량		---③
일반화	▶ 사람들은 쓰기, 읽기 맥락에 따라 적절한 전략을 사용하며 의사소통한다. ▶ 사람들은 가족과 친척의 관계 속에서 서로 의지하며 살아간다.		---④
핵심개념	▶ 통합교과 - 가족, 친척, 관계, 상호의존성 ▶ 국어 - 문장의 형태, 문장		
운영목표	학생들의 삶에서는 가족 행사에서 만나는 친척들이 같은 집에서 지내지는 않지만 큰 범위에서의 가족으로 느끼기 때문에 친인척을 포함한 더 넓은 의미의 우리 가족을 알도록 한다. 특히, 나와 가족의 관계를 통해 가족은 서로 의지하고 도와가며 살아간다는 것을 이해할 수 있도록 한다.		---⑤

운영방향
ⓒ - 사실 조사 및 관찰, ⓒ - 개념 및 분석, ⓒ - 논쟁거리, ⓒ - 실제 경험 및 제작

탐구 과정	탐구질문 1 ▶ 생각 조사하기	탐구질문 2 ▶ 생각 연결 및 관계짓기	탐구질문 3 ● 더 생각하고 실천하기	
소프로젝트 1. 우리 가족을 소개합니다	▶ 가족이란 무엇인가? ⓒ	▶ 어떻게 가족이 되었을까? ⓒⓒ ▶ 가족이 있어서 좋은 점은 무엇일까? ⓒⓒ	▶ 가족과 친척 간에는 왜 예절을 지켜야 할까? ⓒⓒ ▶ 우리 가족이 행복하게 살기 위해 노력해야 할 일은 무엇일까? ⓒ	---⑥
	국-가족의 정의로 문장의 형태 알기 ▶ 문장은 무엇인가? ⓒ	국-가족 사진을 통해 다양한 모습을 문장으로 표현하기 ▶ 문장은 어떻게 만듭니까? ⓒ ▶ 가족의 모습을 문장으로 어떻게 설명할 수 있을까? ⓒ	국-가족 간에 왜 예절을 지켜야 하는가에 대한 자신의 생각을 문장으로 표현하기 ▶ 왜 가족 간에 예절을 지켜야 하는지 문장으로 어떻게 표현할까? ⓒ	
소프로젝트 2. 우리 가족 감사합니다	▶ 친척이란 무엇인가? ⓒ ▶ 가족이나 친척 행사에는 어떤 것이 있을까? ⓒ	▶ 나와 친척은 어떤 관계인가? ⓒ ▶ 가족 행사들의 공통점과 차이점은 무엇인가? ⓒⓒ	▶ 왜 가족(친척)끼리 서로 도우며 살아갈까? ⓒ ▶ 가족이나 친척에게 고마운 마음을 어떻게 전달할까? ⓒ	
평가계획	▶ 가족 및 친척 간에 지켜야 할 예절을 알고 있는가? ▶ 가족의 특징을 조사하여 특징이 잘 드러나도록 소개하는가? ▶ 나와 친척과의 관계에 대해 알고 있는가? ▶ 가족과 친척에게 고마운 마음을 정성스럽게 문장으로 표현하는가?			---⑦
결과물	▶ 우리 가족 소개 자료(책, 그림, 에세이 등) ▶ 우리 가족 · 친척 관계도 ▶ 가족이나 친척에게 고마운 마음 표현한 글 작품(편지, 에세이)			

관련 교과	성취기준	내용요소
국어 (10차시)	• [2국02-01] 글자, 낱말, 문장을 소리내어 읽는다. • [2국03-02] 자신의 생각을 문장으로 표현한다.	• 소리내어 읽기 • 문장 쓰기
바생 (6차시)	• [2바03-01] 가족 및 친척 간에 지켜야 할 예절을 실천한다.	• 가족 예절
슬생 (11차시)	• [2슬03-01] 우리 가족의 특징을 조사하여 소개한다. • [2슬03-02] 나와 가족, 친척의 관계를 알고 친척과 함께하는 행사나 활동을 조사한다.	• 가족의 특징 • 가족·친척 관계 • 가족행사
즐생 (23차시)	• [2즐03-01] 가족구성원이 하는 역할을 고려하여 고마운 마음을 작품으로 표현한다. • [2즐03-02] 가족이나 친척이 함께 한 일을 다양한 방법으로 표현한다.	• 가족에 대한 마음표현 • 가족활동 및 행사표현

---⑧

앞에서는 간략하게나마 프로젝트 수업의 이론적 근거와 함께 프로젝트 수업을 디자인할 때 우선적으로 고려해야 할 사항들을 바탕으로 어떻게 프로젝트 수업을 설계해 나가는지를 개관하여 보았다. 아울러 필자들이 프로젝트 수업을 진행하면서 직접 체감했던 가치나, 학생들의 변화한 모습, 교사의 만족도 등에 관해서도 살펴보았다. 이제부터는 본격적으로 실제 프로젝트 수업에서 교육과정을 재구성하고, 전반적인 수업 디자인 및 실천하는 데 도움이 될 만한 것들을 실제 수업 사례들을 중심으로 이야기하려고 한다.

Part
02

프로젝트
수업의 실제

"교육과정 재구성과 수업 디자인, 어렵지 않아요!"

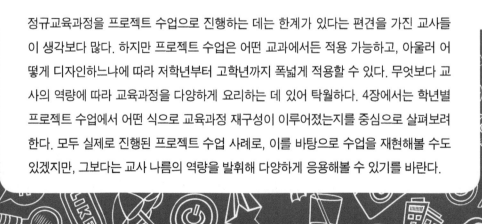

정규교육과정을 프로젝트 수업으로 진행하는 데는 한계가 있다는 편견을 가진 교사들이 생각보다 많다. 하지만 프로젝트 수업은 어떤 교과에서든 적용 가능하고, 아울러 어떻게 디자인하느냐에 따라 저학년부터 고학년까지 폭넓게 적용할 수 있다. 무엇보다 교사의 역량에 따라 교육과정을 다양하게 요리하는 데 있어 탁월하다. 4장에서는 학년별 프로젝트 수업에서 어떤 식으로 교육과정 재구성이 이루어졌는지를 중심으로 살펴보려 한다. 모두 실제로 진행된 프로젝트 수업 사례로, 이를 바탕으로 수업을 재현해볼 수도 있겠지만, 그보다는 교사 나름의 역량을 발휘해 다양하게 응용해볼 수 있기를 바란다.

학년별 교육과정 재구성

프로젝트 기반 교육과정, 어떻게 재구성할 것인가?

온책으로 배움과
삶을 연결하는 L.O.V.E 프로젝트

1 학급 교육과정 운영관

비전

온책으로 배움과 삶을 연결하는 L.O.V.E[1] 교육

학년 교육과정

온책 읽기로 온(溫)마음 기르기

학급 교육과정 운영철학

• 프로젝트 학습을 통한 핵심역량 함양

• 생생한 배움을 함께하며 성장하는 배움공동체 실현

---

1. LOVE 교육이란? 사랑은 인류 보편적인 감정으로 다양한 분야의 키워드로 사용되고 있다. AI와 공존하게 될 미래 사회에서 인간의 고유한 감정인 '사랑'은 인간으로서의 존재감을 갖게 해주는 중요한 요소가 될 것이다. 2015 개정 교육과정의 초등학교 목표인 기본 습관 및 기초 능력을 기르고 바른 인성을 함양과 관련하여 '온책으로 배움과 삶을 연결하는 L.O.V.E.교육'을 전개하고자 한다. 기초·기본교육을 기반으로 한 프로젝트 학습을 통해 배움(Learning)의 기쁨을 알게 하고, 다양한 토의학습을 통해 집단(Overall)과 함께 하는 즐거움을 알게 하며, 단순하게 책에서만 찾는 배움이 아닌 직접 보고 듣고 만져보는 생동감(Vivid) 있는 교육활동을 전개하며, 나눔과 배려로 사회에 선한 영향(Effect)을 끼치는 학생들을 육성하기 위한 교육활동이다.

운영 목표	...	배움 (Learning)	↔	전체 (Overall)	↔	생동감 (Vivid)	↔	영향 (Effect)
		기초, 기본이 되는 지식을 배우고 익히 는 프로젝트		집단지성을 발휘하며 함 께 하는 프로 젝트		활발하게 참 여하여 실감 나게 경험하 는 프로젝트		배려와 나눔 을 통해 선한 영향을 주는 프로젝트

운영기반 ··· 온책 읽기와 토의토론 중심의 프로젝트 학습 운영

**프로젝트
접근기반** ···
- 학생들의 삶과 관련된 주제 탐구
- 나와 인류의 지속가능 발전목표에 기여할 수 있는 배움 가치 추구

프로젝트 기반 주제 중심 교육과정 개요			
학교사랑	생명사랑	가족사랑	환경사랑
• 학교와 친구되기 • 다정한 친구	• 아름다운 봄 • 생명의 소중함	• 사랑하는 우리 가족 • 감사한 마음	• 에너지 지킴이 • 안전한 제품 활용
이웃사랑	가을사랑	나라사랑	나눔사랑
• 나의 이웃 • 배려하는 이웃사촌	• 신나는 추석 • 가을이 주는 선물	• 자랑스러운 우리나라 • 통일 대한민국	• 야, 겨울이다! • 나누는 마음

대주제	선정 이유	구성 중점 (◎지식 ◆역량 ▶산출물)	편성 교과
학교 사랑	학교는 여러 친구와 함께 생활하는 곳이다. 1학년 학생들의 학교생활 적응을 위해 학교와 주변에 익숙해질 수 있도록 충분한 시간을 할애할 필요가 있다. 학생들은 학교 곳곳을 둘러보면서 학교생활 모습에 대해 알아보고, 안전하고 즐거운 학교생활을 위한 규칙과 약속을 배우게 된다. 또한 함께 생활할 친구들에 대해 알아보고, 친하게 지낼 수 있는 일을 실천해보면서 함께 하는 기쁨을 느끼게 된다. 본 프로젝트를 통해 학생들은 처음 만나는 타인과의 의사소통 역량을 함양하게 된다.	◎학교 가는 길에서 관찰할 수 있는 것, 학교의 다양한 시설(운동장, 특별교실 등), 친구와 함께할 수 있는 공동체 놀이 ◆의사소통 역량: 친구에 대한 이해, 학급 및 학교 규칙과 약속 토의, 친구와 함께 다양한 공동체 활동하기 ▶프로젝트 산출물: 학교 가는 길 및 학교 시설 지도, 공동체 놀이 그림 설명서, 교실 꾸미기 결과물	수학 (10) 바생 (4) 슬생 (7) 즐생 (10) 창체 (8)
생명 사랑	봄을 일컬어 만물이 소생하는 계절이라고 하는데, 이 말은 봄과 생명 존중이 매우 밀접하게 연결되어 있다는 것을 의미하기도 한다. 본 프로젝트에서는 생명의 소중함을 느끼고 실천하기 위해 봄에 대해 탐색하는 활동을 전개한다. 학생들은 감각적으로 주변에서 보고 느낄 수 있는 여러 가지 봄의 모습을 탐색하고 표현하는 활동을 통해서 봄이란 계절을 맞이하게 된다. 본 프로젝트를 통해 학생들은 관찰을 거쳐 수집한 자료나 정보를 분석하는 지식정보처리 역량을 함양하고, 생명의 소중함을 느끼고 실천하게 된다.	◎봄에 볼 수 있는 다양한 동식물, 씨앗이나 모종이 자라는 모습, 봄에 할 수 있는 활동과 놀이 ◆지식정보처리 역량: 봄의 모습 관찰, 씨앗이나 모종 기르는 방법 이해 및 실천 ▶프로젝트 산출물: 직접 기른 식물 화분, 봄의 동식물 및 봄놀이 그림 설명서, 생명사랑 그림편지	바생 (7) 슬생 (12) 즐생 (23) 창체 (6)

대주제	선정 이유	구성 중점 (◎지식 ◆역량 ▶산출물)	편성 교과
가족 사랑	사람들은 태어나서 가족과 가장 먼저 만나게 된다. 가족은 가장 친밀하고 가까운 존재지만 바쁘게 변하는 사회에서 가족의 소중함을 느끼고 표현하는 것이 점점 어려워지고 있는 실정이다. 게다가 친인척들과 함께 하는 시간들도 많이 사라지고 있다. 본 프로젝트에서는 가족의 소중함에 대해 이해하고 감사함을 표현하는 활동을 전개한다. 학생들은 나의 집과 가족을 넘어 친인척을 포함한 우리 가족에 대해서 알아보고, 또 다양한 활동으로 표현하며 창의적 사고역량을 함양하고, 가족의 소중함과 감사함을 느끼게 된다.	◎가족의 특징, 나와 가족, 친척의 관계 이해, 가족들과 함께 하는 행사 ◆창의적 사고역량: 가족과 친척에 대한 고마움과 소중함을 다양한 방법으로 표현하기 ▶프로젝트 산출물: 가족 소개 카드 및 가족 그림, 가족과 친척에게 전하는 감사 마음을 표현한 결과물	국어 (10) 바생 (7) 슬생 (12) 즐생 (23) 창체 (6)
환경 사랑	환경문제로 인해 지구는 몸살을 앓고 있다. 이러한 환경문제는 사람들의 생활까지 위협하고 있는 실정이다. 환경문제로 인해 점점 더워지는 여름은 에너지를 가장 많이 소비하게 되는 계절이다. 본 프로젝트에서는 학생들이 생활에서 경험할 수 있는 여름 날씨의 특징과 생활모습, 여름에 사용하는 도구와 관련하여 여름을 탐색한다. 이를 통해 생활 속에서 에너지 절약수칙에 대해 알고 실천하며 심미적 감성역량을 함양한다.	◎여름 날씨의 특징과 주변 생활모습, 여름 생활도구의 종류와 쓰임 ◆심미적 감성역량: 인류의 지속가능한 발전을 위한 에너지 절약 실천 ▶프로젝트 산출물: 여름나라 교육연극, 에너지 절약 실천 기록장, 제품 안전 설명서 및 안전한 여름 생활도구	국어 (12) 바생 (14) 슬생 (12) 즐생 (25) 창체 (5)

대주제	선정 이유	구성 중점 (◎지식 ◆역량 ▶산출물)	편성 교과
이웃 사랑	층간소음, 주차문제 등 현대사회는 이웃 간의 교류가 활발하지 않아 다양한 문제가 발생하고 있다. 공동체를 이루며 함께 살아가야 하는 시대에 이웃을 이해하고 공공질서를 지키는 것은 매우 중요하다. 본 프로젝트에서 학생들은 여러 이웃들의 생활모습을 살펴보고 이웃들이 모이는 장소와 함께 쓰는 시설물을 바르게 사용하는 태도를 기른다. 또한 다양한 이웃의 생활모습을 이해하고 이웃과 더불어 삶을 살아가는 태도를 기르는 등 공동체 역량을 함양한다.	◎공공장소 시설물의 종류와 쓰임, 이웃과 함께할 수 있는 공동체 놀이 ◆공동체 역량: 공공장소의 올바른 이용과 시설물을 바르게 사용하는 습관 기르기 ▶프로젝트 산출물: 공공시설 조사지도 및 이용수칙 안내서, 이웃소개 자료	국어 (22) 바생 (7) 슬생 (11) 즐생 (22) 자율 (6) 동아리(4) 봉사 (1) 진로 (1)
가을 사랑	지금은 이상기후 현상으로 인해 계절 간의 경계가 명확하지 않지만 우리나라는 사계절이 뚜렷한 나라로, 봄과 여름의 수고로움으로 가을에 수확을 할 수 있다. 이 때문에 가을을 수확의 계절이라고 부르며, 조상들께 감사의 마음을 갖는 추석 명절을 지낸다. 본 프로젝트에서 학생들은 가을의 특징에 대해 이해하고, 대표적인 명절인 추석에 대해 살펴보게 된다. 또한 추석이라는 풍요로운 명절을 보낼 수 있도록 애쓰신 분들께 감사의 마음을 갖고, 여러 가지 가을 놀이와 민속놀이에 대한 관심과 흥미를 갖게 된다.	◎추석의 복장 및 상차림 이해 및 다른 세시풍속과의 비교, 가을의 특징, 민속놀이의 종류와 방법 ◆지식정보처리 역량: 가을의 특징 관찰, 추석 및 세시풍속, 민속놀이 이해 및 실천 ▶프로젝트 산출물: 추석 및 민속놀이 메이킹북, 가을을 주제로 한 시화, 감사 표현 자료	국어 (32) 바생 (7) 슬생 (13) 즐생 (20) 자율 (11) 동아리(8) 봉사 (2) 진로 (1)

대주제	선정 이유	구성 중점 (◎지식 ◆역량 ▶산출물)	편성 교과
나라 사랑	자신의 정체성을 이해하는 방법 중 하나는 나라에 대한 이해이다. 우리나라는 고유의 전통문화를 가지고 있으나 빠르게 진행되는 현대화에 의해 전통문화가 사라지고 있는 실정이다. 또한 세계에서 유일하게 분단된 국가로 통일에 대한 관심이 매우 필요하다. 본 프로젝트에서 학생들은 우리나라의 전통문화에 대해 알아보고, 우리나라를 나타내는 상징물과 자랑거리를 찾아보며 나라를 사랑하는 마음을 갖게 된다. 또한 이산가족의 아픔을 통해 통일의 필요성을 알게 하고 통일의지를 다지게 된다.	◎우리나라의 우수한 전통, 우리나라만의 특수상황(분단), 남북한 놀이 ◆의사소통 역량: 우리나라에 대해 알게 된 점 친구들에게 발표하기, 통일의 필요성 토의 ▶프로젝트 산출물: 우리나라 소개서, 통일된 우리나라의 친구에게 보내는 편지	국어 (32) 바생 (8) 슬생 (11) 즐생 (21)
나눔 사랑	자연 현상과 사람들의 생활모습은 매우 밀접한 관계가 있다. 특히 날씨가 추워지면 더욱 힘들어지는 주변의 이웃들에 대해 생각하며 나눔의 필요성을 알고 실생활에서 배려와 나눔을 실천할 기회를 제공해야 한다. 본 프로젝트에서 학생들은 겨울 날씨의 특징 및 생활과 겨울에 사용하는 다양한 도구를 관련짓게 되며, 경험을 통해 이미 알고 있는 겨울의 다양한 활동을 체계적으로 정리하여 표현하는 기회를 통해 창의적 사고 역량을 함양한다. 또한 어려운 사람들을 돌아보며 나눔과 배려를 실천하는 기회를 갖는다.	◎겨울의 날씨와 생활도구, 어려운 이웃의 생활 ◆창의적 사고역량: 겨울의 느낌을 다양한 방법으로 표현하기 ▶프로젝트 산출물: 겨울의 모습과 느낌 표현 자료, 배려와 나눔 실천 캠페인 및 소감문	국어 (30) 바생 (9) 슬생 (14) 즐생 (23) 자율 (9) 동아리(3) 진로 (1)

3 주제별 프로젝트 학습 운영계획

대주제	학교사랑	운영기간	3월 4주 ~ 4월 2주

핵심역량 교과역량	▸ 지식정보처리 역량, 의사소통 역량, 창의적 사고역량 ▸ 바생, 슬생, 즐생-의사소통 역량 ▸ 수학-창의 · 융합 ▸ 안전-자기관리 역량, 공동체 역량
일반화	▸ 학교는 여러 친구와 함께 생활하는 곳이다. ▸ 안전한 학교생활을 위해 지켜야 할 규칙이 있다.
핵심개념	▸ 바생, 슬생, 즐생 : 학교와 친구 ▸ 수학: 직육면체, 원기둥, 구의 모양 ▸ 안전: 학교 안전수칙, 도구 · 놀이기구 안전
운영목표	학교는 여러 친구와 함께 생활하는 곳이다. 1학년 학생들의 학교생활 적응을 위해 학교와 주변에 익숙해질 수 있도록 충분한 시간을 할애하는 것이 필요하다. 학생들은 학교 곳곳을 둘러보면서 학교생활 모습에 대해 알아보고, 안전하고 즐거운 학교생활을 위한 규칙과 약속을 배우게 된다. 또한 함께 생활할 친구들에 대해 알아보고, 친하게 지낼 수 있는 일을 실천해보면서 함께 하는 기쁨을 느끼게 된다.

운영방향 ⓢ - 사실 조사 및 관찰, ㉑ - 개념 및 분석, ㉢ - 논쟁거리, ㉣ - 실제 경험 및 제작		
탐구 과정	탐구질문 1 ▸	탐구질문 2 ▸	탐구질문 3 ▸
	생각 조사하기	생각 연결 및 관계짓기	더 생각하고 실천하기
프로젝트 1. **학교와 친구되기**	▸ 학교에서 볼 수 있는 것은 무엇일까? ⓢ ▸ 학교에서 생활하기 위해 필요한 것은 무엇일까? ⓢ	▸ 학교 규칙이 있으면 어떤 점이 좋을까? ㉑㉢	▸ 학교가는 길과 학교 시설물을 어떻게 표현할까? ⓢ㉣ ▸ 학교에서 필요한 규칙은 어떻게 정하면 좋을까? ㉑㉢
	슬-학교 둘러보기 안-학교생활에서의 안전	바-학교 규칙의 필요성 알기	수,즐-직육면체, 원기둥, 구의 모양을 활용하여 학교 모습 꾸미기 슬-학교생활에 필요한 규칙 정하기

탐구 과정	탐구질문 1	▶	탐구질문 2	▶	탐구질문 3	▶
	생각 조사하기		생각 연결 및 관계짓기		더 생각하고 실천하기	
프로젝트 2. **다정한 친구**	▶ 우리반에는 어떤 친구들이 있나? ⓐ ▶ 친구들은 어떤 특징이 있나? ⓐ		▶ 친구와 나의 공통점과 차이점은 무엇일까? ⓐⓖ		▶ 친구들과 사이좋게 지내기 위해서는 어떻게 해야 할까? ⓐⓝ	
	슬-친구의 다양한 특성 이해		슬-친구의 다양한 특성 이해		즐-친구와의 공동체 놀이 계획하고 실천하기	
결과물	▶ 학교 가는 길 및 학교시설 표현물 ▶ 학교 규칙 결과 및 게시물 ▶ 친구와 함께할 수 있는 공동체 놀이 그림 설명서 제작					
평가계획	▶ 우리 학교 여러 교실의 이름과 그곳에서 하는 일을 알고 있는가? ▶ 학교생활에 필요한 규칙과 약속을 정하고 실천할 수 있는가? ▶ 친구와 공동체 놀이를 하며 즐겁게 어울릴 수 있는가?					

관련 교과	성취기준	내용요소
수학 (10차시)	• [2수02-01] 교실 및 생활 주변에서 여러 가지 물건을 관찰하여 직육면체, 원기둥, 구의 모양을 찾고, 그것들을 이용하여 여러 가지 모양을 만들 수 있다.	• 직육면체, 원기둥, 구 모양의 물건
바생 (4차시)	• [2바01-01] 학교생활에 필요한 규칙과 약속을 정해서 지킨다.	• 학교생활에 필요한 규칙 • 친구와 약속
슬생 (7차시)	• [2슬01-01] 학교 안과 밖, 교실을 둘러보면서 위치와 학교생활 모습 등을 알아본다. • [2슬01-02] 여러 친구의 다양한 특성을 이해하고 친구와 잘 지내는 방법을 알아본다.	• 학교생활에 필요한 규칙 • 친구와 약속
즐생 (10차시)	• [2즐01-01] 친구와 친해질 수 있는 놀이를 한다. • [2즐01-02] 다양한 방법으로 교실을 꾸민다.	• 친구와의 놀이 • 교실 꾸미기
안전 (6차시)	• [2안01-01] 교실과 특별실에서 활동할 때 질서를 지켜 안전하게 생활한다. • [2안01-02] 학용품의 위험요인을 알고 안전하게 사용한다. • [2안01-03] 운동장이나 놀이터에서의 위험요인을 알고 안전하게 놀이한다.	• 실내활동 시 안전규칙 • 학용품 및 도구의 안전한 사용 • 놀이기구의 안전한 사용

대주제	생명사랑	운영기간	4월 2주 ~ 5월 2주

핵심역량 교과역량	▸ 지식정보처리 역량, 의사소통 역량, 공동체 역량, 심미적 감성역량 ▸ 바생, 슬생, 즐생–지식정보처리 역량 ▸ 안전–자기관리 역량, 공동체 역량
일반화	▸ 봄에 볼 수 있는 동식물은 다양하며 봄에 할 수 있는 활동과 놀이가 있다. ▸ 사회에서 안전을 위해 지켜야 할 수칙이 있다.
핵심개념	▸ 바생,슬생,즐생: 봄의 특징, 생명 존중 ▸ 안전: 시설물 안전, 사고 예방
운영목표	봄을 일컬어 만물이 소생하는 계절이라고 하는데, 이 말은 봄과 생명 존중이 매우 밀접하게 연결되어 있다는 것을 의미하기도 한다. 본 프로젝트에서는 생명의 소중함을 느끼고 실천하기 위해 봄에 대해 탐색하는 활동을 전개한다. 학생들은 감각적으로 주변에서 보고 느낄 수 있는 여러 가지 봄의 모습을 탐색하고 표현하는 활동을 통해 봄이란 계절을 맞이하게 된다. 본 프로젝트를 통해 학생들은 관찰을 통해 수집한 자료를 정보를 분석하는 지식정보처리 역량을 함양하고, 생명의 소중함을 느끼고 실천하게 된다.

운영방향 ㉳ - 사실 조사 및 관찰, ㉚ - 개념 및 분석, ㉪ - 논쟁거리, ㉡ - 실제 경험 및 제작						
탐구 과정	탐구질문 1	▶	탐구질문 2	▶	탐구질문 3	▶
	생각 조사하기		생각 연결 및 관계짓기		더 생각하고 실천하기	
프로젝트 1. 아름다운 봄	▸ 봄에 볼 수 있는 동식물은 무엇일까? ㉚㉳ ▸ 씨앗이나 모종은 어떻게 자라날까? ㉚㉳		▸ 봄과 겨울은 어떻게 다를까? ㉚㉪		▸ 봄의 모습을 어떻게 표현할까? ㉡ ▸ 친구들과 안전하고 재미있게 봄 나들이를 할 수 있을까? ㉪㉡	
	슬-식물의 자람 관찰, 봄에 볼 수 있는 동식물 관찰, 조사 안-야외 활동 안전		슬-겨울과 봄의 모습 비교 안-야외 활동 안전		즐-봄의 동식물 다양하게 표현하기, 봄나들이 구상 및 실시 안-야외 활동 안전	

탐구 과정	탐구질문 1	▶	탐구질문 2	▶	탐구질문 3	▶
	생각 조사하기		생각 연결 및 관계짓기		더 생각하고 실천하기	
프로젝트 2. 생명의 소중함	▶ 생명이란 무엇인가? ㉤		▶ 생명을 존중해야 하는 이유는 무엇일까? ㉨ ㉤		▶ 생명사랑을 어떻게 실천할 수 있을까? ㉩ ㉯	
	바-봄에 볼 수 있는 동식물 소중히 여기고 보살피기		바-봄에 볼 수 있는 동식물 소중히 여기고 보살피기		바-봄에 볼 수 있는 동식물 소중히 여기고 보살피기	
결과물	▶ 직접 기른 식물 화분 ▶ 봄의 동식물 및 봄놀이 그림 설명서 ▶ 생명사랑 그림편지					
평가계획	▶ 주변에서 봄에 볼 수 있는 동식물을 찾을 수 있는가? ▶ 봄에 볼 수 있는 동식물의 모습을 창의적이고 다양한 방법으로 표현할 수 있는가? ▶ 자연보호 방법을 알고 실천하려고 노력하는가?					

관련 교과	성취기준	내용요소
바생 (7차시)	• [2바02-02] 봄에 볼 수 있는 동식물을 소중히 여기고 보살핀다.	• 생명 존중
슬생 (12차시)	• [2슬02-03] 봄이 되어 볼 수 있는 다양한 동식물을 찾아본다. • [2슬02-04] 봄에 씨앗이나 모종을 심어 기르면서 식물이 자라는 모습을 관찰한다.	• 봄 동산 • 식물의 자람
즐생 (23차시)	• [2즐02-03] 봄에 볼 수 있는 동식물을 다양하게 표현한다. • [2즐02-04] 여러 가지 놀이나 게임을 하면서 봄나들이를 즐긴다.	• 동식물 표현 • 봄나들이
안전 (4차시)	• [2안01-07] 현장체험학습 등 야외 활동에서의 위험요인을 알고 사고를 예방한다. • [2안01-08] 일상생활에서 접하게 되는 여러 가지 시설물의 위험요인을 알고 안전하게 이용한다.	• 야외활동 안전 • 시설물 안전

대주제	가족사랑	운영기간	5월 3주 ~ 6월 3주

핵심역량 교과역량	▸ 지식정보처리 역량, 의사소통 역량, 공동체 역량 ▸ 바생, 슬생, 즐생-창의적 사고역량 ▸ 국어-공동체 · 대인관계 역량
일반화	▸ 사람들은 가족과 친척의 관계 속에서 살아간다. ▸ 인사할 때에는 바른 마음가짐으로 상황에 알맞은 인사를 한다.
핵심개념	▸ 바생, 슬생, 즐생: 가족과 친척 ▸ 국어: 알맞은 인사말
운영목표	사람들은 태어나서 가족과 가장 먼저 만나게 된다. 가족은 가장 친밀하고 가까운 존재지만 바쁘게 변하는 사회에서 가족의 소중함을 느끼고 표현하는 것이 점점 어려워지고 있는 실정이다. 게다가 친인척들과 함께 하는 시간들도 많이 사라지고 있다. 본 프로젝트에서는 가족의 소중함에 대해 이해하고 감사함을 표현하는 활동을 전개한다. 학생들은 나의 집과 가족을 넘어 친인척을 포함한 우리 가족에 대해 알아보며 다양한 활동으로 표현하며 창의적 사고역량을 함양하고, 가족의 소중함과 감사함을 느끼게 된다.

운영방향 ⓐ - 사실 조사 및 관찰, ⓖ - 개념 및 분석, ⓝ - 논쟁거리, ⓢ - 실제 경험 및 제작			
탐구 과정	탐구질문 1 ▸	탐구질문 2 ▸	탐구질문 3 ▸
	생각 조사하기	생각 연결 및 관계짓기	더 생각하고 실천하기
프로젝트 1. 사랑하는 우리 가족	▸ 가족의 의미는 무엇인가? ⓐ ▸ 우리 가족은 누가 있는가? ⓐ	▸ 어떻게 가족이 되었을까? ⓐⓖ ▸ 가족 간에 지켜야 할 예절은 무엇인가? ⓐ ⓖ	▸ 우리 가족을 어떻게 소개할까? ⓖⓢ
	슬-가족의 특징 조사하기	국-상황에 알맞은 인사하기, 바르고 고운말 사용하기 바-가정에서 지켜야 할 예절	즐-가족 소개 자료 만들기

탐구 과정	탐구질문 1	▶	탐구질문 2	▶	탐구질문 3	▶
	생각 조사하기		생각 연결 및 관계짓기		더 생각하고 실천하기	
프로젝트 2. 감사한 마음	▸ 친척이란 무엇인가? (사) ▸ 가족이나 친척 행사에는 어떤 것이 있을까? (사)		▸ 나와 가족과 친척은 어떤 관계로 연결되어 져 있는가? (개) ▸ 가족과 친척은 왜 관계를 형성하며 살아갈까? (개)		▸ 가족이나 친척에게 고마운 마음을 어떻게 전달할까? (실)	
	슬-가족·친척과의 행사 알아보기		슬-가족과 친척의 관계 알기		즐-가족에 대한 마음을 표현하는 결과물 만들기	

결과물	▸ 우리 가족 소개서 ▸ 가족, 친척 관계도 ▸ 가족과 친척에게 전하는 감사 마음을 표현한 결과물 (편지, 그림, 시, 입체작품 등)
평가계획	▸ 가족에 대한 조사활동을 잘 수행하여 발표할 수 있는가? ▸ 가족 및 친척 간에 지켜야 할 예절을 알고 바르게 실천하는가? ▸ 가족이나 친척과 함께 한 일을 감사한 마음을 갖고 표현할 수 있는가?

관련 교과	성취기준	내용요소
국어 (10차시)	• [2국01-06] 상황에 어울리는 인사말을 주고받는다. • [2국01-06] 바르고 고운 말을 사용하여 말하는 태도를 지닌다.	• 가까운 사람들과 주고받는 간단한 인사말
바생 (7차시)	• [2바02-02] 가족 및 친척 간에 지켜야 할 예절을 실천한다.	• 가정 예절
슬생 (12차시)	• [2슬03-01] 우리 가족의 특징을 조사하여 소개한다. • [2슬03-02] 나와 가족, 친척의 관계를 알고 친척과 함께 하는 행사나 활동을 조사한다.	• 가족의 특징 • 가족·친척의 관계 • 가족 행사
즐생 (23차시)	• [2즐03-02] 가족구성원이 하는 역할을 고려하여 고마운 마음을 작품으로 표현한다. • [2즐03-02] 가족이나 친척이 함께 한 일을 다양한 방법으로 표현한다.	• 가족에 대한 마음 표현 • 가족 활동 및 행사 표현

대주제	환경사랑	운영기간	6월 4주 ~ 7월 4주

핵심역량 교과역량	▸ 지식정보처리 역량, 의사소통 역량, 공동체 역량, 창의적 사고역량 ▸ 바생, 슬생, 즐생-심미적 감성역량 ▸ 국어-비판적 · 창의적 사고역량
일반화	▸ 사람들은 여름의 자연환경에 어울리는 생활을 한다. ▸ 사람들은 다양한 상황 속에서 알맞은 낱말을 선택해 문장을 구성한다.
핵심개념	▸ 바생, 슬생, 즐생: 여름 날씨와 사람들의 생활 ▸ 국어: 글자, 낱말, 문장의 형태와 표현
운영목표	환경문제로 인해 지구는 몸살을 앓고 있다. 이러한 환경문제는 사람들의 생활까지 위협하고 있는 실정이다. 환경문제로 인해 점점 더워지는 여름은 에너지를 가장 많이 소비하게 되는 계절이다. 본 프로젝트에서는 학생들이 생활에서 경험할 수 있는 여름 날씨의 특징과 생활 모습, 여름에 사용하는 도구와 관련하여 여름을 탐색한다. 이를 통해 생활 속에서 에너지 절약수칙에 대해 알고 실천하며 심미적 감성역량을 함양하도록 한다.

운영방향 ㉠ - 사실조사 및 관찰, ㉡ - 개념 및 분석, ㉢ - 논쟁거리, ㉣ - 실제 경험 및 제작					
탐구 과정	탐구질문 1	▶	탐구질문 2	▶	탐구질문 3	▶
	생각 조사하기		생각 연결 및 관계짓기		더 생각하고 실천하기
프로젝트 1. 에너지 지킴이	▸ 여름 날씨는 어떤 특징이 있을까? ㉠		▸ 여름 날씨와 사람들의 생활은 어떤 관련이 있을까? ㉠㉡ ▸ 여름철 에너지 절약을 해야 하는 이유는 무엇일까?㉠㉢		▸ 여름 날씨를 어떻게 표현할 수 있을까? ㉣ ▸ 여름철 에너지 절약은 어떻게 실천할 수 있을까? ㉡㉣
	슬-여름 날씨의 특징 조사		바-에너지 절약수칙 이해 국-에너지 절약수칙 관련 낱말과 문장 소리 내어 읽기		즐-여름의 모습과 느낌 창의적으로 표현하기 바-에너지 절약수칙 실천하기

탐구 과정	탐구질문 1	▶	탐구질문 2	▶	탐구질문 3	▶
	생각 조사하기		생각 연결 및 관계짓기		더 생각하고 실천하기	
프로젝트 2. 안전한 제품 활용	▶ 여름을 나기 위해 필요한 생활도구는 무엇일까? ㉔		▶ 여름철 생활도구는 어떻게 사용해야 할까? ㉔㉚		▶ 여름철 생활도구를 안전하게 사용하도록 알리는 방법은 무엇일까? ㉐㉯	
	슬-여름에 사용하는 생활도구의 종류와 쓰임		슬-여름에 사용하는 생활도구의 종류와 쓰임		슬-여름철 생활도구의 안전한 사용 방법 표현 국-자신의 생각 문장으로 표현하기	
결과물	▶ 여름나라 교육연극 ▶ 에너지 절약 실천 기록장 ▶ 제품 안전 설명서 및 안전한 여름 생활도구					
평가계획	▶ 에너지 절약 방법을 알고 실천하는가? ▶ 여름에 사용하는 생활도구의 종류와 쓰임에 대해 조사하여 발표할 수 있는가? ▶ 여름에 필요한 생활도구를 알고 창의적으로 만들 수 있는가?					

관련 교과	성취기준	내용요소
국어 (12차시)	• [2국02-01] 글자, 낱말, 문장을 소리내어 읽는다. • [2국03-02] 자신의 생각을 문장으로 표현한다. • [2국03-05] 쓰기에 흥미를 가지고 즐겨 쓰는 태도를 지닌다.	• 친숙하고 쉬운 낱말과 문장, 짧은 글
바생 (14차시)	• [2바04-01] 여름철의 에너지 절약수칙을 알고 습관화한다.	• 에너지 절약
슬생 (12차시)	• [2슬04-01] 여름 날씨의 특징과 주변의 생활모습을 관련짓는다. • [2슬04-02] 여름에 사용하는 생활도구의 종류와 쓰임을 조사한다.	• 여름 날씨와 생활 이해 • 여름철 생활도구
즐생 (25차시)	• [2즐04-01] 여름의 모습과 느낌을 창의적으로 표현한다. • [2즐04-02] 여름에 사용하는 생활도구를 여러 가지 방법으로 표현한다.	• 여름 느낌 표현 • 생활도구 장식·제작

대주제	나라사랑	운영기간	11월 1주 ~11월 4주

핵심역량 교과역량	▸ 지식정보처리 역량, 공동체 역량, 창의적 사고역량 ▸ 바생, 슬생, 즐생-의사소통 역량 ▸ 국어-공동체 · 대인관계 역량, 비판적 · 창의적 사고역량
일반화	▸ 우리나라에는 아름다운 전통이 있다. ▸ 우리나라만의 상황이 있음을 이해한다. ▸ 글을 읽을 때 인물이 한 일이나 사건을 정리하며 글을 내용을 파악한다.
핵심개념	▸ 바생,슬생,즐생: 우리나라의 상징과 문화, 통일의지 ▸ 국어: 등장인물, 일이 일어난 순서와 주요 내용, 상황에 어울리는 인사말
운영목표	우리나라의 전통문화에 대해 알아보고, 우리나라를 나타내는 상징물과 자랑거리를 찾아보며 나라를 사랑하는 마음을 갖는다. 또한 우리나라의 상황, 남북한의 생활모습과 문화 비교, 이산가족의 아픔을 통해 우리나라 통일의 필요성을 알게 하고 통일의지를 다진다.

운영방향 ⓐ - 사실 조사 및 관찰, ⓐ - 개념 및 분석, ⓐ - 논쟁거리, ⓐ - 실제 경험 및 제작						
탐구 과정	탐구질문 1	▶	탐구질문 2	▶	탐구질문 3	▶
	생각 조사하기		생각 연결 및 관계짓기		더 생각하고 실천하기	
프로젝트 1. 자랑스러운 우리나라	▸ 우리나라의 전통문화는 어떤 것이 있을까?ⓐ ▸ 우리나라를 나타내는 상징은 무엇일까?ⓐ		▸ 우리나라의 문화와 상징을 알아야 하는 이유는 무엇일까?ⓐ ▸ 우리나라의 문화와 나라를 사랑하는 마음은 어떤 관련이 있을까?ⓐⓐ		▸ 우리나라를 어떻게 소개할 수 있을까?ⓐⓐ ▸ 우리나라를 사랑하는 마음을 어떻게 실천할 수 있을까?ⓐⓐ	
	슬-우리나라의 상징과 문화 조사 국-글을 읽고 주요 내용 확인하기		슬-우리나라의 상징과 문화에 담긴 의미 이해 바-나라사랑의 마음 이해		즐-우리나라의 상징 창의적으로 표현하기 바-나라사랑 실천 국-상황에 맞게 상대방을 배려하며 말하기	

탐구 과정	탐구질문 1	▶	탐구질문 2	▶	탐구질문 3	▶
	생각 조사하기		생각 연결 및 관계짓기		더 생각하고 실천하기	
프로젝트 2.	▶ 남북한의 생활모습의 공통점과 차이점은 무엇일까?(사)		▶ 통일을 해야 하는 이유는 무엇일까?(사)(논)		▶ 통일을 위한 노력의 다짐을 어떻게 표현하면 좋을까?(논)(실)	
통일 대한민국	슬-남북한의 생활모습과 문화 비교 국-글을 읽고 주요 내용확인하기		즐-통일에 대한 관심 표현		즐-통일에 대한 관심 표현	
결과물	▶ 우리나라 소개 전시회 자료 　　▶ 우리나라 상징 활용 표현 자료 ▶ 통일된 우리나라 모습 표현 자료 ▶ 통일 다짐서					
평가계획	▶ 우리나라에 대해 알게 된 사실을 친구들과 소통할 수 있는가? ▶ 우리나라를 소개하는 자료를 만들어 친구들에게 설명할 수 있는가? ▶ 남한과 북한이 한민족인 이유를 알고 통일을 위해 노력할 것을 다짐하는가?					

관련 교과	성취기준	내용요소
국어 (32차시)	• [2국01-01] 상황에 어울리는 인사말을 주고받는다. • [2국02-03] 글을 읽고 주요 내용을 확인한다.	• 상황에 맞는 배려하는 말하기 • 인물, 사건, 순서 읽기
바생 (8차시)	• [2바07-01] 우리와 북한이 같은 민족임을 알고 통일의 지를 다진다.	• 나라사랑
슬생 (11차시)	• [2슬07-01] 우리나라의 상징과 문화를 조사하여 소개하는 자료를 만든다. • [2슬07-02] 남북한의 공통점과 차이점을 비교한다.	• 우리나라의 상징과 문화 • 남북한의 생활모습과 문화 비교
즐생 (21차시)	• [2즐07-01] 우리나라의 상징을 여러 가지 방법으로 표현한다. • [2즐07-02] 남북한에서 하는 놀이를 하고 통일을 바라는 마음을 다양하게 표현한다.	• 우리나라의 상징 표현 • 남북한의 놀이 • 통일 관심 표현

교과	운영방향			핵심역량 및 기타 평가요소
	형태	성격 및 특징요소		
국어	1학기 부분 프로젝트 2학기 완전 프로젝트	• 기초 한글교육이 정착될 수 있도록 운영 • 듣기·말하기, 읽기, 쓰기, 문법, 문학 영역의 통합적 기능 신장이 이루어지도록 운영 • 프로젝트 자료 탐색 및 표현 과정의 도구적 성격 - 목적 있는 읽기를 통한 자료 탐색 및 정리 - 정보 융합하여 필요한 정보 가공 • 구성원과의 상호작용 및 의사소통 기초 · 기반 - 주요 의견과 근거를 들어 발표 - 토의토론하기 • 주제와 관련된 지식 및 매체 정보를 통한 비판적 사고 신장의 내용적 자료 - 매체를 활용하여 생각이나 느낌 표현하기 • 프로젝트 산출물의 표현 도구 - 동시, 편지 등 프로젝트 산출 결과 글쓰기		의사소통 및 문학적 표현, 프로젝트 진행 과정 중 사회적 상호 작용 역량 평가
수학	1학기 부분 프로젝트 2학기 비 프로젝트	• 사고력 중심의 원리 탐구, 개념이해 탐구 수학 • 놀이를 기반으로 한 수학 활동 전개 • 스토리텔링 기반으로 한 생활과 상호작용하는 실용 수학 • 생활 체험형 교육 실시		원리 이해를 중심으로 한 수학적 사고역량 평가

교과	운영방향			핵심역량 및 기타 평가요소
	형태	성격 및 특징요소		
통합	바생	완전 프로젝트	• 프로젝트 주제 및 내용의 인간적 · 사회적 공유 가치요소 • 프로젝트 과정에서의 탐구 가치 역할 • 프로젝트를 통한 생활 실천의식의 기반	사회구성원으로서의 가치 태도 평가
	슬생	완전 프로젝트	• 프로젝트과제의 핵심적인 탐구 제재 - 식물의 생활(자연 생태계를 이용한 지구 지속가능 발전의 해결 방안 도출) • 자연 현상을 경험을 기반으로 하여 사회 인문학적으로 접근함으로써 자연과학과 환경과학을 철학적으로 탐구 - 봄(생명존중), 여름(에너지절약), 가을(감사), 겨울(나눔과 배려)	관찰, 조사, 분류 과정 등 탐구 과정에 대한 과정 평가
	즐생	완전 프로젝트	• 프로젝트의 심미적 감성 도출 및 공감 심화 - 이웃, 가을, 겨울을 통한 다양성 이해 • 프로젝트 산출물 제작 매개체 - 교육연극, 캠페인 등 창의적 산출물 • 프로젝트의 심미적 감성 도출 및 공감 심화 • 프로젝트 산출물의 미적 형상화	표현과 협력 등 심미적 체험 중심의 평가

교과		운영방향		핵심역량 및 기타 평가요소
		운영형태	운영성격 및 특징요소	
창체	자동봉진	부분 프로젝트	• 프로젝트 주제와 관련된 진로활동, 프로젝트 발표회, 프로젝트 관련 봉사활동 등을 통한 프로젝트 종합 능력 습득 및 실천	프로젝트 및 비프로젝트 전교육활동에서의 안전생활 평가
	안전	1학기 부분 프로젝트 2학기 비 프로젝트	• 프로젝트 활동 및 비프로젝트 교육활동 시 안전한 지식, 기능, 태도의 종합적 능력 습득 및 실천 • 실생활 안전 실천형 교육으로 학교 안전 지도에 철저 • 위기 상황에 침착하고 차분하게 대처할 수 있는 방안 습득을 통해 안전의 생활화	체험 과정에서의 관찰평가

5 주제별 프로젝트 학습 평가계획

학교사랑						
교과	영역	단원	핵심성취기준	평가시기	평가방법
수학	도형	2. 여러 가지 모양	[2수02-03]교실 및 생활 주변에서 여러 가지 물건을 관찰하여 삼각형, 사각형, 원의 모양을 찾고, 그것들을 이용하여 여러 가지 모양을 꾸밀 수 있다.	4월 2주	관찰평가 상호평가
통합	바생	봄1-1. 학교에 가면	[2바01-01] 학교생활에 필요한 규칙과 약속을 정해서 지킬 수 있다.	4월 1주	관찰평가 상호평가
	슬생	봄1-1. 학교에 가면	[2슬01-01] 학교 안과 밖, 교실을 둘러보면서 위치와 학교생활 모습 등을 알아볼 수 있다.	4월 1주	관찰평가 구술평가
	즐생	봄1-1. 학교에 가면	[2즐01-01] 친구와 친해질 수 있는 놀이를 할 수 있다.	4월 1주	관찰평가 상호평가

			생명사랑		
교과	영 역	단원	핵심성취기준	평가시기	평가방법
통합	바생	봄1-2. 도란도란 봄 동산	[2바02-02] 봄에 볼 수 있는 동식물을 소 중히 여기고 보살필 수 있다.	4월 3주	관찰평가 자기평가
	슬생	봄1-2. 도란도란 봄 동산	[2슬02-03] 봄이 되어 볼 수 있는 다양한 동식물을 찾을 수 있다.	4월 3주	관찰평가 구술평가
	즐생	봄1-2. 도란도란 봄 동산	[2즐02-03] 봄에 볼 수 있는 동식물을 다 양하게 표현할 수 있다.	5월 2주	관찰평가 상호평가

			가족사랑		
교과	영 역	단원	핵심성취기준	평가시기	평가방법
국어	듣말	5. 다정하게 인사해요	[2국01-06] 바르고 고운 말을 사용하여 말하는 태도를 기를 수 있다.	6월 3주	관찰평가 상호평가
통합	바생	여름1-1. 우리는 가족입니다	[2바02-02] 가족 및 친척 간에 지켜야 할 예절을 실천할 수 있다.	6월 2주	자기평가
	슬생	여름1-1. 우리는 가족입니다	[2슬03-01] 우리 가족의 특징을 조사하여 소개할 수 있다.	6월 1주	구술평가
	즐생	여름1-1. 우리는 가족입니다	[2즐03-02] 가족이나 친척이 함께한 일을 다양한 방법으로 표현할 수 있다.	6월 2주	관찰평가 자기평가

			환경사랑		
교과	영 역	단원	핵심성취기준	평가시기	평가방법
국어	쓰기	7. 생각을 나타내요	[2국03-05] 쓰기에 흥미를 가지고 즐겨 쓰는 태도를 기를 수 있다.	7월 2주	관찰평가 서술평가
통합	바생	여름1-2. 여름 나라	[2바04-01] 여름철의 에너지 절약수칙을 알고 습관화할 수 있다.	7월 2주	관찰평가 상호평가
	슬생	여름1-2. 여름 나라	[2슬04-02] 여름에 사용하는 생활도구의 종류와 쓰임을 조사할 수 있다.	7월 1주	구술평가
	즐생	여름1-2. 여름 나라	[2즐04-02] 여름에 사용하는 생활도구를 여러 가지 방법으로 표현할 수 있다.	7월 2주	관찰평가 자기평가

이웃사랑					
교과	영역	단원	핵심성취기준	평가시기	평가방법
국어	읽기	1. 소중한 책을 소개해요	[2국02-05] 읽기에 흥미를 가지고 즐겨 읽는 태도를 지닌다.	8월 4주	관찰평가
	문법	2. 소리와 모습을 흉내내요	[2국04-04] 글자, 낱말, 문장을 관심 있게 살펴보고 흥미를 가진다.	9월 4주	관찰평가
통합	바생	가을1-1. 내 이웃 이야기	[2바05-01] 공공장소의 올바른 이용과 시설물을 바르게 사용하는 습관을 기른다.	9월 2주	관찰평가
	슬생	가을1-1. 내 이웃 이야기	[2슬05-02] 이웃과 함께 쓰는 장소와 시설물의 종류와 쓰임을 탐색한다.	8월 4주	관찰평가 구술평가
	즐생	가을1-1. 내 이웃 이야기	[2즐05-02] 주변의 장소와 시설물을 이용하여 놀이한다.	8월 4주	관찰평가 상호평가

가을사랑					
교과	영역	단원	핵심성취기준	평가시기	평가방법
국어	쓰기	3. 문장으로 표현해요	[2국05-04] 자신의 생각을 문장으로 표현한다.	10월 2주	관찰평가 서술평가
통합	바생	가을1-2. 현규의 추석	[2바06-02] 추수하는 사람들의 수고에 감사하는 태도를 기른다.	10월 3주	관찰평가 자기평가
	슬생	가을1-2. 현규의 추석	[2슬06-03] 추석에 대해 알아보고 다른 세시풍속과 비교한다.	10월 1주	관찰평가 구술평가
	즐생	가을1-2. 현규의 추석	[2즐06-03] 여러 가지 민속놀이를 한다.	10월 4주	관찰평가 상호평가

			나라사랑		
교과	영역	단원	핵심성취기준	평가시기	평가방법
국어	듣말	6. 고운 말을 해요	[2국01-01] 상황에 어울리는 인사말을 주고받는다.	11월 3주	관찰평가 자기평가
통합	바생	겨울1-1. 여기는 우리나라	[2바07-01] 우리와 북한이 같은 민족임을 알고, 통일의지를 다진다.	11월 5주	관찰평가 자기평가
	슬생	겨울1-1. 여기는 우리나라	[2슬07-01] 우리나라의 상징과 문화를 조사하여 소개하는 자료를 만든다.	11월 3주	관찰평가
	즐생	겨울1-1. 여기는 우리나라	[2즐07-02] 남북한에서 하는 놀이를 하고, 통일을 바라는 마음을 다양하게 표현한다.	11월 4주	관찰평가 상호평가

			나눔사랑		
교과	영역	단원	핵심성취기준	평가시기	평가방법
국어	문학	9. 겪은 일을 글로 써요	[2국05-04] 자신의 생각이나 겪은 일을 시나 노래, 이야기 등으로 표현한다.	12월 3주	관찰평가
통합	바생	겨울1-2. 우리들의 겨울	[2바08-01] 상대방을 배려하며 서로 돕고 나누는 생활을 한다.	12월 3주	관찰평가 상호평가
	슬생	겨울1-2. 우리들의 겨울	[2슬08-02] 겨울철에 쓰이는 생활도구의 종류와 쓰임을 조사한다.	12월 1주	구술평가
	즐생	겨울1-2. 우리들의 겨울	[2즐08-01] 겨울의 모습과 느낌을 창의적으로 표현한다.	12월 3주	관찰평가

세상의 가치와
자연의 이치를 생각하는 프로젝트

1 학급 교육과정 운영관

비전

세상의 가치와 자연의 이치를 생각하는 2학년

학년 교육과정

바른 인성과 창의융합 교육으로 행복한 2학년

학급 교육과정 운영철학

바른 인성(교육의 형식)

- 가정-학교-사회
- 생활 속 자연스러운 체화 · 체득
- 더불어 사는 사람, 자주적인 사람
- 의사소통 역량, 공동체 역량, 자기 관리 역량
- 정의에 대한 인식
  (자유 vs.평등 / 경쟁에 대한 입장)

창의융합 역량(교육의 내용)

- 인문사회-자연과학-실용예술
- 교육과정 속에서의 학습 · 구성
- 창의적인 사람, 교양 있는 사람
- 창의적 사고역량, 지식정보처리 역량, 심미적 감성역량
- 진리에 대한 접근
  (절대 vs.상대 / 평가에 대한 방향)

| 운영
목표 | … | • 세상(생활주변, 공간)의 가치(價値) 인식
• 자연(동물·식물, 시간)의 이치(理致) 이해 |

| 운영기반 | … | • 세상(생활주변, 공간)의 탄생(가족) - 성장(학교) - 조화(마을) - 재생(세상) 개념과 가치
  탐구
• 자연(동식물, 시간)의 탄생(봄) - 성장(여름) - 조화(가을) - 재생(겨울) 과정 속 이치 탐구 |

| 프로젝트
접근기반 | … | • 2학년 교육과정 및 학생 특성 고려
• 세상(생활주변)과 자연(동식물)의 가치와 이치에 대한 배움 접근 |

프로젝트 기반 주제 중심 교육과정 개요			
구분		세상의 가치	자연의 이치
프로젝트 1. 탄생	관련 교과	가족의 가치 (가족, 국어, 창체)	생명의 이치 (봄, 국어, 창체)
	성취목표 (핵심역량)	소중한 가족 인식 (공동체 역량)	신비한 생명 이해 (지식정보처리 역량)
프로젝트 2. 성장	관련 교과	학교의 가치 (학교, 국어, 창체)	성장의 이치 (여름, 국어, 창체)
	성취목표 (핵심역량)	행복한 학교 인식 (자기관리 역량)	성장의 과정 이해 (심미적 감성역량)
프로젝트 3. 조화	관련 교과	직업의 가치 (마을, 국어, 창체)	균형의 이치 (가을, 국어, 창체)
	성취목표 (핵심역량)	다양한 직업 인식 (공동체 역량)	생태계의 균형 이해 (심미적 감성역량)
프로젝트 4. 재생	관련 교과	세상의 가치 (나라, 국어, 창체)	인류의 이치 (겨울, 국어, 창체)
	성취목표 (핵심역량)	세계의 문화 인식 (공동체 역량)	인간과 미래 연관 (창의적 사고역량)

프로젝트 미포함 교육과정	
운영기반	• 국가 및 학교 수준 교육과정 기반 교과 및 창의적 체험활동 운영

1학기				
대주제	소주제	선정 이유	구성 중점 (◎지식 ◆역량 ▶산출물)	편성 교과
탄생	소중한 가족 - 가족의 소중함 알기	2학년 교육과정의 공간적 구성은 가족-학교-동네-세계의 영역으로 확장된다. 그중에서 첫 번째 영역인 가족을 주제로 가족구성원들의 삶을 이야기 나누면서 가족의 소중함이라는 가치를 인식시키고자 함.	◎ 가족의 사랑, 가족의 소중함, 가족구성원의 역할 등 ◆ 공동체 역량 ▶ 가족사랑에 대한 주제 발표	국어 통합 창체
탄생	신비한 생명 - 봄철 새싹 관찰하기	2학년 교육과정의 시간적 구성은 봄-여름-가을-겨울의 흐름을 지니고 있다. 그중에서 첫 번째 영역인 봄에 대한 초점을 생명이 시작되는 모습을 관찰하면서 생명의 신비에 대해 관심을 갖게 하고자 함.	◎ 봄철 새싹의 모습, 봄철 날씨, 봄철 동식물의 변화 등 ◆ 지식정보처리 역량 ▶ 봄철 동식물 관찰일지	국어 통합 창체
성장	행복한 학교 - 진정한 학생과 친구	두 번째 공간 영역인 학교라는 주제에서 나에게 주어진 학생으로서의 역할과 친구로서의 모습을 살펴보면서 바람직한 나에 대해 인식하게 하고자 함.	◎ 바람직한 나의 모습, 진정한 친구, 학생의 역할 등 ◆ 자기관리 역량 ▶ 학교생활 보고서	국어 통합 창체
성장	성장의 과정 - 아름다운 성장의 모습	두 번째 시간 영역의 흐름인 성장이라는 주제에서는 동물과 식물들의 성장 과정에 대한 관찰과 탐구를 통해 아름다운 성장의 과정을 이해하게 하고자 함.	◎ 나의 성장 모습, 동물의 성장 모습, 식물의 성장 모습 등 ◆ 심미적 감성역량 ▶ 성장 동요발표회, 앨범 전시회	국어 통합 창체

2학기				
대주제	소주제	선정 이유	구성 중점 (◎지식 ◆역량 ▶산출물)	편성 교과
조화	다양한 직업 - 행복한 동네 만들기	1학기 가족과 학교의 공간에서 확장하여 동네 시설 및 이웃 주민들의 직업에 대해 알아보고 직업의 소중함과 가치를 인식시키고자 함.	◎ 동네 공공기관, 주변의 직업, 직업의 소중함 등 ◆ 공동체 역량 ▶ 직업체험부스, 박람회	국어 통합 창체
	생태계 균형 - 풍성한 가을 즐기기	가을이라는 시간의 흐름을 주제로 날씨에 따른 생활 모습의 변화와 가을에 볼 수 있는 낙엽, 열매 등을 숲 체험과 함께 관찰하고 탐구하며, 그 느낌을 다양한 활동으로 표현해보도록 하고자 함.	◎ 가을 날씨, 가을의 변화 모습, 가을 느낌 표현 등 ◆ 심미적 감성역량 ▶ 가을 북카페, 시낭송회	국어 통합 창체
재생	세계의 문화 - 함께 사 는 세상 만들기	세계 여러 나라 사람들의 다양한 생활모습을 살펴보고 각각의 모습이 지닌 다양한 문화를 존중하는 태도를 기르며, 세계 여러 나라 문제에 대해 관심을 지니게 하고자 함.	◎ 세계 여러 나라 모습, 다양한 문화, 세계의 문제 등 ◆ 공동체 역량 ▶ 세계난민돕기 바자회	국어 통합 창체
	인간과 미래 - 과거로 부터 미래까지	겨울철 동식물이 겨울 환경에 적응하며 자연의 일부로써 함께 더불어 생활함을 알게 하고, 과거로부터 현재까지 이어지는 자연의 이치와 세상의 가치에 대해 생각하도록 함.	◎ 겨울 날씨, 겨울철 동식물의 적응 모습, 과거와 현재, 미래에 대한 보편성 등 ◆ 창의적 사고역량 ▶ 인류의 삶 연극발표회	국어 통합 창체

대주제	탄생	운영기간	3월 1주 ~ 5월 4주

핵심역량 교과역량	▶ 공동체 역량, 지식정보처리 역량 ▶ 국어: 공동체·대인관계 역량, 자기성찰·계발 역량, ▶ 통합: 자기관리 역량, 창의적 사고역량
일반화	▶ 가족의 소중함에 대해 인식한다. ▶ 봄의 특징에 대해 안다.
핵심개념	▶ 국어: 생각의 효과적인 표현 ▶ 통합: 가족의 소중함, 봄의 특징 ▶ 창체: 생활 안전
운영목표	가족의 소중함 인식, 생명의 신비로움 이해

운영방향 ᄉ - 사실 조사 및 관찰, ᄀ - 개념 및 분석, ᄂ - 논쟁거리, ᄉ - 실제 경험 및 제작						
탐구 과정	탐구질문 1	▶	탐구질문 2	▶	탐구질문 3	▶
	생각 조사하기		생각 연결 및 관계짓기		더 생각하고 실천하기	
프로젝트 1. 가족이란 무엇인가?	▶ 부모란 무엇일까? ᄉ ▶ 자녀란 무엇일까? ᄉ		▶ 부모자녀 관계에서 중 요한 것은? ᄀᄂ		▶ 부모자녀 관계를 개선 하기 위한 방법은? ᄉ	
	통-가족의 형태와 역할 조사 하기 안-생활 속 안전수칙 실천 하기		통-가족구성원의 역할과 고마움 알기		통-가족을 위해 내가 할 수 있는 일 찾아 실천 하기 안-생활에 필요한 규칙 정하기	

탐구 과정	탐구질문 1	▶	탐구질문 2	▶	탐구질문 3	▶
	생각 조사하기		생각 연결 및 관계짓기		더 생각하고 실천하기	
프로젝트 2. 생명이란 무엇인가?	▶ 생명이란 무엇일까? (사) ▶ 봄에 볼 수 있는 동식물은 무엇일까? (사)		▶ 봄이 지닌 특징은 무엇일까? (개)(논)		▶ 봄철 동식물은 어떠한 변화를 보일까? (실)	
	통-봄철에 볼 수 있는 동식물 알기		통-봄의 특징 알기		통-봄철에 볼 수 있는 동식물을 선정하여 변화 모습 관찰하기	
결과물	▶ 가족사랑 음악 발표회 ▶ 생활 속 안전규칙 제작 ▶ 봄철 동식물 관찰 결과 발표 및 전시회					
평가계획	▶ 부모자녀 관계와 역할을 알고 고마운 마음을 표현하고 실천할 수 있는가? ▶ 일상생활에 필요한 규칙과 약속을 정하고 실천할 수 있는가? ▶ 봄철 동식물의 변화모습에 대해 관찰하여 그 특징을 발표할 수 있는가?					

관련 교과	성취기준	내용요소
국어 (30차시)	• [2국01-03]자신의 감정을 표현하며 대화를 나눈다. • [2국02-04]글을 읽고 인물의 처지와 마음을 짐작한다. • [2국03-04]인상 깊었던 일에 대한 생각과 느낌을 쓴다. • [2국05-04]자신의 생각이나 겪은 일을 시, 노래, 이야기 등으로 표현한다.	• 올바른 대화하기 • 내용 파악하기 • 생각과 느낌 표현하기
슬생 (30차시)	• [2슬03-02] 나와 가족, 친척의 관계를 알고 친척과 함께 하는 행사나 활동을 조사한다. • [2즐03-02] 가족이나 친척이 함께 한 일을 다양한 방법으로 표현한다. • [2슬03-04] 가족 형태 따른 구성원 다양한 역할 알아본다. • [2즐03-04] 가족구성원으로 역할놀이를 한다.	• 가족의 형태 • 가족구성원의 역할 • 가족의 고마움
즐생 (30차시)	• [2슬02-03] 봄이 되어 볼 수 있는 다양한 동식물을 찾아본다. • [2슬02-04] 봄에 씨앗이나 모종을 심어 기르면서 식물이 자라는 모습을 관찰한다. • [2즐02-03] 봄에 볼 수 있는 동식물을 다양하게 표현한다. • [2즐02-04] 여러 가지 놀이나 게임을 하면서 봄 나들이를 즐긴다.	• 봄의 특징 • 봄철 동식물의 변화 • 봄의 아름다움
안전 (10차시)	• [2안01-04] 가정에서 발생하는 사고의 종류를 알고 안전하게 생활한다. • [2안01-08] 일상생활에서 접하게 되는 여러 가지 시설물의 위험요인을 알고 안전하게 이용한다.	• 생활 속 안전규칙 • 생활용품의 안전한 사용

대주제	성장	운영기간	6월 1주 ~ 7월 4주

핵심역량 교과역량	▸ 자기관리 역량, 심미적 감성역량 ▸ 국어: 자기성찰·계발 역량, 자료·정보활용 역량, 공동체·대인관계 역량 ▸ 통합: 자기관리 역량, 심미적 감성역량
일반화	▸ 행복한 학교생활에 대해 생각한다. ▸ 건강한 성장을 위해 필요한 것을 안다.
핵심개념	▸ 국어: 생각의 효과적인 표현 ▸ 통합: 행복한 학교, 건강한 성장, 진정한 친구, 여름의 특징 ▸ 창체: 생활 안전
운영목표	행복한 학교생활 인식, 건강한 성장의 과정 이해

운영방향 ㉘ - 사실 조사 및 관찰, ㉙ - 개념 및 분석, ㉛ - 논쟁거리, ㉚ - 실제 경험 및 제작			
탐구 과정	탐구질문 1 ▸	탐구질문 2 ▸	탐구질문 3 ▸
	생각 조사하기	생각 연결 및 관계짓기	더 생각하고 실천하기
프로젝트 1. 행복한 학교란 무엇인가?	▸ 학교란 무엇일까? ㉘ ▸ 친구란 무엇일까? ㉘	▸ 친구 관계에서 중요한 것은? ㉙㉛	▸ 행복한 학교를 만들기 위한 방법은? ㉚
	통-학교의 역할, 친구의 모습 알아보기 안-생활 속 안전수칙 실천하기	통-진정한 친구의 역할과 모습 알기	통-친구를 위해 내가 할 수 있는 일 찾아 실천하기 안-생활에 필요한 규칙 정하기

탐구 과정	탐구질문 1	▶	탐구질문 2	▶	탐구질문 3	▶
	생각 조사하기		생각 연결 및 관계짓기		더 생각하고 실천하기	
프로젝트 2. 건강한 성장이란 무엇인가?	▶ 성장이란 무엇일까? ㉔ ▶ 여름철 동식물의 모습은 무엇일까? ㉔		▶ 여름이 지닌 특징은 무엇일까? ㉞㉷		▶ 여름철 건강한 생활을 위해 우리가 노력해야 할 것은 어떤 것들이 있을까? ㉾	
	통-여름철 동식물의 변화모 습 알기		통-여름의 특징 알기		안-여름철 건강한 생활을 위해 지켜야 하는 규 칙 정하기	
결과물	▶ 친구사랑 동요제 ▶ 여름철 안전규칙 제작 ▶ 행복하고 안전한 학교생활 캠페인 및 전시회					
평가계획	▶ 진정한 친구의 모습과 역할을 알고 고마운 마음을 표현하고 실천할 수 있는가? ▶ 계절의 특징을 알고 그 특징을 발표할 수 있는가? ▶ 여름철 안전한 생활을 위해 필요한 규칙과 약속을 정하고 실천할 수 있는가?					

관련 교과	성취기준	내용요소
국어 (30차시)	• [2국01-05]말하는 이와 말의 내용에 집중하며 듣는다. • [2국02-04]글을 읽고 인물의 처지와 마음을 짐작한다. • [2국03-02]자신의 생각을 문장으로 표현한다. • [2국03-04]인상 깊었던 일이나 겪은 일에 대한 생각이 나 느낌을 쓴다. • [2국01-03]자신의 감정을 표현하며 대화를 나눈다. • [2국05-04]자신의 생각이나 겪은 일을 시, 노래, 이야 기 등으로 표현한다.	• 올바른 대화하기 • 내용 파악하기 • 생각과 느낌 표현 하기
슬생 (30차시)	• [2슬01-02] 여러 친구의 다양한 특성을 이해하고 친구 와 잘 지내는 방법을 알아본다. • [2슬04-03] 여름에 볼 수 있는 동식물을 살펴보고 그 특징을 탐구한다.	• 친구의 의미 • 진정한 친구의 역할 • 여름의 특징
즐생 (30차시)	• [2즐01-04] 나의 흥미와 재능 등을 표현하는 공연·전 시 활동을 한다. • [2즐04-03] 여름에 볼 수 있는 동식물을 다양하게 표현 하고 감상한다. • [2즐04-04] 여름에 할 수 있는 여러 가지 놀이를 한다.	• 여름의 아름다움 • 여름철 동식물의 변화 • 여름철 놀이
안전 (10차시)	• [2안01-03] 운동장이나 놀이터에서의 위험요인을 알고 안전하게 놀이한다. • [2안01-09] 공중위생을 지키기 위한 여러 가지 방법을 알고 생활에서 실천한다. • [2안02-05] 자동차에서의 안전수칙을 알고 실천한다. • [2안02-06] 대중교통을 안전하게 이용하는 방법을 알 고 실천한다.	• 생활 속 안전규칙 • 여름철 물놀이 안전

대주제	조화	운영기간	9월 1주 ~ 10월 4주

핵심역량 교과역량	▶ 공동체 역량, 심미적 감성역량 ▶ 국어: 의사소통 역량, 공동체·대인관계 역량, 문화향유 역량 ▶ 통합: 지식정보처리 역량, 심미적 감성역량
일반화	▶ 다양한 직업의 종류를 안다. ▶ 가을의 아름다움을 느끼고 표현한다.
핵심개념	▶ 국어: 생각의 효과적인 표현 ▶ 통합: 직업의 다양성, 직업의 소중함, 가을의 특징, 가을의 아름다움 ▶ 창체: 재난 안전
운영목표	다양한 직업의 종류와 소중함 인식, 가을의 조화로운 아름다움 인식

운영방향 ㉛ - 사실 조사 및 관찰, ㉑ - 개념 및 분석, ㉚ - 논쟁거리, ㉣ - 실제 경험 및 제작						
탐구 과정	탐구질문 1	▶	탐구질문 2	▶	탐구질문 3	▶
	생각 조사하기		생각 연결 및 관계짓기		더 생각하고 실천하기	
프로젝트 1. 이웃과 직업이란 무엇인가?	▶ 이웃이란 무엇일까? ㉛ ▶ 직업이란 무엇일까? ㉛		▶ 이웃과의 관계에서 중요한 것은? ㉑㉚ ▶ 주변의 다양한 직업은 왜 필요할까? ㉑㉚		▶ 하고 싶은 직업을 갖기 위해 내가 실천할 수 있는 방법은? ㉣	
	통-이웃의 모습, 직업의 종류 알아보기 안-생활 속 안전수칙 실천하기		통-이웃과 지켜야 할 예절 알기 통-주변의 다양한 직업의 필요성 인식하기		통-꿈을 이루기 위해 내가 할 수 있는 일 찾아 실천하기 안-생활에 필요한 규칙 정하기	

탐구 과정	탐구질문 1	▶	탐구질문 2	▶	탐구질문 3	▶
	생각 조사하기		생각 연결 및 관계짓기		더 생각하고 실천하기	
프로젝트 2. 조화와 균형이란 무엇인가?	▶ 가을이란 무엇일까? (사) ▶ 조화로움의 모습은 무엇일까? (사)		▶ 가을이 지닌 특징은 무엇일까? (개)(논)		▶ 가을의 아름다움을 표현하는 방법은 어떤 것들이 있을까? (실)	
	통-가을의 모습 관찰하기		통-가을의 특징 알기		통-다양한 방법으로 가을의 아름다움 표현하기	
결과물	▶ 직업체험부스 운영 ▶ 가을의 아름다움 시 낭송회 ▶ 조화롭고 아름다운 가을작품 전시회					
평가계획	▶ 이웃과 지켜야 할 예절을 알고 실천할 수 있는가? ▶ 꿈을 이루기 위해 내가 할 수 있는 실천계획을 세워 노력하는가? ▶ 가을의 특징과 아름다움을 다양하게 표현할 수 있는가?					

관련 교과	성취기준	내용요소
국어 (30차시)	• [2국03-04]인상 깊었던 일이나 겪은 일에 대한 생각이나 느낌을 쓴다. • [2국03-05]쓰기 흥미를 가지고 즐겨 쓰는 태도 지닌다. • [2국01-03]자신의 감정을 표현하며 대화를 나눈다. • [2국02-04]글을 읽고 인물의 처지와 마음을 짐작한다. • [2국05-04]자신의 생각이나 겪은 일을 시나 노래, 이야기 등으로 표현한다. • [2국01-04]듣는 이 바라보며 바른 자세, 자신 있게 말한다. • [2국01-06]바르고 고운 말로 말하는 태도를 지닌다	• 올바른 대화하기 • 내용 파악하기 • 생각과 느낌 표현하기
슬생 (30차시)	• [2슬05-03] 동네 모습 관찰하고, 그림으로 그려 설명한다. • [2슬06-02] 여러 자료를 활용하여 가을 특징을 파악한다. • [2슬06-04] 가을에 볼 수 있는 것을 살펴보고, 특징에 따라 무리 짓는다.	• 이웃의 의미 • 주변의 직업 • 가을의 특징
즐생 (30차시)	• [2즐06-02] 가을과 관련한 놀이를 한다. • [2즐06-04] 가을 낙엽, 열매 등을 소재로 다양하게 표현한다.	• 가을의 아름다움 • 다양한 표현 놀이
안전 (10차시)	• [2안04-01] 화재가 발생하는 요인을 알고 예방하는 생활을 한다. • [2안04-02] 화재 발생 시의 대피 방법을 알고 안전하게 행동한다. • [2안04-03] 지진, 황사, 미세먼지 등의 위험성을 알고 상황 발생 시 대처 방법을 적용한다.	• 생활 속 안전규칙 • 재난발생 시 행동요령

대주제	재생	운영기간	11월 1주 ~ 12월 4주

핵심역량 교과역량	▶ 공동체 역량, 창의적 사고역량 ▶ 국어: 공동체 · 대인관계 역량, 문화향유 역량, 비판적 · 창의적 사고역량 ▶ 통합: 의사소통 역량, 창의적 사고역량
일반화	▶ 세계 여러 나라와 문화의 다양성에 대해 안다. ▶ 과거로부터 현재까지 소중한 가치들을 인식한다.
핵심개념	▶ 국어: 생각의 효과적인 표현 ▶ 통합: 세계 여러 나라, 세계의 다양한 문화, 겨울의 특징, 동식물의 겨울나기 ▶ 창체: 재난 안전
운영목표	세계 여러 나라와 문화의 다양성 인식, 동서고금을 넘어서는 가치와 이치 인식

운영방향 ⓐ - 사실 조사 및 관찰, ⓖ - 개념 및 분석, ⓝ - 논쟁거리, ⓢ - 실제 경험 및 제작						
탐구 과정	탐구질문 1	▶	탐구질문 2	▶	탐구질문 3	▶
	생각 조사하기		생각 연결 및 관계짓기		더 생각하고 실천하기	
프로젝트 1. 다양한 문화란 무엇인가?	▶ 세계에는 어떤 나라들이 있을까? ⓐ ▶ 세계에는 어떤 문화들이 있을까? ⓐ		▶ 세계인들과의 관계에서 중요한 것은 무엇일까? ⓖⓝ		▶ 세계인들과 더불어 함께 살아가기 위해 내가 실천할 수 있는 노력은? ⓢ	
	통-세계 여러 나라, 다양한 문화 알아보기 안-생활 속 안전수칙 실천하기		통-세계인들과 지켜야 할 예절 알기		통-지속가능한 인류로 나아가기 위해 내가 할 수 있는 일 찾아 실천하기 안-생활에 필요한 규칙 정하기	

탐구 과정	탐구질문 1	▶	탐구질문 2	▶	탐구질문 3	▶
	생각 조사하기		생각 연결 및 관계짓기		더 생각하고 실천하기	
프로젝트 2. 인류의 가치란 무엇인가?	▶ 인류란 무엇일까? ㉑ ▶ 가치란 무엇일까? ㉑		▶ 겨울이 지닌 특징은 무엇일까? ㉖㉗ ▶ 동식물은 겨울을 어떻 게 극복할까? ㉖㉗		▶ 인류가 지속해 나가려 면 어떠한 가치를 지 키기 위해 노력해야 할 까? ㉘	
	통-인류의 변화 모습 알아보 기, 인류가 중요시했던 가치 조사하기		통-겨울의 특징과 동식 물의 겨울나기 방법 알기		통-인류가 지켜 나가야 할 가치를 정해 실천 하기	
결과물	▶ 세계 여러 나라 체험부스 운영 ▶ 겨울철 동식물의 겨울나기 전시회 ▶ 세계 난민돕기 캠페인 ▶ 인류와 가치 연극 발표회					
평가계획	▶ 세계 여러 나라 사람들에 대한 기본예절을 알고 있는가? ▶ 인류가 함께 살아가기 위해 가져야 할 마음과 행동 노력을 기울이는가? ▶ 겨울철 동식물의 겨울나기에 대해 알고 있는가?					

관련 교과	성취기준	내용요소
국어 (30차시)	• [2국02-03]글을 읽고 주요 내용을 확인한다. • [2국01-04]듣는 이를 바라보며 바른 자세 자신 있게 말 한다. • [2국01-06]바르고 고운 말 사용하여 말하는 태도를 지 닌다. • [2국05-01]느낌과 분위기를 살려 그림책, 시나 노래, 짧은 이야기를 들려주거나 듣는다. • [2국05-02]인물의 모습, 행동, 마음을 상상하며 그림 책, 시나 노래, 이야기를 감상한다. • [2국05-04]자신의 생각이나 겪은 일을 시나 노래, 이야 기 등으로 표현한다.	• 올바른 대화하기 • 내용 파악하기 • 생각과 느낌 표현하기
바생 (10차시)	• [2바07-02]다른 나라의 문화를 존중하고 공감하는 태 도를 기른다. • [2바08-02] 생명을 존중하며 동식물을 보호한다.	• 문화의 다양성 인식 • 생명 존중
슬생 (20차시)	• [2슬07-03] 내가 알고 싶은 나라를 조사하여 발표한다. • [2슬08-03] 동식물의 겨울나기 모습을 살펴보고, 좋아 하는 동물의 특성을 탐구한다.	• 세계의 여러 나라 • 동식물의 겨울나기 • 겨울의 특징
즐생 (20차시)	• [2즐07-03] 다른 나라의 문화를 나타내는 작품을 전 시·공연하고 감상한다. • [2즐08-04] 건강한 겨울나기 위해 규칙적으로 운동한다.	• 다른 나라의 문화 • 겨울철 규칙적 운동
안전 (10차시)	• [2안04-01] 화재가 발생하는 요인을 알고 예방하는 생 활을 한다. • [2안04-02] 화재 발생 시의 대피 방법을 알고 안전하게 행동한다. • [2안04-04] 계절에 따른 자연 재난 발생 시의 행동요령 을 익혀 생활화한다.	• 생활 속 안전규칙 • 재난 발생 시 행동요령

교과	운영방향			핵심역량 및 기타 평가요소
	형태	성격 및 특징요소		
국어	전면 프로젝트	• 프로젝트 자료 탐색 및 표현 과정의 도구적 성격 • 구성원과의 상호작용 및 의사소통 기초 형성 • 주제 관련 지식 및 매체를 통한 비판적 사고 신장 • 프로젝트 산출물의 표현 도구		의사소통 역량 지식정보처리 역량 자기관리 역량 공동체 역량 창의적 사고역량
수학	일반 교육과정	• 개념 이해 탐구 수학 • 사고력 중심의 원리 탐구 • 생활과 상호작용하는 실용 수학 • 생활과 연계한 체험형 수학		지식정보처리 역량 창의적 사고역량
바생	전면 프로젝트	• 프로젝트 주제 및 내용의 가치요소 • 프로젝트 과정에서의 탐구 가치 역할 • 프로젝트를 통한 생활 실천의식의 기반		공동체 역량 자기관리 역량
슬생	전면 프로젝트	• 프로젝트 과제의 핵심적인 탐구 제재 • 자연 현상을 사회 인문학적으로 접근 • 인문학과 자연과학을 철학적으로 연계		창의적 사고역량 지식정보처리 역량
즐생	전면 프로젝트	• 프로젝트의 심미적 감성 도출 및 공감 • 프로젝트의 산출물 제작 및 제작 매개체 • 프로젝트 산출물의 미적 형상화		심미적 감성역량 공동체 역량
창체	부분 프로젝트	• 프로젝트 관련 체험형 교육으로 심화 • 프로젝트와 안전 연계 교육으로 심화		의사소통 역량 지식정보처리 역량 자기관리 역량 공동체 역량 창의적 사고역량

탄생						
소주제	교과	영역	단원	핵심성취기준	평가시기	평가방법
가족	바생	가족	3. 이런 가족 저런 가족	[2바03-02]가족의 형태와 문화가 다양함을 알고 존중한다.	5월 3주	자기평가
	슬생			[2슬03-04]가족의 형태에 따른 구성원의 다양한 역할을 알아본다.	5월 3주	관찰평가 자기평가
	즐생			[2즐03-04]가족구성원이 하는 역할에 대해 놀이를 한다.	5월 3주	관찰평가 상호평가
	국어	듣기·말하기	2. 자신 있게 말해요	[2국01-04]듣는 이를 바라보며 바른 자세로 자신 있게 말한다.	3월 4주	관찰평가
	창체	생활안전	-	[2안01-04] 가정에서 발생하는 사고의 종류를 알고 안전하게 생활한다.	3~5월	관찰평가 자기평가
		교통안전	-	[2안02-01] 신호등과 교통 표지판을 알고 바르게 길을 건넌다.	3~5월	관찰평가 자기평가
생명	바생	봄	2. 봄이 오면	[2바02-01]봄철 날씨 변화를 알고 건강수칙을 스스로 지키는 습관을 기른다.	4월 4주	체크리스트
	슬생			[2슬02-01]봄 날씨의 특징과 주변의 생활 모습을 관련짓는다.	4월 4주	서술평가
	즐생			[2즐02-01]봄의 모습과 느낌을 창의적으로 표현한다.	4월 4주	관찰평가 상호평가
	국어	문학	6. 차례대로 말해요	[2국05-04]자신의 생각이나 일을 시나 노래, 이야기 등으로 표현한다.	5월 2주	관찰평가 자기평가
	창체	생활안전	-	[2안01-03] 운동장이나 놀이터에서의 위험요인을 알고 안전하게 놀이한다.	3~4월	관찰평가 자기평가
		교통안전	-	[2안02-04] 자전거를 탈 때 보호 장구를 착용하고 안전한 장소에서 탄다.	3~4월	관찰평가 자기평가

성장						
소주제	교과	영역	단원	핵심성취기준	평가시기	평가방법
학교	바생	학교와 나	1. 알쏭달쏭 나	[2바01-02]몸과 마음을 건강하게 유지한다.	6월 3주	체크리스트
	슬생			[2슬01-04]나의 과거와 현재 모습을 통해서 재능과 흥미를 찾고, 이에 근거하여 미래의 모습을 예상한다.	6월 3주	관찰평가 상호평가
	즐생			[2즐01-04]나의 흥미와 재능 등을 표현하는 공연·전시 활동을 한다.	6월 3주	관찰평가 포트폴리오
	국어	쓰기	9. 생각을 생생하게 나타내요	[2국03-02]자신의 생각을 문장으로 나타낸다.	6월 4주	포트폴리오 서술평가
	창체	생활 안전	-	[2안01-08] 일상생활에서 접하게 되는 여러 가지 시설물의 위험요인을 알고 안전하게 이용한다.	6~7월	관찰평가 자기평가
		교통 안전	-	[2안02-05] 자동차에서의 안전수칙을 알고 실천한다.	6~7월	관찰평가 자기평가
성장	바생	여름	4. 초록이의 여름여행	[2바04-02]여름 생활을 건강하고 안전하게 할 수 있도록 계획을 세워 실천한다.	7월 3주	관찰평가
	슬생			[2슬04-03]여름에 볼 수 있는 동식물을 살펴보고 그 특징을 탐구한다.	7월 3주	관찰평가 자기평가
	즐생			[2즐04-04]여름에 할 수 있는 여러 가지 놀이를 한다.	7월 3주	관찰평가 상호평가
	국어	문법	7. 친구들에게 알려요	[2국04-02]소리와 표기가 다를 수 있음을 알고 낱말을 바르게 읽고 쓴다.	5월 5주	포트폴리오 서술평가
	창체	생활 안전	-	[2안01-09] 공중위생을 지키기 위한 여러 가지 방법을 알고 생활에서 실천한다.	6~7월	관찰평가 자기평가
		교통 안전	-	[2안02-06] 대중교통을 안전하게 이용하는 방법을 알고 실천한다.	6~7월	관찰평가 자기평가

조화						
소주제	교과	영역	단원	핵심성취기준	평가시기	평가방법
직업	국어	쓰기	2. 인상 깊었던 일을 써요	[2국03-04] 인상 깊었던 일이나 겪은 일에 대한 생각이나 느낌을 쓴다.	9월 2주	논술형평가 관찰 평가
	통합	즐생	1. 동네 한 바퀴	[2즐05-03]동네의 모습을 다양하게 표현한다.	8월5주	관찰평가 포트폴리오
		바생	1. 동네 한 바퀴	[2바05-02] 동네를 위해 할 수 있는 일을 찾아 실천하면서 일의 소중함을 안다.	9월 3주	논술형평가 관찰평가
		슬생	1. 동네 한 바퀴	[2슬05-04]동네 사람들이 하는 일, 직업 등을 조사하여 발표한다.	9월3주	포트폴리오 관찰평가
균형	국어	문학	5. 간직하고 싶은 노래	[2국05-04] 자신의 생각이나 겪은 일을 시나 노래, 이야기 등으로 표현한다.	10월 3주	논술형평가 관찰평가
	통합	슬생	2. 가을아 어디 있니	[2슬06-01]가을 날씨의 특징과 주변의 생활모습을 관련짓는다.	9월5주	포트폴리오
		즐생	2. 가을아 어디 있니	[2즐06-01]가을 낙엽, 열매 등을 소재로 다양하게 표현한다.	10월2주	관찰평가 포트폴리오
		바생	2. 가을아 어디 있니	[2바06-01] 사람들이 많이 모이는 곳에서 질서와 규칙을 지키며 생활한다.	10월 3주	관찰평가

재생						
소주제	교과	영역	단원	핵심성취기준	평가시기	평가방법
세계	국어	문법	6. 자세하게 소개해요	[2국04-02] 소리와 표기가 다를 수 있음을 알고 낱말을 바르게 읽고 쓴다.	11월 2주	서술형평가 관찰평가
세계	국어	듣기 · 말하기	8. 마음을 짐작해요	[2국01-06] 바르고 고운 말을 사용하여 말하는 태도를 지닌다.	11월 4주	관찰평가 논술형평가
세계	통합	슬생	1. 두근두근 세계여행	[2슬07-03]내가 알고 싶은 나라를 조사하여 발표한다.	10월5주	관찰평가 조사, 보고서
세계	통합	바생	1. 두근두근 세계여행	[2바07-02] 다른 나라의 문화를 존중하고 공감하는 태도를 기른다.	11월 2주	관찰평가
세계	통합	즐생	1. 두근두근 세계여행	[2즐07-04]다른 나라의 노래, 춤, 놀이를 즐기고 그 느낌을 다양하게 표현한다.	11월3주	관찰평가 상호평가
인류	국어	읽기	9. 주요 내용을 찾아요	[2국02-03] 글을 읽고 주요 내용을 확인한다.	12월 1주	관찰평가
인류	통합	바생	2. 겨울 탐정대의 친구 찾기	[2바08-02] 생명을 존중하며 동식물을 보호한다.	12월 2주	산출물평가 관찰평가
인류	통합	즐생	2. 겨울 탐정대의 친구 찾기	[2즐08-03]동물 흉내 내기 놀이를 한다.	12월2주	관찰평가 상호평가
인류	통합	슬생	2. 겨울 탐정대의 친구 찾기	[2슬08-03]동식물의 겨울나기 모습을 살펴보고, 좋아하는 동물의 특성을 탐구한다.	12월3주	관찰평가 서술형평가

행복한 미래로 함께 나아가는 F·I·T 프로젝트

1 학급 교육과정 운영관

비전

행복한 미래로 함께 나아가는 Forward Improve Together 프로젝트

학년 교육과정

세상과 더불어 살아가는 배움을 가꾸는 행복한 어린이

학급 교육과정 운영철학

- 행복한 미래를 함께 열어가는 미래 소비자 교육과정
- 프로젝트 학습을 통한 핵심역량 함양
- 나누고 베풀며 함께 자라는 배움 공동체 실현

운영 목표	…	관계와 공존, 나눔과 공유, 비판과 의사소통 과정을 통한 미래핵심역량(4C) 키우기 ① Critical Thinking(비판적 사고력) ② Creativity(창의력) ③ Communication Skills(의사소통 능력) ④ Collaboration(협업 능력)
운영기반	…	• 미래학, 인문학과 함께 하는 프로젝트 기반 학습 운영
프로젝트 접근기반	…	• 미래사회, 미래 신기술 및 직업교육 • 미래사회의 윤리교육 • 나, 너, 우리, 환경, 사회, 문화, 경제, 예술의 통합적 주제 • 인류의 지속가능성을 위한 배움 가치 추구

프로젝트 기반 주제 중심 교육과정 개요			
1 학 기	주제	**우리 고장 디자이너**	**또 하나의 가족**	Smart City
	소 주 제	우리 고장 이모저모	나의 사랑! 나의 가족!	교통과 통신
		나의 자랑! 우리 고장!	문화가 있는 이야기	미래는 행복한가?
2 학 기	주제	**환경과 삶**	**문화의 변화**	**함께하는 미래**
	소 주 제	우리 고장의 삶	도구와 문화	함께하는 가족
		절차적인 삶	전통문화와 예절	미래의 문화
		나와 다른 삶	절약과 소비의 문화	미래의 주인공

잠재적 교육과정 – 함께 걷는 교육활동			
아침활동	아침 독서	월~목요일 08:40~09:00		
	학급 자율활동 (하모니카)	금요일 08:40~09:00		
학급특색	독서활동	체험활동		토의토론
	- 프로젝트 관련 독 서활동 - 독서기록장 쓰기 - 추천도서 윤독하기	- 게임 및 교구를 활용한 다양한 체험활동 - 체육 시간을 활용한 신체활동		- 다양한 토의토론 기법활용 - FPSP(미래문제해결 프로그램)
프로젝트 연계활동	- 자아이해 및 진로탐색활동 - 사제동행 - 학예 · 학술 발표회, 테마조회 - 가을 산 오르기	- 학급 협동놀이(어울림 한마당) - 동요제 - 학급문집 제작 - 현장 체험학습		

1학기			
대주제	선정 이유	구성 중점 (◎지식 ◆역량 ▶산출물)	편성 교과
우리 고장 디자 이너	우리 고장의 모습을 살펴보고 증강현실과 가상 현실의 개념을 익히고 체험한다. 우리 고장의 현재 모습으로 지도를 그린 후, 그 위에 미래의 모습을 증강현실을 본떠 디자인한다. 이를 통해 고장의 환경을 종합적으로 이해하고 방위와 기 호의 개념을 익힌다. 고장을 단지 장소로만 국한하지 않고 고장을 이 루는 사람과의 연결을 통해 고장에 대한 생각을 넓히고 지식정보처리 역량, 공동체 역량, 의사 소통 역량을 함양한다.	◎고장의 생활모습 및 방위 와 기호의 개념 ◎증강현실의 원리와 활용 사례 ◆ 지식정보처리 역량, 의사 소통 역량, 공동체 역량 ▶ 우리 고장 미래 지도 ▶ 우리 고장 홍보책 ▶ 고장을 소개하는 글	국 (34) 사 (17) 도 (4) 미 (12) 창 (4)
또 하나의 가족	프로젝트를 통해 소중한 가족의 의미를 깨닫 고 부모님의 사랑을 더 깊이 알아간다. 인공지 능과 로봇, 스마트 홈 시스템에 대해 알아보고 우리 가족에게 필요한 로봇가족을 설계한다. 로봇과 인공지능이 보편화된 사회에서 발생 할 수 있는 갈등을 생각하고 해결 방안을 찾아 본다. 가족 놀이나 사진 찍기, 노래하기 등 가족과 활동하고 소통하는 과정을 통해 심미적 감성 과 공동체 역량을 함양한다.	◎가족의 의미와 사랑 ◎인공지능, 로봇의 원리와 활용사례, 스마트 홈 ◆ 자기관리 역량, 의사소통 역량, 심미적 감성역량, 창의적 사고역량, 공동체 역량 ▶ 가족사랑 동요제 ▶ 로봇 가족 설계도 ▶ FPSP 미래사회 제안서	국 (29) 사 (17) 도 (8) 미 (12) 창 (6)
Smart City	중심지에 대해 알아보고 미래 경제 중심지 모 형을 만들어본다. 고장의 중심지를 종합적으 로 이해하고, 특히 중심지의 경제적 특징을 통해 경제와 소비에 대한 기초적인 이해를 높 인다. 자율주행차나 하이퍼루프와 같은 미래의 이동 수단과 사물인터넷을 통한 스마트시티의 개념 을 살펴보고 미래 중심지 모형에 적용한다. 이 러한 과정을 통해 창의적 사고역량, 공동체 역 량 및 의사소통 능력을 함양한다.	◎경제 중심지의 특징과 착 한 소비 ◎사물인터넷과 스마트시티 ◎미래의 이동, 통신 수단 ◆ 자기관리 역량, 지식정보 처리 역량, 의사소통 역 량, 창의적 사고역량, 공 동체 역량 ▶ 미래 중심지 모형 ▶ 착한 화폐 ▶ 에세이	국 (37) 사 (17) 도 (5) 미 (10) 창 (4)

2학기			
대주제	선정 이유	구성 중점 (◎지식 ◆역량 ▶산출물)	편성 교과
환경과 삶	-프로젝트를 통해 자연환경과 인문환경의 개념을 알고 환경이 사람들의 삶에 큰 영향을 끼침을 이해함으로써 환경, 진로, 미래사회를 연결하여 생각한다. -언플러그드 교육, 엔트리코딩 교육의 소프트웨어 교육을 통해 절차적 사고력을 신장시킨다. -작품 속 인물의 삶, 인간이 아닌 동물이나 로봇들의 삶과 나의 삶을 비교하면서 그 속에서 올바른 자아를 발현하고 자아효능감을 높인다.	◎ 환경에 대한 이해 및 삶에 대한 성찰과 실천 ◆지식정보처리 역량, 자기관리 역량, 공동체 역량 ▶프로젝트산출물: 엔트리 프로젝트, 동물의 특징을 활용한 동물로봇 설계도, 작품 속 인물의 삶으로 만든 이야기극장	국 (30) 사 (17) 도 (4) 미 (12) 체 (4) 창 (16)
문화의 변화	-시대마다 변화하는 사람들의 도구와 생활모습을 살펴보고 특히 과거와 오늘날의 의식주문화 비교를 통해 변화방향을 탐색하고 공통점과 차이점을 분석할 수 있는 안목을 기른다. -옛날과 오늘날의 세시풍속과 언어예절, 공공장소의 규칙을 알아보고 문화인으로서의 예절과 마음가짐을 생각한다. -절약의 중요성과 자원 관리의 필요성을 알아보고 계획을 세워 절약하는 삶을 실천한다. 이를 통해 합리적인 소비자의식과 자기관리 역량을 기른다.	◎시대에 따른 도구와 문화의 변화, 세시풍속과 언어예절, 자원과 시간 관리 ◆지식정보처리 역량, 의사소통 역량, 자기관리 역량 ▶프로젝트산출물: 언어예절 상황극, 한울반 놀이체험마당, 타임테이블과 용돈기입장, 알뜰나눔장터	국 (30) 사 (17) 도 (8) 미 (10)
함께 하는 미래	-과거와 오늘날의 결혼문화를 비교하고 다양한 가족의 형태와 생활모습을 살펴본다. 이를 통해 가족구성원의 바람직한 역할을 이해하고 실천한다. -미래를 배경으로 가족, 친구, 세상과 함께 성장하는 모습을 나의 모습을 표현하며 심미적 감성역량과 공동체 역량을 기른다. -환경, 문화, 언어 등 미래사회의 변화를 예측하고 미래의 삶을 대비할 수 있는 역량을 기른다.	◎다양한 가족의 형태와 가족구성원의 역할, 미래사회의 생활도구와 문화, 미래사회를 살아갈 자신의 모습과 가치 ◆창의적 사고역량, 심미적 감성역량, 공동체 역량 ▶프로젝트 산출물: 미래를 주제로 한 마임 또는 연극 발표, 다문화 축제	국 (30) 사 (17) 도 (5) 과 (11) 미 (12) 음 (12)

대주제	우리 고장 디자이너	운영기간	3월 1주 ~ 4월 2주

핵심역량 교과역량	▸ 지식정보처리 역량, 의사소통 역량 ▸ 국어-자료 · 정보 활용 역량 ▸ 사회-의사소통 및 협업 능력 ▸ 도덕-도덕적 공동체의식
일반화	▸ 고장의 특징을 설명하기 위해 중심문장과 뒷받침문장을 갖추어 문단을 쓴다. ▸ 고장과 생활모습이 관계있음을 보이기 위해 고장의 모습을 다양하고 자유롭게 표현한다.
핵심개념	▸ 국어: 중심문장과 뒷받침문장이 갖추어진 문단, 읽기 경험과 공유 ▸ 사회: 기호와 방위, 고장의 모습, 고장 사람들의 생활모습
운영목표	우리 고장의 모습을 살펴보고 증강현실과 가상현실의 개념을 익히고 체험한다. 우리 고장의 현재 모습으로 지도를 그린 후, 그 위에 미래의 모습을 증강현실을 본떠 디자인한다. 이를 통해 고장의 환경을 종합적으로 이해하고 방위와 기호의 개념을 익힌다. 고장을 단지 장소로만 국한하지 않고 고장을 이루는 사람과의 연결을 통해 고장에 대한 개념을 넓히고 고장이 내게 주는 의미를 생각해본다.

운영방향 ㉠ - 사실 조사 및 관찰, ㉡ - 개념 및 분석, ㉢ - 논쟁거리, ㉣ - 실제 경험 및 제작						
탐구 과정	탐구질문 1	▶	탐구질문 2	▶	탐구질문 3	▶
	생각 조사하기		생각 연결 및 관계짓기		더 생각하고 실천하기	
프로젝트 1. 우리 고장 이모저모	▸ 우리 고장은 어떤 모습인가? ㉠ ▸ 우리 고장의 자연환경은 어떠한가? ㉠		▸ 우리 고장의 자연환경과 사람들의 생활 모습은 어떤 관계가 있을까? ㉡ ▸ 우리 고장에 필요한 것은 무엇인가? ㉠㉡		▸ 미래 우리 고장의 변화된 모습을 어떻게 표현할까? ㉡㉣	
	국-고장의 특징 쓰기		사-고장과 사람의 관계		사-고장의 모습 표현	

탐구 과정	탐구질문 1	▶	탐구질문 2	▶	탐구질문 3	▶
	생각 조사하기		생각 연결 및 관계짓기		더 생각하고 실천하기	
프로젝트 2. 나의 자랑 우리 고장	▶ 우리 고장의 자랑거리는 무엇이 있을까?(사) ▶ 우리 고장의 주요 사건은 무엇인가? (사)		▶ 우리 고장의 과거와 현재 모습의 공통점과 차이점은 무엇일까? (사)(개) ▶ 과거에서 현재 달라진 사람들의 생활모습과 가치관은 무엇이 있을까? (사)(논)		▶ 우리 고장에서 나에게 가장 중요한 장소는 어디일까? (실) ▶ 고장을 위해 나는 무엇을 할 수 있을까? (실)	
	국-내용을 요약하며 듣기 사-고장의 자랑거리와 역사		사-생활모습의 변화상 탐색		국-중심내용을 요약하여 소개문 쓰기	
결과물	▶ 우리 고장 홍보물 만들기		▶ 우리 고장의 미래와 나의 삶(에세이)			
평가계획	▶ 우리 고장의 자랑거리와 특징을 설명하고 표현할 수 있는가? ▶ 고장의 미래와 나를 비롯한 사람들의 생활과 고장의 관계를 연결 지을 수 있는가?					

관련 교과	성취기준	내용요소
국어 (34차시)	• [4국02-05]읽기 경험과 느낌을 다른 사람과 나누는 태도를 지닌다. • [4국03-01]중심문장과 뒷받침문장을 갖추어 문단을 쓴다. • [4국01-05] 내용을 요약하며 듣는다.	• 중심문장과 뒷받침문장 • 읽기 경험 공유 • 요약하며 듣기
사회 (17차시)	• [4사01-01]우리 마을 또는 고장의 모습을 자유롭게 그려보고, 서로 비교하여 공통점과 차이점을 찾아 고장에 대한 서로 다른 장소감을 탐색한다. • [4사01-02]디지털 영상 지도 등을 활용하여 주요 지형지물들의 위치를 파악하고, 백지도에 다시 배치하는 활동을 통하여 마을 또는 고장의 실제 모습을 익힌다.	• 고장의 모습 • 지도와 방위

대주제	또 하나의 가족	운영기간	4월 2주 ~ 6월 1주

핵심역량 교과역량	▸ 자기관리 역량, 심미적 감성역량, 공동체 역량 ▸ 국어·의사소통 역량　▸ 사회·정보활용 능력　▸ 도덕·자기 존중 및 관리 능력
일반화	▸ 공동체 간의 소통을 위해서는 올바른 언어예절을 지키며, 읽는 이의 마음을 고려하여 자신의 마음을 표현한다. ▸ 고장에 대한 자긍심을 기르기 위해 문화유산과 역사적 유래를 설명한다. ▸ 가족을 사랑하고 감사하기 위해 가족 간에 지켜야 할 도리와 해야 할 일을 약속으로 정해 실천한다.
핵심개념	▸ 국어: 높임법과 언어예절 ▸ 사회: 고장의 문화유산, 역사와 유래 ▸ 도덕: 가족 간에 지켜야 할 도리와 약속
운영목표	소중한 가족의 의미를 깨닫고 가족 간의 사랑을 더 깊이 알아간다. 우리 가족의 보금자리인 고장의 옛이야기와 문화유산을 알아보고 미래 우리 고장의 모습을 설계한다. 가족 인터뷰, 가족과 무용연습, 가족사랑 동요 부르기, 부모님께 영상 편지 쓰기와 같은 가족과 함께 활동하고 예의를 지켜 소통함으로써 가족에 대해 더 깊은 관심을 갖고 가족사랑을 실천한다.

운영방향 ㉠ - 사실 조사 및 관찰, ㉯ - 개념 및 분석, ㉰ - 논쟁거리, ㉱ - 실제 경험 및 제작						
탐구 과정	탐구질문 1	▸	탐구질문 2	▸	탐구질문 3	▸
	생각 조사하기		생각 연결 및 관계짓기		더 생각하고 실천하기	
프로젝트 1. 나의 사랑 나의 가족	▸ 가족의 의미는 무엇일까?㉠ ▸ 스마트홈의 개념과 사례는 무엇일까?㉠		▸ 나와 가족의 관계는 무엇인가? ㉯ ▸ 우리 가족에게 나는 어떤 존재인가? ㉯		▸ 가족에게 필요한 것은 무엇일까? ㉱ ▸ 가족사랑을 실천하는 방법은 무엇일까? ㉱	
	도-가족의 의미와 관계		도-가족의 의미와 관계		국-높임법과 언어예절 도-가족 간의 약속 실천	

탐구 과정	탐구질문 1	▶	탐구질문 2	▶	탐구질문 3	▶
	생각 조사하기		생각 연결 및 관계짓기		더 생각하고 실천하기	
프로젝트 2. 문화가 있는 이야기	▸ 우리 고장의 문화유산은 무엇이 있을까? (사) ▸ 우리 고장에는 어떠한 이야기가 전해 내려올까? (사)		▸ 과거와 현재의 우리 고장 문화의 변동과 역사의 변천 과정은 어떠한가? (사)(개) ▸ 미래 우리 고장의 문화와 역사는 어떻게 변화할까? (사)(개)		▸ 우리 고장의 이야기를 어떻게 표현할까? (실) ▸ 우리 고장의 문화유산을 어떻게 소개할까? (실)	
	사-고장의 문화유산, 역사와 유래		사-고장의 문화유산, 역사와 유래		국-공동체 간의 소통 사-고장의 문화유산, 역사와 유래	

결과물	▸가족사랑 동요 ▸로봇가족 설계도 ▸문화유산 발표 자료 ▸고장 이야기 표현물 ▸부모님 영상편지
평가계획	▸ 가족사랑을 주제로 한 동요를 발표하고 부모님께 영상편지를 만들 수 있는가? ▸ 고장의 이야기를 만화나 그림으로 표현하고 고장의 문화유산을 발표할 수 있는가? ▸ 우리 가족에게 필요한 역할을 생각하고 가족사랑을 실천할 수 있는가?

관련 교과	성취기준	내용요소
국어 (29차시)	• [4국04-04]높임법을 알고 언어예절에 맞게 사용한다. • [4국03-04] 읽는 이를 고려하며 자신의 마음을 표현하는 글을 쓴다.	• 예의를 지켜 듣고 말하기 • 예의바른 표정, 몸짓, 말투
사회 (17차시)	• [4사01-03] 고장과 관련된 옛이야기를 통하여 고장의 역사적인 유래와 특징을 설명한다. • [4사01-04] 고장에 전해 내려오는 대표적인 문화유산을 살펴보고 고장에 대한 자긍심을 기른다.	• 고장의 특징과 역사 • 고장의 문화유산과 자긍심
도덕 (8차시)	• [4도02-01] 가족을 사랑하고 감사해야 하는 이유를 찾아보고, 가족 간에 지켜야 할 도리와 해야 할 일을 약속으로 정해 실천한다.	• 가족사랑 • 대상, 상황에 따른 예절

대주제	Smart City	운영기간	6월 1주 ~ 7월 2주

핵심역량 교과역량	▸ 지식정보처리 역량, 창의적 사고역량, 심미적 감성역량 ▸ 국어-자료 · 정보활용 역량 ▸ 사회-문제해결력 및 의사결정력 ▸ 도덕-도덕적 공동 체의식
일반화	▸ 사회 변화의 방향성을 인식하기 위해 글의 중심생각을 알고 원인과 결과의 관계를 고려한다. ▸ 교통수단과 통신수단의 발달이 인간의 생활모습을 변화시킨다. ▸ 경청과 도덕적 대화를 통해 협동할 수 있는 능력을 기른다.
핵심개념	▸ 국어: 문단과 글의 중심생각, 원인과 결과 ▸ 사회: 교통수단과 통신수단의 발달 ▸ 도덕: 협동의 의미와 중요성
운영목표	▸ 과거와 현재의 교통과 통신 수단을 알아보고 미래사회의 교통과 통신 수단을 구상 해본다. 교통과 통신이 발달한 곳의 특징을 알아보고 미래의 우리 고장의 모습을 예측해본다. ▸ 자율주행차, 하이퍼루프, AI, 안드로이드, 사물인터넷, 원격진료 등과 같은 미래의 기술과 미래사회의 문제점에 대해 알아보고 행복한 미래사회의 조건에 대하여 생 각해본다.

운영 방향 ㉂ - 사실 조사 및 관찰, ㉸ - 개념 및 분석, ㉣ - 논쟁거리, ㉤ - 실제 경험 및 제작						
탐구 과정	탐구질문 1	▸	탐구질문 2	▸	탐구질문 3	▸
	생각 조사하기		생각 연결 및 관계짓기		더 생각하고 실천하기	
프로젝트 1. 교통과 통신	▸ 과거와 현재의 교통과 통 신 수단은 무엇이 있을 까? ㉂		▸ 교통과 통신 수단은 미래에 어떻게 변화할 까? ㉂㉸ ▸ 교통과 통신 수단의 발달은 사람들의 생 활 모습을 변화시키는 데 어떻게 작용되었을 까?㉸		▸ 통신과 교통 수단이 발 달한 미래사회의 모습 을 어떻게 표현할까? ㉤	
	사-교통과 통신 수단의 발달 과정		국-글의 중심생각과 인 과관계		국-글의 중심생각과 인과 관계 사-교통과 통신 수단의 발달 과정	

탐구 과정	탐구질문 1 ▶		탐구질문 2 ▶		탐구질문 3 ▶	
	생각 조사하기		생각 연결 및 관계짓기		더 생각하고 실천하기	
프로젝트 2. 미래는 행복한가?	▶ 미래사회는 어떤 문제점이 있을까? ㈔ ▶ 행복한 사회란 무엇인가? ㈔		▶ 미래사회의 문제점을 해결하기 위한 도구나 기술은 무엇일까?㈎ ㈛ ▶ 장애인과 같은 사회적 약자들을 행복하게 하기 위해서는 무엇이 필요할까?㈎		▶ 행복한 미래사회를 만들기 위해 우리가 실천해야 할 일은 무엇인가?㈛	
	사-사회 변화로 인한 문제점과 갈등		도-공감과 협동 사-교통과 통신수단의 발달과 생활모습의 관계		도-경청과 도덕적 대화를 통한 협동심 발휘	
결과물	▶ 미래의 교통 수단, 통신 수단 개발			▶ 미래사회 에세이 쓰기		
평가계획	▶ 교통과 통신 수단의 발달에 따른 생활모습의 변화를 설명할 수 있는가? ▶ 글의 중심생각을 파악하고 원인과 결과의 관계를 설명할 수 있는가? ▶ 협동의 의미와 중요성을 알고 협동하여 프로젝트 결과물을 만들 수 있는가?					

관련 교과	성취기준	내용요소
국어 (37차시)	• [4국02-01]문단과 글의 중심생각을 파악한다. • [4국01-03] 원인과 결과의 관계를 고려하며 듣고 말한다. • [4국02-03] 글에서 낱말의 의미나 생략된 내용을 짐작한다. • [4국05-05] 재미나 감동을 느끼며 작품을 즐겨 감상하는 태도를 지닌다.	• 중심생각 • 원인과 결과
사회 (17차시)	• [4사01-05] 옛날과 오늘날의 교통수단에 관한 자료를 바탕으로 하여 교통수단의 발달에 따른 생활모습의 변화를 설명한다. • [4사01-06]옛날과 오늘날의 통신수단에 관한 자료를 바탕으로 하여 통신수단의 발달에 따른 생활모습의 변화를 설명한다.	• 교통수단과 통신 수단 • 교통 및 통신 수단과 생활모습의 관계
도덕 (5차시)	• [4도02-04]협동의 의미와 중요성을 알고, 경청·도덕적 대화하기·도덕적 민감성을 통해 협동할 수 있는 능력을 기른다.	• 협동

대주제	문화의 변화	운영기간	10월 3주 ~ 11월 4주

핵심역량 교과역량	▶ 지식정보처리 역량, 자기관리 역량, 의사소통 역량 ▶ 국어·의사소통 역량 ▶ 사회·문제해결 및 의사결정력 ▶ 도덕·도덕적 공동체의식
일반화	▶ 문화인으로서 예절을 지키고 타인과 좋은 관계 형성을 위해 높임법과 언어예절을 실천한다. ▶ 미래 문화의 변화를 예측하기 위해 전통문화와 도구를 탐색한다. ▶ 합리적 소비와 자기관리를 위해 계획을 세워 실천한다.
핵심개념	▶ 국어: 높임법과 언어예절 ▶ 사회: 전통문화의 변화, 도구, 세시풍속 ▶ 도덕: 절약, 합리적 소비, 공공규칙
운영목표	▶ 시대마다 변화하는 사람들의 도구와 생활모습을 살펴보고 특히 과거와 오늘날의 의식주문화 비교를 통해 변화방향을 탐색하고 공통점과 차이점을 분석할 수 있는 안목을 기른다. ▶ 옛날과 오늘날의 세시풍속과 언어예절, 공공장소의 규칙을 알아보고 문화인으로서의 예절과 마음가짐을 생각한다. ▶ 절약의 중요성과 자원 관리의 필요성을 알아보고 계획을 세워 절약하는 삶을 실천한다. 이를 통해 합리적인 소비자의식과 자기관리 역량을 기른다.

운영방향 ⓐ - 사실 조사 및 관찰, ⓚ - 개념 및 분석, ⓛ - 논쟁거리, ⓢ - 실제 경험 및 제작						
탐구 과정	탐구질문 1	▶	탐구질문 2	▶	탐구질문 3	▶
	생각 조사하기		생각 연결 및 관계짓기		더 생각하고 실천하기	
프로젝트 1. 도구와 문화	▶ 우리 생활과 관련 있는 도구는 무엇인가? ⓐ		▶ 도구의 발달과 문화의 변화는 어떤 관계가 있는가? ⓚ		▶ 미래의 도구와 문화를 어떻게 표현할 것인가? ⓢ	
	사-생활과 도구		사-도구와 문화의 관계		국-작품 감상하기 사-생활도구와 문화의 변화상	
프로젝트 2. 전통문화와 예절	▶ 문화인으로서 지켜야 할 예절은 무엇인가? ⓐ ▶ 조상의 전통문화와 세시풍속은 어떠한가? ⓐⓚ		▶ 과거와 오늘날의 문화는 어떤 관계가 있는가? ⓚ		▶ 문화인으로서 예절과 마음가짐을 어떻게 표현할 것인가? ⓢ ▶ 공공장소에서 지켜야 할 규칙을 어떻게 실천할 것인가? ⓢ	
	국-높임범과 언어예절 사-전통문화와 세시풍속		사-과거와 오늘날의 세시풍속과 전통문화 비교		국-언어예절 실천 도-공익에 기여하는 실천 의지	

탐구 과정	탐구질문 1	▶	탐구질문 2	▶	탐구질문 3	▶
	생각 조사하기		생각 연결 및 관계짓기		더 생각하고 실천하기	
프로젝트 3. 절약과 소비의 문화	▸ 자원과 시간을 관리하는 것은 왜 중요한가? ㉔ ▸ 합리적 소비, 윤리적 소비란 무엇인가? ㉔㉚		▸ 합리적 소비, 윤리적 소비가 사회에 끼치는 영향은 무엇인가? ㉚		▸ 절약과 올바른 소비문화를 어떻게 실천할 것인가? ㉓	
	도-절약과 자원 관리		도-소비문화와 우리 사회의 관계		도-절약과 올바른 소비문화의 실천과 습관화	
결과물	▸ 전통문화와 세시풍속 발표회 ▸ 언어예절 UCC 제작 ▸ 미래의 문화 변화에 대한 에세이 쓰기					
평가계획	▸ 합리적인 소비계획을 세울 수 있는가? ▸ 공공장소에서 지켜야 할 규칙을 알고 실천하는가? ▸ 언어예절을 지켜 바르게 대화하는가?					

관련 교과	성취기준	내용요소
국어 (30차시)	• [4국05-05]재미나 감동을 느끼며 작품을 즐겨 감상하는 태도를 지닌다. • [4국04-04] 높임법을 알고 언어예절에 맞게 사용한다.	• 높임법과 언어예절
사회 (17차시)	• [4사02-04] 옛날의 세시풍속을 알아보고, 오늘날의 변화상을 탐색하여 공통점과 차이점을 분석한다. • [4사02-03]옛 사람들의 생활도구나 주거 형태를 알아보고, 오늘날의 생활모습과 비교하여 그 변화상을 탐색한다.	• 세시풍속 • 전통문화 • 문화의 변화상
도덕 (8차시)	• [4도03-01] 공공장소에서 지켜야 할 규칙과 공익의 중요성을 알고, 공익에 기여하고자 하는 실천의지를 기른다. • [4도01-02] 시간과 물건의 소중함을 알고 자신이 시간과 물건을 아껴 쓰고 있는지 반성해보며 그 모범 사례를 따라 습관화한다.	• 공공규칙 • 절약, 합리적 소비

교과	운영방향		핵심역량 및 기타 평가요소
	형태	성격 및 특징요소	
국어	부분 프로젝트	• 프로젝트의 행복 탐구 및 감성적 공감 　- 관련 문헌 독서를 통한 지식정보 탐구 및 문학적 표현 • 프로젝트 전 과정 속 중심언어 도구로써의 구성원과의 상호작용 및 의사소통 활동 　- 글의 짜임에 맞게 요약하기 　- 언어예절을 지켜가며 말하기 • 주제와 관련된 지식 및 정보에 관한 다양한 Literacy와의 접근을 통해 비판적, 공감적, 창의적 사고 신장 　- 매체를 활용하여 자기주도 학습의 결과를 포함한 생각, 느낌 표현하기 • 프로젝트 활동 전반에 걸친 언어표현 도구	의사소통 및 문학적 표현, 프로젝트 진행 과정 중 사회적 상호작용역량 평가
사회	완전 프로젝트	• 프로젝트의 대주제인 고장과 미래의 이해에 기반을 두고 프로젝트 과정 전반의 맥락화를 이끄는 탐구 　- 나는 누구인가? 　- 소중한 가족과 고장의 이해 　- 시대에 따른 문화의 변화 모습 　- 미래사회에 대한 이해	나를 중심으로 가족, 고장, 미래로 확산적 사고를 하며 발전적 사회화 과정 평가
도덕	완전 프로젝트	• 프로젝트 주제 및 내용의 인간적 · 사회적 공유 가치요소 • 프로젝트 과정에서 탐구 가치의 역할 • 프로젝트를 통한 생활 실천의식의 기반	사회구성원으로서의 가치 태도 평가
수학	비 프로젝트	• 사고력 중심의 원리 탐구, 개념이해 탐구 수학 • 스토리텔링을 기반으로 생활과 상호작용하는 실용 수학 • 미래사회의 특징을 탐구하는 수학	원리 이해를 중심으로 한 수학적 사고역량 평가
과학	부분 프로젝트	• 1학기- 교과전담 교사에 의한 독립 운영 • 2학기- 프로젝트 과정에서의 탐구 및 의사소통	과학적 탐구활동 중심의 사회와 연계된 창의적 과정 평가

체육	비 프로젝트	• 기초체력 신장 • 스포츠클럽 줄넘기부 운영 • 뉴스포츠 운영 • 수영 학습, 빙상 학습, 어울림한마당	교과활동에서의 실기 관찰평가
음악	부분 프로젝트	• 1학기- 교과전담 교사에 의한 독립운영 • 2학기- 프로젝트 산출물 제작 매개체 - 생활 속 음악 찾기, 캠페인 송, 뮤지컬 음향·음악	음악의 생활화 중심의 심미적 표현 평가
미술	부분 프로젝트	• 프로젝트의 심미적 감성 도출 및 공감 심화 • 프로젝트 산출물의 미적 형상화	심미적 체험 중심 평가
영어	비 프로젝트	• 팀티칭 수업으로 영어전문 교사와의 교환수업	생활 영어 중심의 영역별 평가
창체	부분 프로젝트	• 범교과 및 인문학 도서 미팅, 자유토론, 뉴스포츠 활동 • 절차적 사고를 기반으로 한 SW교육	체험 과정에서의 관찰평가

5   주제별 프로젝트 학습 평가계획

우리 고장 디자이너					
교과	영 역	단원	핵심성취기준	평가시기	평가방법
국어	읽기	1. 재미가 톡톡톡	[4국02-05]읽기 경험과 느낌을 다른 사람과 나누는 태도를 지닌다.	3월 3주	자기평가 관찰평가
	쓰기	2. 문단의 짜임	[4국03-01]중심문장과 뒷받침문장을 갖추어 문단을 쓴다.	4월 1주	서술평가 관찰평가
사회	지리	1. 우리 고장의 모습	[4사01-01]우리 마을 또는 고장의 모습을 자유롭게 그려보고, 서로 비교하여 공통점과 차이점을 찾아 고장에 대한 서로 다른 장소감을 탐색한다.	4월 2주	포트폴리오
도덕	타인과의 관계	1. 나와 너, 우리 함께	[4도01-03]최선을 다하는 삶을 위해 정성과 인내가 필요한 이유를 탐구하고 생활계획을 세워본다.	3월 4주	자기평가 관찰평가
미술	표현	아름다움의 열쇠, 조형요소	[4미02-05] 조형요소(점, 선, 면, 형·형태, 색, 질감, 양감 등)의 특징을 탐색하고, 표현의도에 적합하게 적용할 수 있다.	3월 4주	자기평가 포트폴리오

또 하나의 가족					
교과	영역	단원	핵심성취기준	평가시기	평가방법
국어	듣기 말하 기	3. 알맞은 높임표현	[4국04-04]높임법을 알고 언어예절에 맞 게 사용한다.	4월 4주	서술평가 관찰평가
	문법	7. 반갑다, 국어사전	[4국04-01]낱말을 분류하고 국어사전에 서 찾는다.	6월 1주	구술평가 상호평가
사회	역사	2. 우리가 알아보는 고장 이야기	[4사01-03]고장과 관련된 옛이야기를 통 하여 고장의 역사적인 유래와 특징을 설 명한다.	5월 1주	포트폴리오 관찰평가
도덕	자신 과의 관계	2. 인내하며 최선을 다하는 생활	[4도02-02]친구의 소중함을 알고 친구와 사이좋게 지내며, 서로의 입장을 이해하 고 인정한다.	5월 1주	자기평가 포트폴리오
	우리· 타인 과의 관계	3. 사랑이 가득한 우리 집	[4도02-01]가족을 사랑하고 감사해야 하 는 이유를 찾아보고, 가족 간에 지켜야 할 도리와 해야 할 일을 약속으로 정해 실천 한다.	5월 4주	자기평가 토의토론 평가
미술	체험	온몸으로 만나는 세상	[4미01-01] 자연물과 인공물을 탐색하는 데 다양한 감각을 활용할 수 있다.	5월 4주	자기평가 포트폴리오

Smart City					
교과	영역	단원	핵심성취기준	평가시기	평가방법
국어	읽기	8. 의견이 있어요.	[4국02-01]문단과 글의 중심생각을 파악 한다.	7월 1주	자기평가 관찰평가
	문학	10. 문학의 향기	4국05-05]재미나 감동을 느끼며 작품을 즐겨 감상하는 태도를 지닌다.	7월 3주	서술평가 관찰평가
사회	일반 사회	3. 교통과 통신 수단의 변화	[4사01-06]옛날과 오늘날의 통신수단에 관한 자료들을 바탕으로 하여 통신수단의 발달에 따른 생활모습의 변화를 설명한다.	7월 1주	포트폴리오 관찰평가
미술	감상	알면 알수록 재미있는 미술	[4미03-01] 다양한 분야의 미술작품과 미 술가들에 관심을 가질 수 있다.	7월 1주	자기평가 상호평가

환경과 삶					
교과	영역	단원	핵심성취기준	평가시기	평가방법
국어	듣기 말하기	1. 작품을 보고 느낌을 나누어요	[4국01-04] 적절한 표정, 몸짓, 말투로 말한다.	9월 2주	관찰평가 자기평가
	읽기	2. 중심생각을 찾아요	[4국02-01] 문단과 글의 중심생각을 파악한다.	9월 4주	서술평가 관찰평가
사회	지리	1. 환경에 따라 다른 삶의 모습	[4사02-02]우리 고장과 다른 고장 사람들의 의식주 생활모습을 비교하여, 환경의 차이에 따른 생활모습의 다양성을 탐구한다.	9월 4주	포트폴리오
도덕	자연· 초월 과의 관계	6. 생명을 존중하는 우리	[4도04-01] 생명의 소중함을 이해하고 인간 생명과 환경문제에 관심을 가지며 인간 생명과 자연을 보호하려는 태도를 가진다.	9월 3주	자기평가 토의토론 평가
체육	표현 활동	4.2. 움직임으로 표현하기	[4체04-04]움직임 표현활동을 수행하며 움직임 표현에 따른 자신의 신체 움직임과 신체의 변화 등을 인식한다.	9월 2주	자기평가 상호평가
미술	표현	생활 속 통통 튀는 디자인	[4미02-04]표현 방법과 과정에 관심을 가지고 계획할 수 있다.	10월 3주	자기평가 포트폴리오

문화의 변화					
교과	영역	단원	핵심성취기준	평가시기	평가방법
국어	문학	4. 감동을 나타내요	[4국05-05]재미나 감동을 느끼며 작품을 즐겨 감상하는 태도를 지닌다.	10월 4주	자기평가 관찰평가
	문법	5. 바르게 대화해요	[4국04-04] 높임법을 알고 언어예절에 맞게 사용한다.	11월 2주	구술평가 상호평가
사회	역사	2. 시대마다 다른 삶의 모습	[4사02-04]옛날의 세시풍속을 알아보고, 오늘날의 변화상을 탐색하여 공통점과 차이점을 분석한다.	11월 1주	포트폴리오 관찰평가
도덕	자신 과의 관계	4. 아껴 쓰는 우리	[4도01-02] 시간과 물건의 소중함을 알고 자신이 시간과 물건을 아껴 쓰고 있는지 반성해보며 그 모범 사례를 따라 습관화한다.	11월 3주	자기평가 포트폴리오
	사회· 공동 체와 의관 계	5. 함께 지키는 행복한 세상	[4도03-01] 공공장소에서 지켜야 할 규칙과 공익의 중요성을 알고, 공익에 기여하고자 하는 실천의지를 기른다.	10월 4주	포트폴리오 관찰평가
미술	표현	먹 향기를 담은 수묵화	[4미02-06]기본적인 표현 재료와 용구의 사용법을 익혀 안전하게 사용할 수 있다.	11월 4주	자기평가 포트폴리오

함께하는 미래					
교과	영 역	단원	핵심성취기준	평가시기	평가방법
국어	쓰기	3. 자신의 경험을 글로 써요	[4국03-02] 시간의 흐름에 따라 사건이나 행동이 드러나게 글을 쓴다.	10월 2주	서술평가 관찰평가
	읽기	7. 글을 읽고 소개해요	[4국02-03] 글에서 낱말의 의미나 생략된 내용을 짐작한다.	12월 3주	자기평가 관찰평가
사회	사회 문화	3. 가족의 형태와 역할 변화	[4사02-06]현대의 여러 가지 가족 형태를 조사하여 가족의 다양한 삶의 모습을 존중하는 태도를 기른다.	12월 2주	자기평가 관찰평가
미술	감상	즐겁게 체험하는 미술 감상	[4미03-03]미술작품에 대한 자신의 느낌과 생각을 발표하고, 그 이유를 설명할 수 있다.	12월 3주	자기평가 상호평가

공동체의 행복을 함께 만들어가는 미닝아웃 프로젝트

1 학급 교육과정 운영관

비전

공동체의 행복을 함께 만들어가는 "Meaning out[1]" 프로젝트

학년 교육과정

날마다 행복한 4학년 시우터[2] 교육과정

학급 교육과정 운영철학

바른 생각을 만들고 바르게 표현하여
개인의 지식, 가치, 신념의 공유가
공동체의 행복에 기여하도록 함

---

1. '미닝아웃'은 자기만의 취향, 정치적, 사회적 신념을 당당히 커밍아웃하는 사회문화적 현상을 말함. 학급 교육과정에서는 공동체의 행복을 함께 만들어가기 위한 프로젝트의 비전으로 의미를 재구성하여 사용하였음

2. 시우터란? '대장간에서 담금질하는 곳'이라는 순우리말로 대장간의 철이 단단해 지듯 '굳게 다져진 공동체'라는 뜻

운영 목표	…	프로젝트를 통한 자기주도적인 배움	타인을 존중하는 배움·가치의 표현	배움·가치의 공유로 공동체의 행복에 기여

운영기반	…	• 핵심역량 주제 중심 교육과정 프로젝트 학습의 운영

프로젝트 접근기반	…	① 실생활과 관련된 문제 ② 각 교과 내용 성취기준 중심 ③ 학생들의 삶과 관심 반영

프로젝트 기반 주제 중심 교육과정 개요				
1 학 기	나 와 우 리 고 장	주제	시대에 따라 다른 사람들의 생활(자아 만들기)	공동체의 참여와 소통 (참여, 소통)	공동체읽기1. 지역 문화유산의 아름다움
		프로젝트	• 생활모습의 변화에 따른 자아 만들기 • 단단한 자아를 만들기 위한 도덕 공부의 필요성 • 바람직한 자기표현	• 여럿이 모이면 생기는 일 • 공동체에 필요한 공공기관 • 공동체에 필요한 태도와 가치	• 우리가 아름다움을 느끼는 것(문화유산, 경관, 인물) • 참된 아름다움 • 우리 지역에서 누리는 느린 삶
		핵심 역량	자기관리 역량, 의사소통 역량, 창의적 사고역량	지식정보처리 역량, 공동체 역량, 의사소통 역량, 창의적 사고역량	지식정보처리 역량, 창의적 사고역량, 심미적 감성역량
2 학 기	공 동 체 에 울 리 는 나 의 목 소 리	주제	공동체읽기2. 도시와 촌락의 공존	공동체읽기3. 공동체의 경제활동	공동체를 위한 미닝아웃 (미래: 변화와 다양성)
		프로젝트	• 도시, 촌락 등 발전의 다른 모습 탐구 • 공동체 간 의존관계 탐구 • 바람직한 발전 및 교류의 방향 제안	• 생산과 소비의 의미 • 공동체의 물자 교환 및 교류 등 경제활동 탐구 • 공동체와 바람직한 영향을 주고받는 나의 소비계획 수립	• 가족 및 사회의 변화양상 분석 • 문화의 다양성을 탐구 • 내가 바라는 공동체의 모습을 위한 미닝아웃
		핵심 역량	지식정보처리 역량, 자기관리 역량, 공동체 역량, 창의적 사고역량	지식정보처리 역량, 공동체 역량, 의사소통 역량, 창의적 사고역량	지식정보처리 역량, 공동체 역량, 의사소통 역량, 심미적 감성역량, 창의적 사고역량, 공동체 역량

잠재적 교육과정 - 함께 걷는 교육활동		
아침 활동	아침 독서	월~목요일 08:40~09:00
	학급 자율활동	금요일 08:40~09:00
학급 특색	**바른생각**	**바른표현**

	• 배움노트의 활용
	• 기본학습, 토의토론 학습의
	  세부기술 익히기
	• 학생 중심 프로젝트 학습
	  운영
	• 학생의 삶과 연계된 독서
	  교육 내실화
		• 학급 일과 익히기
		• 프로젝트를 통한 바람직한
		  자기표현 습득
		  (나와 타인의 감정 인식, 소통
		  및 갈등해결)
			• 학급공동체에 기여
			  -학급회의 참여
			  -명예반장활동
			  -1인1역 등
			• '가치'를 향하고 시민으로
			  서 책임감을 학습하는 주제
			  중심 프로젝트

프로젝트 연계활동	- 자아 이해 및 진로탐색 디자인 활동 - 사제동행 - 학술 발표회	- 학급 협동놀이(어울림한마당) - 동요제 - 교지 제작

2 대주제 및 교육과정 운영 디자인

1학기-나와 우리 고장			
대주제	선정 이유	구성 중점 (◎지식 ◆역량 ※가치 ▶산출물)	편성 교과
시대에 따라 다른 사람들의 생활 『자아 만들기』	'미닝아웃'은 자기만의 취향, 정치적, 사회적 신념을 당당히 커밍아웃하는 사회문화적 현상을 말한다. 미닝아웃을 통해 공유되는 많은 이슈와 정보, 의견 가운데에는 그릇된 것이 섞여 있기도 하고, 공동체를 위한 것이지만 옳지 못한 방식으로 표현되기도 한다. 따라서 '미닝아웃'이라는 표현과 공유는 바른 생각, 바른 가치관이 기저가 되어야 한다. 따라서 '미닝아웃'을 하기 위해서는 나의 모습을 다양한 관점에서 살펴보고 알아가는 과정이 필요하므로 나의 환경, 생활모습, 가치관을 파악하는 자아 만들기(self fashioning)를 한다.	◎생활도구와 주거 형태, 세시풍속의 변화 및 공통점과 차이점 ◆자기관리 역량, 의사 소통역량, 창의적 사 고역량 ※성실, 예절, 소통 ▶텍스트 형태의 산출 물, 창의적인 신체 표현	국어(10) 사회(15) 도덕(4) 미술(4) 체육(6)

공동체의 참여와 소통 『참여, 소통』	개인을 이루는 것은 외적인 것뿐만이 아니라 내적인 것도 있다는 것을 알고 도덕 공부의 필요성을 느끼도록 한다. 더불어 바람직한 자기표현으로 작은 공동체와(학급)의 소통을 위한 준비를 시작한다. 이를 위해 배움의 영역을 확대하였을 때 실질적으로 영향을 주고받게 될 더욱 큰 공동체(우리 지역, 사회)와 소통하고 참여하는 방법을 알아본다. 여러 사람이 모이게 되면 필요한 것이 무엇인지 알아보면서 바람직한 민주주의 형태와 기능을 알아본다. 더불어 그 속에서 모두가 지녀야 할 가치가 무엇인지 생각해본다.	◎참여를 통한 문제해결과 공공기관이 생활에 주는 도움 ◆지식정보처리 역량, 공동체 역량, 의사소통 역량, 창의적 사고 역량 ※배려, 나눔 ▶창의적 문제해결 방안을 담은 텍스트 형태의 산출물	국어(9) 사회(15) 도덕(4) 수학(5)
공동체읽기1. 지역 문화유산의 아름다움	올바른 신념과 가치를 갖기 위해서는 사회와 문화를 읽어낼 수 있어야 한다. 학생 수준에서 1학기에는 내가 속한 공동체의 역사를 먼저 읽도록 한다. 우리 지역의 아름다움이 어디에 있는지 탐구해보면서 공동체의 역사를 읽고 현재 어떤 모습으로 변화하였는지 알아본다. 또한 우리 지역이 앞으로는 어떤 모습이 될지, 바람직한 변화를 위해 내가 할 수 있는 일은 무엇인지 생각해본다.	◎우리 지역을 대표하는 문화유산 및 지역의 역사 ◆지식정보처리 역량, 공동체 역량, 의사소통 역량, 창의적 사고역량, 심미적 감성역량 ※전통, 문화, 아름다움 ▶다양한 형태의 창의적 문제해결 방안 산출물	국어(10) 사회(15) 도덕(4) 음악(4) 미술(4)

2학기-공동체에 울리는 나의 목소리			
대주제	선정 이유	구성 중점 (◎지식 ◆역량 ※가치 ▶산출물)	편성 교과
공동체읽기 2. 도시와 촌락의 공존	공동체읽기의 두 번째 과제로 공동체가 움직이기 위해 필요한 경제활동에 대해 알아본다. 그리고 지역 간의 교환 및 교류 사례를 통하여 경제활동이 밀접하게 관련되어 있음을 탐구한다. 이를 통해 나의 소비가 공동체에도 영향을 주고, 더 나아가 기여할 수 있음을 알게 된다. 또 학생들은 배움을 통하여 나를 상징하는 소비가 무엇인지, 어떤 소비가 공동체를 이롭게 하고 나의 일상에 가치를 더해줄 수 있을지를 고민해 본다.	◎촌락과 도시의 모습 ◆지식정보처리 역량, 공동체 역량, 의사소통 역량, 창의적 사고 역량 ※정의 ▶창의적 사고를 담은 입체 혹은 평면작품	사회(15) 국어(26) 도덕(4)
공동체읽기 3. 공동체의 경제 활동	비판적 사고를 위해서는 사회와 문화를 읽는 바른 관점이 필요하다. 공동체읽기의 세 번째 과제는 도시와 촌락의 각기 다른 발전 양상과 그 원인을 알아보는 것에서 시작한다. 발전하는 모습에 차이가 생기는 까닭, 더 나아가 공동체마다 다른 변화가 생길 수 있는 까닭을 생각해볼 수도 있다. 그리고 서로 다른 공동체가 함께 발전하기 위하여 앞으로 지향해야 할 발전의 방향에 대해서도 생각해본다.	◎필요한 것의 생산과 교환 ◆지식정보처리 역량, 자기관리 역량, 공동체 역량, 창의적 사고 역량 ※성찰, 책임 ▶텍스트 형태의 산출물, 포트폴리오	사회(15) 국어(23) 도덕(4)
공동체를 위한 미닝아웃 『미래:변화와 다양성』	미닝아웃을 하기 위해 변화하고 있는 다양한 문화를 배우고 더불어 살아가는 방법을 익힌다. 나의 신념과 가치의 미닝아웃은 다양한 관계의 사람들에게 각기 다른 영향을 줄 수 있기 때문이다. 특히 가족에 대해 달라지는 인식의 변화를 살펴보며 대안가족(Gig- Relationship), 관계에 대한 성찰을 해본다. 이를 통해 함께, 더불어 살고 싶은 공동체의 모습은 어떤 것인지, 그리고 그러한 공동체를 만들기 위해 필요한 가치는 무엇인지 고민하여 각자의 가치와 신념을 바람직한 방법으로 미닝아웃한다.	◎사회 변화와 문화의 다양성 ◆지식정보처리 역량, 공동체 역량, 의사소통 역량, 창의적 사고역량, 심미적 감성 역량 ※존중, 효 ▶생각을 글로 담은 산출물, 미닝아웃의 과정을 담은 포트폴리오	사회(21) 국어(51) 도덕(9) 미술(16)

주제별 프로젝트 학습 운영계획

대주제	시대에 따라 다른 사람들의 생활(자아 만들기)	운영기간	3월 1주 ~ 4월 1주

핵심역량 교과역량	▸ 자기관리 역량, 의사소통 역량, 창의적 사고역량 ▸ 국어-문화향유 역량　　▸ 사회-자료 · 정보활용 역량 ▸ 도덕-자기존중 및 관리 능력
일반화	▸ 과거와 현재 이야기의 흐름을 파악하고 이어질 내용을 상상하여 쓴다. ▸ 사람들의 생활모습과 세시풍속은 시대에 따라 변화한다. ▸ 나의 내면을 가꾸기 위하여 도덕 공부를 해야 한다.
핵심개념	▸ 국어: 이야기의 흐름, 작품에 대한 생각이나 느낌 ▸ 사회: 생활도구와 주거 형태, 세시풍속 ▸ 도덕: 도덕, 도덕적인 생활, 도덕 공부 실천
운영목표	'미닝아웃'을 하기 위해서는 나의 모습을 다양한 관점에서 살펴보고 알아가는 과정이 필요하므로 나의 환경, 생활모습, 가치관을 파악하는 자아 만들기(self fashioning)를 한다. 그리고 개인을 이루는 것은 외적인 것뿐만이 아니라 내적인 것도 있다는 것을 알고 도덕 공부의 필요성을 느끼도록 한다. 더불어 바람직한 자기표현으로 작은 공동체와(학급)의 소통을 위한 준비를 시작한다.

운영방향 ⓐ - 사실 조사 및 관찰, ⓘ - 개념 및 분석, ⓛ - 논쟁거리, ⓔ - 실제 경험 및 제작						
탐구 과정	탐구질문 1	▸	탐구질문 2	▸	탐구질문 3	▸
	생각 조사하기		생각 연결 및 관계짓기		더 생각하고 실천하기	
프로젝트 1. 나를 상징하는것	▸ 나의 생활은 어떤 모습인가? ⓐ ▸ 내가 중요하게 생각하는 가치는 무엇인가? ⓐ		▸ 나와 다른 사람의 생활모습은 어떻게 다를까? ⓐⓘ ▸ 도덕적인 생활모습의 공통점은 무엇일까? ⓘ		▸ 나를 어떻게 표현할까? ⓘⓔ	
	도-도덕적인 생활모습 알아보기		도-도덕 공부의 필요성 알기		도-도덕 공부의 필요성 알기	

탐구 과정	탐구질문 1	▶	탐구질문 2	▶	탐구질문 3	▶
	생각 조사하기		생각 연결 및 관계짓기		더 생각하고 실천하기	
프로젝트 2. 시대에 따른 다른 나의 상징	▶ 과거 사람들의 생활모습은 어땠을까? (사) ▶ 과거 사람들이 중요하게 여긴 가치는 무엇일까? (사)		▶ 과거와 현재 생활모습의 공통점과 차이점은 무엇일까? (사)(개) ▶ 과거에서 현재 달라진 사람들의 가치관은 무엇이 있을까? (사)(논)		▶ 미래의 나를 상징하는 것은 무엇일까? (실) ▶ 나는 어떤 가치를 실천하기 위해 공부하고 실천할 것인가? (실)	
	국-이야기의 흐름 파악하기 사-과거 생활도구와 주거 형태, 세시풍속 알아보기 미·체-미술작품을 통해 과거 사람들의 생활모습과 여가활동 알아보기		사-생활모습의 변화상 탐색하기		국-이어질 내용을 상상하여 표현하기	
결과물	▶ 시대에 따른 나의 상징 텍스트 산출물 ▶ 도덕 공부 실천일기(글, 텍스트, 에세이)					
평가계획	▶ 과거와 현재의 흐름이 드러난 글을 읽고 변화 모습을 설명할 수 있는가? ▶ 내면을 가꾸기 위한 도덕 공부 방법을 계획하고 실천 내용을 시간의 흐름에 따라 서술할 수 있는가?					

관련 교과	성취기준	내용요소
국어 (10차시)	• [4국05-03]이야기의 흐름을 파악하여 이어질 내용을 상상하고 표현한다. • [4국03-05]쓰기에 자신감을 갖고 자신의 글을 적극적으로 나누는 태도를 지닌다.	• 시간의 흐름에 따른 내용 조직
사회 (15차시)	• [4사02-03]옛 사람들의 생활도구나 주거 형태를 알아보고, 오늘날의 생활모습과 비교하여 그 변화상을 탐색한다. • [4사02-04]옛날의 세시풍속을 알아보고, 오늘날의 변화상을 탐색하여 공통점과 차이점을 분석한다.	• 생활도구 • 주거 형태 • 세시풍속
도덕 (4차시)	• [4도01-01]도덕 시간에 무엇을 배우며 도덕 공부가 왜 필요한지를 알고 공부하는 사람으로서 지켜야 할 규칙을 모범 사례를 통해 습관화한다.	• 가족의 특징 • 가족·친척 관계 • 가족행사
미술 (4차시)	• [4미03-02]관심 있는 미술작품과 미술가에 대하여 설명할 수 있다.	• 미술작품, 미술가
체육 (6차시)	• [4체01-04]여가활동 경험을 바탕으로 여가활동의 의미와 건강과의 관계를 탐색한다.	• 여가활동과 건강

대주제	공동체의 참여와 소통 (참여, 소통)	운영기간	4월 2주 ~ 6월 1주

핵심역량 교과역량	▶ 지식정보처리 역량, 의사소통 역량, 창의적 사고역량 ▶ 국어-의사소통 역량　▶ 사회-비판적 사고력　▶ 도덕-윤리적 성찰 및 실천 성향
일반화	▶ 공동체의 문제를 해결하는 소통의 과정에서는 예의바른 태도와 생각과 느낌을 살리는 요소가 필요하다. ▶ 공동체가 유지되기 위해서는 공공기관과 주민의 참여가 필요하다. ▶ 공동체와 소통하기 위해서는 대상과 상황에 따른 예절을 습관화해야 한다.
핵심개념	▶ 국어: 생각의 효과적인 전달 ▶ 사회: 공공기관, 주민 참여 ▶ 도덕: 예절
운영목표	배움의 영역을 확대하였을 때 실질적으로 영향을 주고받게 될 더욱 큰 공동체(우리 지역, 사회)와 소통하고 참여하는 방법을 알아본다. 여러 사람이 모이게 되면 필요한 것이 무엇인지 알아보면서 바람직한 민주주의 형태와 기능을 알아본다. 더불어 그 속에서 모두가 지녀야 할 가치가 무엇인지 생각해본다.

운영방향 ㉂ - 사실 조사 및 관찰, ㉓ - 개념 및 분석, ㉛ - 논쟁거리, ㉙ - 실제 경험 및 제작					
탐구 과정	탐구질문 1	▶	탐구질문 2	▶	탐구질문 3	▶
	생각 조사하기		생각 연결 및 관계짓기		더 생각하고 실천하기	
프로젝트 1. 공동체의 모습	▶ 모여 살 때 좋은 점과 나쁜 점은 무엇일까? ㉂ ▶ 모여 살면 어떤 문제점이 생길까? ㉂		▶ 모여 살려면 무엇이 필요할까? ㉓		▶ 우리는 왜 모여 살까? ㉙ ▶ 모여 살기 위해 어떤 마음이 필요할까? ㉙	
	도-예절의 중요성		국-예의를 지켜 듣고 말하기 사-지역의 공공기관 조사하기 도-예절의 중요성		국-내용을 요약하며 듣기 도-대상, 상황에 따른 예절	

탐구 과정	탐구질문 1	▶	탐구질문 2	▶	탐구질문 3	▶
	생각 조사하기		생각 연결 및 관계짓기		더 생각하고 실천하기	
프로젝트 2. 공동체의 성장	▸ 우리 지역의 문제점은 무엇일까? ㉠		▸ 문제점의 해결을 위해 공공기관이 어떤 역할을 할 수 있을까? ㉠ ㉮		▸ 우리가 실천할 수 있는 지역 문제의 해결 방안은 무엇일까? ㉡	
	수-자료의 수집, 분류, 정리, 그래프의 표현		수-그래프 해석		사-지역의 문제해결에 참여 국-적절한 표정, 몸짓, 말투로 말하기	
결과물	▸ 창의적 문제해결 방안을 담은 텍스트 형태의 산출물(생각을 담은 글, 에세이)					
평가계획	▸ 공동체에 대한 나의 생각을 담은 글을 쓸 수 있는가? ▸ 진지하고 적극적인 자세로 문제해결을 위한 학급회의에 참여하는가? ▸ 공동체가 건강하게 유지되기 위해서 필요한 것을 창의적 아이디어로 제안할 수 있는가?					

관련 교과	성취기준	내용요소
국어 (9차시)	• [4국01-04]적절한 표정, 몸짓, 말투로 말한다. • [4국01-06]예의를 지키며 듣고 말하는 태도를 지닌다.	• 예의를 지켜 듣고 말하기 • 적절한 표정, 몸짓, 말투
사회 (15차시)	• [4사03-05]우리 지역에 있는 공공기관의 종류와 역할을 조사하고, 공공기관이 지역 주민들의 생활에 주는 도움을 탐색한다. • [4사03-06]주민 참여를 통해 지역 문제를 해결하는 방안을 살펴보고, 지역 문제의 해결에 참여하는 태도를 기른다.	• 공공기관의 종류와 역할, 필요성 • 지역의 문제 • 지역 문제에 참여하는 태도
도덕 (4차시)	• [4도02-03]예절의 중요성을 이해하고, 대상과 상황에 따른 예절이 다름을 탐구하여 이를 습관화한다.	• 예절의 중요성 • 대상, 상황에 따른 예절
수학 (5차시)	• [4수05-03]여러 가지 자료를 수집, 분류, 정리하여 자료의 특성에 맞는 그래프로 나타내고, 그래프를 해석할 수 있다. • [4수05-01]실생활 자료를 수집하여 간단한 그림그래프나 막대그래프로 나타낼 수 있다.	• 자료의 수집, 분류, 정리 • 그래프 표현 및 해석

대주제	지역 문화유산의 아름다움	운영기간	6월 2주 ~ 7월 2주

핵심역량 교과역량	▸ 지식정보처리 역량, 창의적 사고역량, 심미적 감성역량 ▸ 국어- 문화향유 역량　　▸ 사회- 정보활용 능력　　▸ 도덕- 도덕적 정서능력
일반화	▸ 한글의 가치를 통해 한글의 아름다움을 인식한다. ▸ 지역의 문화유산과 현재의 중심지를 통해 우리 지역의 아름다움을 찾는다. ▸ 인간으로서의 도덕적 책임을 다하기 위해 참된 아름다움을 추구해야 한다.
핵심개념	▸ 국어: 한글의 우수성, 아름다움 ▸ 사회: 우리 지역의 문화유산 · 역사 · 인물 ▸ 도덕: 우리 지역의 참된 아름다움
운영목표	학생들은 우리 지역의 아름다움이 어디에 있는지 탐구해보면서 공동체의 역사를 읽고 현재 어떤 모습으로 변화하였는지 알아본다. 또한 우리 지역이 앞으로는 어떤 모습이 될지, 바람직한 변화를 위해 내가 할 수 있는 일은 무엇인지 생각해본다.

운영방향 ㉨ - 사실 조사 및 관찰, ㉯ - 개념 및 분석, ㉰ - 논쟁거리, ㉱ - 실제 경험 및 제작						
탐구 과정	탐구질문 1	▸	탐구질문 2	▸	탐구질문 3	▸
	생각 조사하기		생각 연결 및 관계짓기		더 생각하고 실천하기	
프로젝트 1. 참된 아름다움	▸ 무엇에서 아름다움을 느낄 수 있을까? ㉨		▸ 참된 아름다움이란 무엇일까? ㉨㉯			
	국-한글의 아름다움을 인식하고 소중히 여기는 태도 갖기 도-아름다움의 의미, 종류 알기		도-참된 아름다움 사례 알기			

탐구 과정	탐구질문 1	▶	탐구질문 2	▶	탐구질문 3	▶
	생각 조사하기		생각 연결 및 관계짓기		더 생각하고 실천하기	
프로젝트 2. 우리 지역의 아름다움	▶ 우리 지역의 과거가 가진 아름다움에는 무엇이 있을까?(역사, 문화유산, 인물) ㉚ ▶ 현재 우리 지역의 모습은 어떨까?(중심지, 경관) ㉚		▶ 인천의 아름다움은 어떻게 만들어질까? ㉙ ㉛ ▶ 인천의 문제점을 아름다움으로 만들 수 있을까? ㉙ ㉛		▶ 우리 지역의 아름다움을 어떻게 전할 수 있을까? ㉜	
	사-우리 지역 역사에 대해 자부심 갖기 도-참된 아름다움을 판단하고 생활 속에서 실천하기 국-우리 지역 문화유산을 홍보하기 위해 한글을 바르게 사용하기 미-주변의 대상을 탐색하여 인천의 아름다움 찾기		사-우리 고장 중심지의 문제점 해결해보기		사-우리 지역 역사에 대해 자부심 갖기 도-참된 아름다움을 판단하고 생활 속에서 실천하기 국-우리 지역 문화유산을 홍보하기 위해 한글을 바르게 사용하기	
결과물	▶ 인천 문화체험 달력 ▶ 동요제를 위해 제작한 노래가사					
평가계획	▶ 참된 아름다움에 대한 나의 생각을 정리하여 표현할 수 있는가? ▶ 우리 지역 문화유산이나 역사를 소중히 여기는 태도나 자부심이 의견을 쓴 글에 드러나는가?					

관련 교과	성취기준	내용요소
국어 (10차시)	• [4국04-05]한글을 소중히 여기는 태도를 지닌다.	• 한글의 우수성, 아름다움
사회 (15차시)	• [4사03-02]고장 사람들의 생활과 밀접하게 관련이 있는 지역의 다양한 중심지(행정, 교통, 상업, 산업, 관광 등)를 조사하고, 각 중심지의 위치, 기능, 경관의 특성을 탐색한다. • [4사03-03]우리 지역을 대표하는 유·무형의 문화유산을 알아보고, 지역의 문화유산을 소중히 여기는 태도를 갖는다. • [4사03-04]우리 지역과 관련된 역사적 인물의 삶을 알아보고, 지역의 역사에 대해 자부심을 갖는다.	• 중심지의 위치와 기능 및 경관 • 지역의 특성 • 우리 지역의 문화유산 • 우리 지역의 역사적 인물
도덕 (4차시)	• [4도04-02]참된 아름다움을 올바르게 이해하고 느껴 생활 속에서 이를 실천한다.	• 참된 아름다움
음악 (4차시)	• [4음03-01]음악을 활용하여 가정, 학교, 사회 등의 행사에 참여하고 느낌을 발표한다.	• 음악과 행사
미술 (4차시)	• [4미01-02]주변 대상을 탐색하여 자신의 느낌과 생각을 다양한 방법으로 나타낼 수 있다.	• 주변 대상, 감각

대주제	공동체의 경제활동 (2학기)	운영기간	10월 2주 ~ 11월 3주

핵심역량 교과역량	▸ 지식정보처리 역량, 자기관리 역량, 공동체 역량, 창의적 사고역량 ▸ 국어-자료정보 활용역량 ▸ 사회-문제해결 및 의사결정력 ▸ 도덕-도덕적 공동체 의식

일반화	▸ 공동체의 경제활동에 대한 글을 읽고 사실과 구분을 구별하며 자신의 의견을 쓸 수
	  있다.
	▸ 공동체의 경제활동이 유지되기 위해서는 생산과 소비, 지역 간의 교류활동이 필요
	  하다.
	▸ 공동체의 경제활동이 유지되기 위해서는 협력이 필요하다.

핵심개념	▸ 국어: 의견이 드러나는 글 ▸ 사회: 자원의 희소성, 생산과 소비, 지역 간 교류 ▸ 도덕: 협동의 의미, 중요성
운영목표	프로젝트를 통해 공동체가 움직이기 위해 필요한 경제활동 그리고 지역 간의 교환 및 교류 사례를 통하여 경제활동의 밀접성을 탐구한다. 이를 통해 나의 소비가 공동체에 도 영향을 준다는 것을 알고, 나를 상징하는 소비가 무엇인지, 어떤 소비가 공동체를 이롭게 하고 나의 일상에 가치를 더해줄 수 있을지 고민한다.

운영방향 ⓢ - 사실 조사 및 관찰, ⓖ - 개념 및 분석, ⓝ - 논쟁거리, ⓢ - 실제 경험 및 제작					
탐구 과정	탐구질문 1	▶	탐구질문 2	▶	탐구질문 3	▶
	생각 조사하기		생각 연결 및 관계짓기		더 생각하고 실천하기

**프로젝트
1.**
 	
**생산과
소비**
	▸ 우리는 어떤 것들을 소비
	  하는가? ⓢ
			▸ 소비와 생산은 어떤
			  관계일까? ⓢⓖ
					▸ 소비할 때 어떻게 선택
					  해야 할까? ⓢⓝ

	사-생산과 소비의 경제활동 을 설명하기		사-생산과 소비의 경제 활동을 설명하기		국-관심 있는 주제에 대 해 의견 쓰기 사-자원의 희소성과 선택 의 문제 알기

탐구 과정	탐구질문 1	▶	탐구질문 2	▶	탐구질문 3	▶
	생각 조사하기		생각 연결 및 관계짓기		더 생각하고 실천하기	
프로젝트 2. 지역을 위한 소비	▶ 내가 소비하는 것들은 어디에서 올까? (사) ▶ 서로 다른 지역 간에 무엇을 교류할까? (사)(개)		▶ 나의 소비는 우리 지역과 다른 지역에 어떤 영향을 줄까? (개)(논)		▶ 우리 지역을 위해 어떻게 소비해야 할까? (논)(실)	
	국-글을 읽고 사실과 의견 구별하기 사-지역 간 교류 사례 조사하기		사-지역 간 경제활동의 밀접성 알기 도-토의를 통해 경청, 도덕적 대화하기		국-관심 있는 주제에 대해 의견 쓰기 도-협동의 의미와 중요성 알기	

결과물	▶ 텍스트 형태의 산출물, 포트폴리오
평가계획	▶ 나를 상징하는 합리적 소비계획을 문장의 짜임에 맞게 쓸 수 있는가? ▶ 친구들의 소비계획을 듣고 의견이 지역 간 경제활동의 밀접성을 반영하고 있는지, 경제적 교류, 협력의 필요성을 반영하고 있는지 평가할 수 있는가?

관련 교과	성취기준	내용요소
국어 (10차시)	• [4국03-03]관심 있는 주제에 대해 자신의 의견이 드러나게 글을 쓴다. • [4국02-04]글을 읽고 사실과 의견을 구별한다.	• 의견이 드러나는 글쓰기 • 사실과 의견
사회 (15차시)	• [4사04-03]자원의 희소성으로 경제활동에서 선택의 문제가 발생함을 파악하고, 시장을 중심으로 이루어지는 생산, 소비 등 경제활동을 설명한다. • [4사04-04]우리 지역과 다른 지역의 물자 교환 및 교류 사례를 조사하여, 지역 간 경제활동이 밀접하게 관련되어 있음을 탐구한다.	• 자원의 희소성 • 선택의 문제 • 생산과 소비 • 지역 간 물자 교환, 교류
도덕 (4차시)	• [4도02-04]협동의 의미와 중요성을 알고, 경청 · 도덕적 대화하기 · 도덕적 민감성을 통해 협동할 수 있는 능력을 기른다.	• 협동의 의미와 중요성

교과	운영방향		핵심역량 및 기타 평가요소
	형태	성격 및 특징요소	
국어	부분 프로젝트	• 독서교육을 통한 프로젝트의 몰입 • 프로젝트의 과정에서 의사소통 및 자기표현 도움 　-토의토론, 의견 나누기 　-자신의 의견 생각을 표현하는 도구 • 프로젝트 결과 산출물	문제해결 과정에서의 지식정보처리 역량, 산출물 표현 시 의사소통 역량 평가
사회	전면 프로젝트	• 미닝아웃 프로젝트의 주축이 되는 과목 　-소통과 참여의 필요성 인식 　-내가 사는 지역, 사회의 다양한 부분 읽기 　-더불어 사는 공동체를 위한 방안	공동체에 기여하고자 하는 공동체 역량의 평가, 프로젝트 산출물의 창의적 사고역량 평가
도덕	전면 프로젝트	• 프로젝트를 통한 바람직한 가치 형성 및 내면화 　-단단한 자아 만들기 　-공동체의 행복에 기여하기 위한 책임감, 시민의식의 함양	자기관리 역량, 공동체 역량, 심미적 감성 역량
수학	부분 프로젝트	• 교과 학습을 통해 개념을 이해하고 문제를 수학적으로 탐구하도록 함 • 프로젝트 학습 과정에서 문제해결의 도구로 활용 　-그래프로 나타내기	수학적 탐구 능력, 사고역량 평가
과학	비 프로젝트	• 교과 학습을 통한 과학적 탐구과정을 습득 　-문제해결을 위한 논리적, 단계적 접근 • 과학적 탐구 과정 및 논리적 해결 방안을 실생활에도 적용할 수 있도록 도움	과학적 탐구과정을 위한 지식정보처리 역량, 문제해결을 위한 창의적 사고역량 평가
체육	부분 프로젝트	• 바람직한 미닝아웃을 위하여 나 혹은 나의 의견과 생각을 신체활동으로 적극적으로 표현하는 방법을 배움 • 교과 학습을 통하여 발달 단계에서 필요한 다양한 기능과 공동체와 자연스럽게 어울리는 법 습득	체육교과의 기능 관찰평가

교과	영역	단원	핵심성취기준	평가시기	평가방법
음악	부분 프로젝트	• 프로젝트의 결과물을 음악적 요소를 활용하여 표현하도록 도움 • 다양한 음악적 지식과 기능을 학습하여 음악을 즐기는 태도를 기름		음악적 아름다움을 감상하고 표현하는 심미적 감성역량의 평가
미술	부분 프로젝트	• 생활에서 볼 수 있는 다양한 미술 관련 요소를 프로젝트와 관련지어 창의적인 문제해결 방안을 산출할 수 있도록 도움 • 프로젝트의 결과물을 다양한 요소로 표현하고 바람직한 태도로 감상하도록 함		심미적 감성역량, 창의적 사고역량의 평가
영어	비 프로젝트	• 영어전문 교사와의 교환 수업		생활영어 중심의 영역별 평가

5 주제별 프로젝트 학습 평가계획

시대에 따라 다른 사람들의 생활(자아 만들기) - 1학기					
교과	영 역	단원	핵심성취기준	평가시기	평가방법
국어	문학	5. 내가 만든 이야기	[4국05-03] 이야기의 흐름을 파악하여 이어질 내용을 상상하고 표현한다.	3월 4주	서술평가 상호평가
사회	정치· 문화사	4. 시대마다 다른 삶의 모습	[4사02-03] 옛 사람들의 생활도구나 주거형태를 알아보고, 오늘날의 생활모습과 비교하여 그 변화상을 탐색한다.	4월 1주	서술평가
도덕	자신 과의 관계	1. 도덕 공부, 행복한 우리	[4도01-01] 도덕 시간에 무엇을 배우며 도덕 공부가 왜 필요한지를 알고 공부하는 사람으로서 지켜야 할 규칙을 모범 사례를 통해 습관화한다.	3월 5주	포트폴리오
미술	감상	2. 알콩달콩 미술과 대화하기	[4미03-02] 관심 있는 미술작품과 미술가에 대하여 설명할 수 있다.	3월 4주	서술평가

공동체의 참여와 소통(참여, 소통) - 1학기

교과	영역	단원	핵심성취기준	평가시기	평가방법
국어	쓰기	8. 이런 제안 어때요	[4국03-03] 관심 있는 주제에 대해 자신의 의견이 드러나게 글을 쓴다.	5월 3주	서술평가
	듣기·말하기	6. 회의를 해요	[4국01-06] 예의를 지키며 듣고 말하는 태도를 지닌다.	5월 2주	자기평가 관찰평가
사회	정치	3. 지역의 공공기관과 주민 참여	[4사03-05] 우리 지역에 있는 공공기관의 종류와 역할을 조사하고, 공공기관이 지역 주민들의 생활에 주는 도움을 탐색한다.	5월 4주	포트폴리오
도덕	타인 과의 관계	2. 공손하고 다정하게	[4도02-03] 예절의 중요성을 이해하고, 대상과 상황에 따른 예절이 다름을 탐구하여 이를 습관화한다.	5월 4주	자기평가 포트폴리오
수학	자료와 가능성	5. 막대그래프	[4수05-01] 실생활 자료를 수집하여 간단한 그림그래프나 막대그래프로 나타낼 수 있다.	4월 4주	포트폴리오

공동체읽기1. 지역문화유산의 아름다움 - 1학기

교과	영역	단원	핵심성취기준	평가시기	평가방법
국어	읽기	1. 생각과 느낌을 나누어요	[4국02-05] 읽기 경험과 느낌을 다른 사람과 나누는 태도를 지닌다.	6월 4주	서술평가
	문법	9. 자랑스러운 한글	[4국04-05] 한글을 소중히 여기는 태도를 지닌다.	6월 2주	서술평가
사회	지리 인식	1. 지역의 위치와 특성	[4사03-01] 지도의 기본요소에 대한 이해를 바탕으로 하여 우리 지역 지도에 나타난 지리 정보를 실제 생활에 활용한다.	6월 2주	서술평가
	장소와 지역	1. 지역의 위치와 특성	[4사03-02] 고장 사람들의 생활과 밀접하게 관련이 있는 지역의 다양한 중심지(행정, 교통, 상업, 산업, 관광 등)를 조사하고, 각 중심지의 위치, 기능, 경관의 특성을 탐색한다.	6월 2주	서술평가 포트폴리오

교과	영역	단원	핵심성취기준	평가시기	평가방법
사회	역사 일반	2. 우리가 알아보는 지역의 역사	[4사03-03] 우리 지역을 대표하는 유·무형의 문화유산을 알아보고, 지역의 문화유산을 소중히 여기는 태도를 갖는다.	7월 3주	자기평가 포트폴리오
도덕	자연· 초월 과의 관계	3. 아름다운 사람이 되는 길	[4도04-02] 참된 아름다움을 올바르게 이해하고 느껴 생활 속에서 이를 실천한다.	6월 3주	자기평가 포트폴리오
음악	생활화	2. 음악으로 하나가 되어요	[4음03-01] 음악을 활용하여 가정, 학교, 사회 등의 행사에 참여하고 느낌을 발표한다.	7월 1주	포트폴리오 관찰평가
미술	체험	1. 안녕, 미술과의 눈 맞춤	[4미01-02] 주변 대상을 탐색하여 자신의 느낌과 생각을 다양한 방법으로 나타낼 수 있다.	7월 2주	포트폴리오

공동체읽기2. 도시와 촌락의 공존 - 2학기

교과	영역	단원	핵심성취기준	평가시기	평가방법
국어	쓰기	4. 이야기 속 세상	[4국03-05] 쓰기에 자신감을 갖고 자신의 글을 적극적으로 나누는 태도를 지닌다.	9월 2주	서술평가 관찰평가
	읽기	7. 독서 감상문을 써요	[4국02-02] 글의 유형을 고려하여 대강의 내용을 간추린다.	10월 1주	서술평가
사회	장소와 지역	1. 촌락과 도시의 생활모습	[4사04-01] 촌락과 도시의 공통점과 차이점을 비교하고, 각각에서 나타나는 문제점과 해결 방안을 탐색한다.	9월 4주	서술평가

공동체읽기3. 공동체의 경제활동 - 2학기

교과	영역	단원명	핵심성취기준	평가시기	평가방법
국어	문법	5. 의견이 드러나게 글을 써요	[4국04-03] 기본적인 문장의 짜임을 이해하고 사용한다.	10월 3주	서술평가

교과	영역	단원명	성취기준	평가시기	평가방법
사회	경제	2. 필요한 것의 생산과 교환	[4사04-04] 우리 지역과 다른 지역의 물자 교환 및 교류 사례를 조사하여, 지역 간 경제활동이 밀접하게 관련되어 있음을 탐구한다.	10월 5주	포트폴리오
도덕	타인 과의 관계	4. 힘과 마음을 모아서	[4도02-04] 협동의 의미와 중요성을 알고, 경청·도덕적 대화하기·도덕적 민감성을 통해 협동할 수 있는 능력을 기른다.	10월 5주	자기평가 상호평가

공동체를 위한 미닝아웃(미래: 변화와 다양성) - 2학기					
교과	영역	단원명	성취기준	평가시기	평가방법
국어	문학	1. 이어질 장면을 생각해요	[4국05-05] 재미나 감동을 느끼며 작품을 즐겨 감상하는 태도를 지닌다.	11월 3주	서술평가 상호평가
	듣기· 말하기	3. 바르고 공손하게	[4국01-02] 회의에서 의견을 적극적으로 교환한다.	12월 1주	자기평가 관찰평가
사회	사회, 문화	3. 사회 변화와 문화의 다양성	[4사04-06] 우리 사회에 다양한 문화가 확산되면서 생기는 문제(편견, 차별 등)및 해결 방안을 탐구하고, 다른 문화를 존중하는 태도를 기른다.	12월 1주	서술평가 포트폴리오
	사회, 경제사	4. 가족의 형태와 역할 변화	[4사02-06] 현대의 여러 가지 가족 형태를 조사하여 가족의 다양한 삶의 모습을 존중하는 태도를 기른다.	12월 4주	서술평가 포트폴리오
도덕	사회· 공동체 와의 관계	6. 함께 꿈꾸는 무지개 세상	[4도03-02] 다문화 사회에서 다양성을 수용해야 하는 이유를 탐구하고, 올바른 의사결정 과정을 통해 다른 사람과 문화를 공정하게 대하는 태도를 지닌다.	12월 1주	포트폴리오
미술	표현	3. 뚝딱! 창의력 발전소	[4미02-01] 미술의 다양한 표현 주제에 관심을 가질 수 있다.	10월 5주	서술평가 포트폴리오
	감상	4. 다 함께, 미술과 하나 되어	[4미03-03] 미술작품에 대한 자신의 느낌과 생각을 발표하고, 그 이유를 설명할 수 있다.	12월 3주	서술평가

우분투 활동을 통한 'Good to Great!' 프로젝트

1 학급 교육과정 운영관

비전

우분투 활동을 통한 Good to Great!

학년 교육과정

역사와 민주시민의식을 함양하는 주제 중심 교육과정

학급 교육과정 운영철학

과거, 현재와 함께 하는 우리들의 L.O.F.T(Live Of Futuer Thinking)

운영
목표
	…	• 공동체적 감수성, 협력적 인성, 타인의 상황을 이해하고 '다름'을 수용하며 관계를
		  형성하는 공감 능력을 키운다.
		• 주제와 관련된 다양한 자료들과 온작품을 통해 자연스럽게 민주시민의식을 함양
		  한다.
		• '세계 속 우리나라'의 긍정적인 관점과 자부심을 높인다.
		• 상호 공감하며 의사소통 역량을 향상시킨다.
		• 미래지향적이며 지속발전가능한 국가관, 세계관을 바탕으로 한 민주시민의식과
		  가치관을 정립한다.

운영기반	…	탐구 중심의 토론을 통한 프로젝트 학습

프로젝트 접근기반	…	• 탐구 중심의 조사 학습과 학습 내용의 구조화를 통한 토의 학습 • 인류의 과거, 현재, 미래에 대한 연역적, 귀납적 역사의식 탐구 • 인류의 지속가능성을 위해 기여할 수 있는 사람을 위한 역사적 배움 가치 추구

프로젝트 기반 주제 중심 교육과정 개요			
주제(가제)	알아가는 공동체	지속성장가능 공동체	정의로운 세상
소주제(1~9)	관계의 디딤돌	소중한 우리 국토	우리나라의 인권
	너와 나의 多加感	변화, 성장하는 우리 국토	우리나라의 법
	존중과 평화의 약속	다양한 국토 여행	정의로운 대한민국

잠재적 교육과정 – 역사적 사고력과 민주시민의식을 돕는 주제 중심 교육활동					
아침활동	월요일	화요일	수요일	목요일	금요일
	온책읽기	온책읽기	온책읽기	세상이야기	학급자치회의
학급특색	Motivation락(樂)		Action락(樂)		Creative락(樂)
	-맥락적 배움 성찰 -배움공책 정리 -행복한 아침맞이		-삶과 관련된 계절적·생태 적 체험하기		-글틀을 이용한 글쓰기 -나만의 문집 만들기
	프로젝트 조사활동		프로젝트 운영 과정, 방과후 개별활동		

대주제	선정 이유	구성 중점 (◎지식 ◆역량 ▶산출물)	편성 교과
알아 가는 공동체	-나는 누구인가? -친구의 의미는 무엇인가? -진정으로 상대방을 이해한다는 것은 무엇인가? -평화롭고 안전한 학급의 모습과 이를 위한 의미 있는 역할은 무엇인가? -자신과 타인의 감정을 이해하고 공감하는 역량을 기르고자 한다.	◎ 자신의 과거-현재의 모습을 이해하고 자신을 발견하는 과정을 통해 자존감, 미래의 희망을 찾는다. ◎ 타인과의 교류 이유, 소통의 방법을 이해한다. ◆ 지식정보처리 역량, 자기관리 역량, 공동체 역량, 심미적 감성역량 ▶ 프로젝트 산출물: 나와 친구에 대한 조형물 또는 '행복'포토 및 영상 제작 전시회, 나, 너, 우리의 평화로운 관계도 비주얼 씽킹 산출물	국어 (24) 사회 (14) 도덕 (3) 실과 (8) 체육 (4) 미술 (12)
지속 성장 가능 공동체	-내가 살고 있는 국토의 특징(자연환경, 인문환경)은 무엇인가? -우리 생활 속 국토의 변화, 성장 모습은 어떠한가? -소중한 우리 국토를 보호하는 방법은 무엇인가? -국토의 조화로운 발전을 위한 우리의 다짐과 앞으로의 노력할 점을 탐색하고 실천하고자 한다.	◎ 우리 국토의 위치와 영역, 자연환경, 인문환경을 알아본다. ◎ 국토의 조화로운 발전을 위해 노력하는 모습을 탐색하고 우리들의 할 일을 다양한 방법으로 표현한다. ◆ 지식정보처리 역량, 의사소통 역량, 공동체 역량, 창의적 사고역량 ▶ 프로젝트 산출물: 소중한 우리 국토 모형 전시회, 〈다양한 여행 프로젝트〉 계획서 및 보고서	국어 (34) 사회 (14) 도덕 (6) 과학 (12) 미술 (4)
정의 로운 세상	-인권이란 무엇인가? -정의로운 민주주의 국가를 이루기 위해 우리는 어떻게 참여하고 기여하는가? -바람직한 권리와 의무는 무엇인가? -인권 보장, 보호의 필요성과 과거, 현재의 노력하는 모습을 탐색하고 정의로운 대한민국을 만들어갈 마음과 태도를 기르고자 한다.	◎ 국가의 진정한 의미를 찾아 이해하며 사회구성원으로서 민주주의를 실천하는 태도를 지닌다. ◎ 인권의 뜻에 대한 이해를 바탕으로 인권이 존중되어야 하는 까닭을 설명하며 인권 침해 사례를 찾아 발표한다. ◆ 지식정보처리 역량, 자기관리 역량, 공동체 역량 ▶ 프로젝트 산출물: 인권 보호를 위한 캠페인 및 UCC, 정의로운 대한민국 홍보물 제작	국어 (32) 사회 (29) 도덕 (6) 실과 (8) 미술 (8)

3	**주제별 프로젝트 학습 운영계획**

대주제	알아가는 공동체	운영기간	3월 1주 ~ 3월 4주

핵심역량 교과역량	▶ 자기관리 역량, 공동체 역량 (자기주도학습 능력, 문제 인식, 정보 수집, 분석, 자아성찰) ▶ 국어-의사소통 역량　　▶ 사회-지식정보처리 역량, 공동체 역량
일반화	▶ 다양한 작품 감상을 위해 쓰기의 절차와 어휘 확장을 할 수 있다. ▶ 국토사랑을 위해 우리나라의 위치, 영역을 설명할 수 있다.
핵심개념	▶ 국어: 쓰기의 절차, 낱말 ▶ 사회: 국토, 위치와 영역
운영목표	〈알아가는 공동체〉로 자신과 친구에 대해 탐색하며 자기 이해 및 상대방에 대해 존중하고 상호 간 지켜야 할 공동체 윤리의식이 필요함을 자각함으로써 민주시민으로서 공동체적 책임의식 및 실천역량을 기른다. 또한 1인 1식물로 생태 체험학습으로 생명 존중을 실천하고자 한다.

운영방향 (사) - 사실 조사 및 관찰, (개) - 개념 및 분석, (논) - 논쟁거리, (실) - 실제 경험 및 제작					
탐구 과정	탐구질문 1	▶	탐구질문 2	▶	탐구질문 3	▶
	생각 조사하기		생각 연결 및 관계짓기		더 생각하고 실천하기	
프로젝트 1. 관계의 디딤돌	▶ 나는 누구인가? (사)		▶ 나의 과거-현재의 모습은 어떠한가? (사)(개)		▶ 지금의 모습은 미래 나의 모습은 어떠한 영향을 미칠까? (사)(논)	
	국-어휘 확장		국-다양한 작품 감상하기		도-감정과 욕구의 조화	
프로젝트 2. 너와 나의 多加感	▶ 나, 너, 우리는 누구인가? (사)		▶ 상대방과 함께 생활하는 것은 무엇인가? (사)(개) ▶ 왜 지켜야 하는가? (사)(논)		▶ 함께 행복을 만들어가기 위한 방법은 무엇인가? (개)(실)	
	사-국토의 위치와 영역의 이해		실-성장발달 모습		국-쓰기의 절차	

Chapter 04. 학년별 교육과정 재구성　**199**

탐구 과정	탐구질문 1	▶	탐구질문 2	▶	탐구질문 3	▶
	생각 조사하기		생각 연결 및 관계짓기		더 생각하고 실천하기	
프로젝트 3. 존중과 평화의 약속	▸ 행복한 우리의 모습은 무엇인가? ㈔		▸ 정의로운 공동체를 위한 학급 문제해결 방법은 무엇인가? ㈎ ▸ 2019년 이루고 싶은 개인 목표, 학급 목표는 세웠는가? ㈜		▸ 모두의 몸과 마음의 건강을 위한 환경은 어떻게 마련하는가? ㈛㈜	
	사- 국토사랑 방법 조사		국-나, 너, 우리의 건강한 성장 모습		도-감정과 욕구의 조화	
결과물	▸ 나와 친구에 대한 조형물 또는 '행복' 포토 및 영상 제작 전시회 ▸ 나, 너, 우리의 평화로운 관계도 비주얼 씽킹으로 표현하기					
평가계획	▸ 대상을 생각하며 설명하는 글을 쓸 수 있는가? ▸ 우리나라의 위치와 영역을 구분하는가? ▸ 남녀의 성적 발달 변화를 이해하는가?					

관련 교과	성취기준	내용요소
국어 (24차시)	• [6국03-01] 쓰기는 절차에 따라 의미를 구성하고 표현하는 과정임을 이해하고 글을 쓴다. • [6국04-02] 국어의 낱말 확장 방법을 탐구하고 어휘력을 높이는 데에 적용한다.	• 쓰기 절차 • 낱말 확장
사회 (14차시)	• [6사01-01] 우리나라의 위치와 영역이 지니는 특성을 설명하고, 이를 바탕으로 하여 국토사랑의 태도를 기른다.	• 국토의 위치와 영역
도덕 (3차시)	• [6도01-01] 감정과 욕구를 조절하지 못해 나타날 수 있는 결과를 도덕적으로 상상해보고, 올바르게 자신의 감정을 조절하고 표현할 수 있는 방법을 습관화한다.	• 감정과 욕구
실과 (8차시)	• [6실01-02]아동기에 나타나는 남녀의 성적 발달 변화를 긍정적으로 이해하고 성적 발달과 관련한 자기관리 방법을 탐색하여 실천한다.	• 성적 발달 변화
체육 (4차시)	• [6체01-01]성장에 따른 신체적 변화를 수용하고 건강한 성장과 발달을 저해하는 생활양식(흡연, 음주, 약물 오남용 등)의 위험성을 인식한다.	• 건강한 성장
미술 (12차시)	• [6미01-01]자신의 특징을 다양한 방법으로 탐색할 수 있다.	• 자신의 특징

대주제	지속성장가능 공동체	운영기간	4월 1주 ~ 5월 4주

핵심역량 교과역량	▸ 지식정보처리 역량, 자기관리 역량, 심미적 감성역량, 공동체 역량 -자기주도학습 능력, 문제 인식, 정보 수집, 분석, 자아성찰, 절제, 존중, 책임
일반화	▸ 국토의 소중함을 알기 위해 자연환경, 인문환경, 인구, 산업, 교통의 관계를 이해한다. ▸ 세계 글로벌 리더십을 함양하기 위해 지속성장가능한 국토 개발을 제안한다.
핵심개념	▸ 국어: 제안, 주장, 요약, 의견, 토의, 호응관계 ▸ 사회: 자연환경, 인문환경, 인구, 산업, 교통, 국토 개발, 지속성장가능
운영목표	함께 생활하는 주변 사람들과 가족 간에 배려와 협력을 실천하여 몸과 마음이 성숙하는 경험을 갖고자 한다. 또한 내가 딛고 있는 국토의 지리적 특징을 배우고, 더 나아가 국토의 소중함을 다양한 여행을 통해 몸소 체험하고 주변 사람들과 조화롭게 살아가는 방법을 탐색해본다.

운영방향 ⒮ - 사실 조사 및 관찰, ㉙ - 개념 및 분석, ㉺ - 논쟁거리, ㉤ - 실제 경험 및 제작						
탐구 과정	탐구질문 1	▶	탐구질문 2	▶	탐구질문 3	▶
	생각 조사하기		생각 연결 및 관계짓기		더 생각하고 실천하기	
프로젝트 1. 소중한 우리 국토	▸ 우리나라 위치와 영역에 따른 인문환경은 어떠한가? ⒮㉙		▸ 지형과 기후의 특징과 생활모습을 알고 표현하는가? ㉙		▸ 국토 모형 다양한 재료로 표현하는가? ㉙ ▸ 국토의 지형적 특징을 살려 지도를 만드는가? ㉺㉤	
	사-우리나라의 인문환경		사-자연환경과 인문환경의 특징		사-우리나라 발달 과정에 대한 이해와 미래 모습 설계	
프로젝트 2. 변화, 성장하는 우리 국토	▸ 인구분포의 특징과 문제점, 교통과 통신 등 변화하는 모습은 무엇인가? ⒮㉙		▸ 인문환경의 변화에 따라 달라진 국토의 모습을 설명하는가? ㉙		▸ 국토 개발의 필요성, 방향성을 제시하는가? ㉺㉤	
	사-인구분포 조사		사-자연환경과 인문환경의 관계		사-적정한 국토 개발 탐구 도-긍정적 삶의 태도 이해	

탐구 과정	탐구질문 1	▶	탐구질문 2	▶	탐구질문 3	▶
	생각 조사하기		생각 연결 및 관계짓기		더 생각하고 실천하기	
프로젝트 3. 다양한 국토 여행	▶ 지역 이름을 찾아서 지도에 표시하는가? (사)		▶ 주제에 따른 국토 여행 이동경로를 지도에 연결하는가? (개)		▶ 〈다양한 여행 프로젝트〉의 의미를 설명하는가? (논)(실)	
	사-국토 발전에 대한 이해		사-지역의 특성을 살린 국토 여행계획		국-국토사랑 글쓰기	
결과물	▶ 소중한 우리 국토 모형 전시회 ▶ 〈다양한 여행 프로젝트〉 계획서 및 보고서					
평가계획	▶ 포괄적인 지식을 활용해 글을 읽을 수 있는가? ▶ 우리나라 산업 구조의 변화와 교통 발달 과정을 이해하는가? ▶ 그림기호가 전달하는 의미를 이해하는가? ▶ 긍정적인 태도의 의미와 중요성을 아는가?					

관련 교과	성취기준	내용요소
국어 (34차시)	• [6국02-02] 글의 구조를 고려하여 글 전체의 내용을 요약한다. • [6국04-05] 국어의 문장성분을 이해하고 호응관계가 올바른 문장을 구성한다. • [6국01-02] 의견을 제시하고 함께 조정하며 토의한다.	• 요약하기 • 호응관계
사회 (14차시)	• [6사01-04] 우리나라 자연재해의 종류 및 대책을 탐색하고, 그와 관련된 생활 안전수칙을 실천하는 태도를 지닌다. • [6사01-05] 우리나라의 인구분포 및 구조에서 나타난 변화와 도시 발달 과정에서 나타난 특징을 탐구한다.	• 자연재해 • 인구분포
도덕 (6차시)	• [6도04-01] 긍정적 태도의 의미와 중요성을 알고, 어려움을 극복하기 위한 긍정적 삶의 태도를 습관화한다.	• 긍정적 태도
과학 (12차시)	• [6과-04-02] 다양한 생물이 우리 생활에 미치는 긍정적인 영향과 부정적인 영향에 대해 토의할 수 있다.	• 다양한 생물
미술 (4차시)	• [6미01-03]이미지가 나타내는 의미를 찾을 수 있다.	• 이미지

대주제	정의로운 세상	운영기간	5월 3주 ~ 6월 3주

핵심역량 교과역량	▸ 지식정보처리 역량, 자기관리 역량, 공동체 역량, 의사소통 역량 -자기주도학습 능력, 문제 인식, 정보 수집, 분석, 자아성찰, 존중, 책임
일반화	▸ 인권 침해 사례를 찾아 인권의 의미를 알아본다. ▸ 국가의 민주주의 실천을 위해 사회구성원으로서의 역할을 찾아 실천한다.
핵심개념	▸ 작품 감상, 어휘, 호응 ▸ 사회구성원, 민주주의, 인권, 국가
운영목표	국가의 진정한 의미를 찾아 이해하며 사회구성원으로서 민주주의를 실천하는 태도를 지닌다. 인권의 뜻에 대한 이해를 바탕으로 인권이 존중되어야 하는 까닭을 설명하며 인권 침해 사례를 찾아 발표한다.

운영방향 ㉔ - 사실 조사 및 관찰, ㉚ - 개념 및 분석, ㉛ - 논쟁거리, ㉜ - 실제 경험 및 제작						
탐구 과정	탐구질문 1	▶	탐구질문 2	▶	탐구질문 3	▶
	생각 조사하기		생각 연결 및 관계짓기		더 생각하고 실천하기	
프로젝트 1. 우리나라의 인권	▸ 모두가 행복한 공동체를 이루기 위한 국민의 바람직한 역할은 무엇인가? ㉔		▸ 인권 침해 사례를 찾아 인권의 의미와 중요성을 설명하는가? ㉚		▸ 인권 보장과 보호를 위한 노력을 알고 실천하는가? ㉛㉜	
	국-상호 간의 소통에 대한 이해 사-국민의 바람직한 역할 이해		사-인권과 인권 보호에 대한 이해		사-인권 보장과 보호를 위한 실천	
프로젝트 2. 우리나라의 법	▸ 우리나라 법의 특징은 무엇인가? ㉔㉚ ▸ 헌법의 역할은 무엇인가? ㉔ ▸ 국민의 기본권과 의무란 무엇인가? ㉔		▸ 법 활동에 따른 생활 모습의 변화를 이해하는가? ㉚ ▸ 우리나라 법의 성장 과정을 설명하는가? ㉚		▸ 바람직한 권리와 의무의 관계를 알고 실천하는가? ㉛㉜	
	사-법, 헌법, 권리와 의무에 대한 이해		사-법의 성장 과정에 대한 탐구		사-권리와 의무의 관계 이해 및 실천	

탐구 과정	탐구질문 1	▶	탐구질문 2	▶	탐구질문 3	▶
	생각 조사하기		생각 연결 및 관계짓기		더 생각하고 실천하기	
프로젝트 3. 정의로운 대한민국	▶ 공동체의 다양한 갈등과 해결 방법을 이해하는가? (사)(개)		▶ 인권을 침해하는 갈등과 인권을 존중하는 행동을 찾아 진정한 정의에 대한 가치를 설명하는가? (개)		▶ 생활 속 정의로운 대한민국을 다양한 방법으로 소개하는가? (논)(실)	
	사-공동체의 갈등과 해결 방법 이해		사-진정한 정의의 가치		사-정의로운 세상을 위한 노력	
결과물	▶ 인권 보호를 위한 캠페인 및 UCC ▶ 정의로운 대한민국 홍보물 제작					
평가계획	▶ 여러 가지 설명 방법을 알 수 있는가? ▶ 권리와 의무의 조화를 추구하는 실천의지를 다지는가? ▶ 실천가능한 인권을 존중하는 생활계획을 만들고 이를 지속적으로 실천하는가?					

관련 교과	성취기준	내용요소
국어 (32차시)	• [6국02-01] 읽기는 배경지식을 활용하여 의미를 구성하는 과정임을 이해하고 글을 읽는다. • [6국05-05] 작품에 대한 이해와 감상을 바탕으로 하여 다른 사람과 적극적으로 소통한다.	• 의미 구성 • 소통
사회 (29차시)	• [6사02-02] 생활 속에서 인권 보장이 필요한 사례를 탐구하여 인권의 중요성을 인식하고, 인권 보호를 실천하는 태도를 기른다. • [6사02-06] 법의 역할을 권리 보호와 질서 유지의 측면에서 설명하고, 법을 준수하는 태도를 기른다. • [6사02-04] 헌법에서 규정하는 기본권과 의무가 일상생활에 적용된 사례를 조사하고, 권리와 의무의 조화를 추구하는 자세를 기른다.	• 인권과 법 • 권리와 의무
도덕 (6차시)	• [6도03-01] 인권의 의미와 인권을 존중하는 삶의 중요성을 이해하고, 인권 존중의 방법을 익힌다.	• 인권 존중
실과 (8차시)	• [6실04-08]절차적 사고에 의한 문제해결의 순서를 생각하고 적용한다.	• 절차적 사고
미술 (8차시)	• [6미01-03]이미지가 나타내는 의미를 찾을 수 있다.	• 이미지

교과	운영방향		핵심역량 및 기타 평가요소
	형태	성격 및 특징요소	
국어	완전 프로젝트	• 프로젝트 주제별 문학 탐구 및 감성적 공감 -온작품 읽기를 통한 민주시민의식 및 역사적 지식정보 탐구 및 문학적 표현 • 프로젝트 전 과정 속 중심언어 도구로써의 구성원과의 상호작용 및 의사소통 활동 -글의 짜임에 맞게 요약하기 -언어예절을 지켜가며 말하기 • 주제와 관련된 지식 및 정보에 관한 다양한 읽을거리를 통해 비판적·공감적·창의적 사고 신장 -매체를 활용하여 자기주도학습의 결과를 포함한 생각, 느낌 표현하기 • 프로젝트 활동 전반에 걸친 언어표현 도구	의사소통 및 문학적 표현, 프로젝트 진행 과정 중 사회적 상호작용 역량 평가
사회	완전 프로젝트	• 프로젝트의 대주제인 철학과 역사의 이해에 기반을 두고 프로젝트 과정 전반의 맥락화를 이끄는 탐구 -국가란 무엇인가? -인권과 정의란 무엇인가? -역사는 우리에게 무엇을 말하고자 하는가? -철학적으로 생각하는 방법은 어떤 것인가?	우리나라를 중심으로 철학적·역사적 사고를 통한 발전적 사회화 과정 평가
도덕	완전 프로젝트	• 프로젝트 주제 및 내용의 인간적·사회적 공유 가치요소 • 프로젝트 과정에서의 탐구 가치 역할 • 프로젝트를 통한 생활 실천의식의 기반	민주시민으로서의 가치와 태도 평가
수학	비 프로젝트	• 사고력 중심의 원리 탐구, 개념이해 탐구 수학 • 절차적 사고력 기반의 실생활과 관련된 실용 수학 • 수학적 사고력 신장	원리 이해를 중심으로 한 수학적 사고역량 평가
과학	부분 프로젝트	• 과학적 탐구 및 의사소통 능력 강화 • 과학과 연계된 실생활 속 비주얼 씽킹 • 실생활과 학문을 연결하는 과학적 소양 함양	과학적 탐구활동 중심의 사회와 연계된 창의적 과정 평가
체육	부분 프로젝트	• 기초체력 신장 • 스포츠클럽 줄넘기부 운영 • 수영학습, 스키학습, 어울림한마당	교과활동에서의 실기 관찰평가

음악	비 프로젝트	• 교과전담 교사에 의한 독립 운영		음악의 생활화 중심의 심미적 표현 평가	
미술	부분 프로젝트	• 프로젝트의 심미적 감성 도출 및 공감 심화 • 프로젝트 산출물의 미적 형상화		심미적 체험 중심 평가	
영어	비 프로젝트	• 교과전담 교사에 의한 독립 운영		생활영어 중심의 영역별 평가	
창체	부분 프로젝트	• 범교과 및 인문학 도서 미팅, 토의토론, 뉴스포츠 활동 • 절차적 사고를 기반으로 한 SW교육		체험과정에서의 관찰평가	

5 주제별 프로젝트 학습 평가계획

알아가는 공동체					
교과	영 역	단원명	핵심성취기준	평가시기	평가방법
국어	듣기 말하기	1. 대화와 공감	[6국01-01] 국어 의사소통의 특성을 바탕 으로 하여 듣기·말하기 활동을 한다.	3월 3주	자기평가 관찰평가
	쓰기	4. 글쓰기의 과정	[6국03-01] 쓰기는 절차에 따라 의미를 구성하고 표현하는 과정임을 이해하고 글 을 쓴다.	3월 3주	서술평가 관찰평가
	문법	4. 글쓰기의 과정	[6국04-05] 국어의 문장성분을 이해하고 호응관계가 올바른 문장을 구성한다.	3월 4주	서술평가 관찰평가
사회	지리 인식	1. 국토와 우리 생활	[6사01-01] 우리나라의 위치와 영역이 지 니는 특성을 설명하고, 이를 바탕으로 하 여 국토사랑의 태도를 기른다.	3월 3주	자기평가 포트폴리오
도덕	자연· 초월 과의 관계	3. 긍정적인 생활	[6도04-01] 긍정적 태도의 의미와 중요성 을 알고, 어려움을 극복하기 위한 긍정적 삶의 태도를 습관화한다.	3월 3주	자기평가 포트폴리오
실과	인간발 달과 가족	1. 나의 성장과 발달	[6실01-02] 아동기에 나타나는 남녀의 성 적 발달 변화를 긍정적으로 이해하고, 성 적 발달과 관련한 자기관리 방법을 탐색 하여 실천한다.	3월 4주	관찰평가 상호평가
체육	건강	1-2. 건강 체력을 길러요	[6체01-02]건강을 유지하기 위한 체력 운 동을 선택하고 자신의 수준에 맞게 운동 계획을 세워 실천한다.	3월 3주	포트폴리오 상호평가
미술	체험	3. 생각이 꿈틀꿈틀	[6미02-01]표현 주제를 잘 나타낼 수 있 는 다양한 소재를 탐색할 수 있다.	3월 4주	포트폴리오 상호평가

지속 성장하는 공동체

교과	영 역	단원명	핵심성취기준	평가시기	평가방법
국어	읽기	3. 글을 요약해요	[6국02-02] 글의 구조를 고려하여 글 전체의 내용을 요약한다.	5월 3주	구술평가 상호평가
	쓰기	3. 글을 요약해요	[6국03-03] 목적·대상에 따라 알맞은 형식과 자료를 사용해 설명하는 글을 쓴다.	5월 4주	서술평가 관찰평가
사회	인문환경과 인간생활	1. 국토와 우리 생활	[6사01-06] 우리나라 산업 구조의 변화와 교통 발달 과정에서 나타난 특징을 탐구한다.	5월 1주	자기평가 토의토론 평가
도덕	자신과의 관계	2. 내 안의 소중한 친구	[6도01-01] 감정과 욕구를 조절하지 못해 나타날 수 있는 결과를 도덕적으로 상상해보고, 자신의 감정을 올바로 조절하고 표현할 수 있는 방법을 습관화한다.	5월 1주	서술평가 관찰평가
과학	생명의 연속성	5. 다양한 생물과 우리 생활	[6과04-01] 동물과 식물 이외의 생물을 조사하여 생물의 종류와 특징을 설명할 수 있다.	5월 2주	관찰평가
실과	가정생활과 안전	3. 나의 안전한 생활 문화	[6실02-02] 성장기에 필요한 간식의 중요성을 이해하고 간식을 선택하거나 만들어 먹을 수 있으며, 이때 식생활 예절을 적용한다.	5월 1주	관찰평가 상호평가

정의로운 세상

교과	영 역	단원명	핵심성취기준	평가시기	평가방법
국어	읽기	8. 아는 것과 새롭게 안 것	[6국02-01] 읽기는 배경지식을 활용하여 의미를 구성하는 과정임을 이해하고 글을 읽는다.	7월 2주	구술평가 관찰평가
	문학	10. 주인공이 되어(4)	[6국05-04] 일상생활의 경험을 이야기나 극의 형식으로 표현한다.	7월 2주	포트폴리오 관찰평가
사회	법	2. 인권 존중과 정의로운 사회	[6사02-01] 인권의 중요성을 인식하고 인권 신장을 위해 노력했던 옛사람들의 활동을 탐구한다.	6월 3주	포트폴리오 관찰평가
	법	2. 인권 존중과 정의로운 사회	[6사02-04] 헌법에서 규정하는 기본권과 의무가 일상생활에 적용된 사례를 조사하고, 권리와 의무의 조화를 추구하는 자세를 기른다.	7월 1주	구술평가 관찰평가
도덕	사회· 공동체 와의 관계	6. 인권을 존중하며 함께 사는 우리	[6도03-01] 인권의 의미와 인권을 존중하는 삶의 중요성을 이해하고, 인권 존중의 방법을 익힌다.	6월 1주	자기평가 관찰평가
미술	표현	5. 그림 기호로 소통해요	[6미01-03]이미지가 나타내는 의미를 찾을 수 있다.	6월 1주	포트폴리오 상호평가

세상의 가치와 자연의 이치를
생각하는 프로젝트

---

1 학급 교육과정 운영관

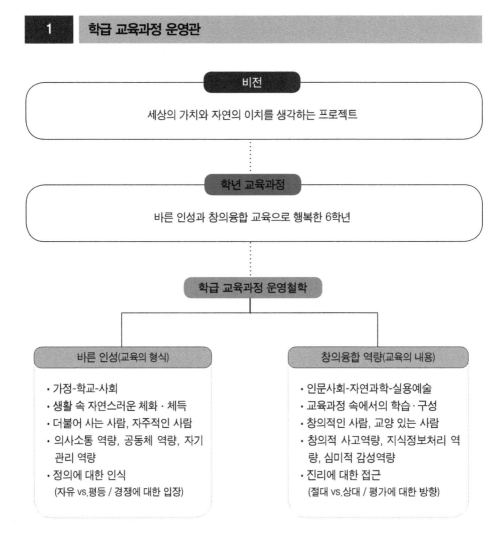

비전

세상의 가치와 자연의 이치를 생각하는 프로젝트

학년 교육과정

바른 인성과 창의융합 교육으로 행복한 6학년

학급 교육과정 운영철학

바른 인성(교육의 형식)

- 가정-학교-사회
- 생활 속 자연스러운 체화 · 체득
- 더불어 사는 사람, 자주적인 사람
- 의사소통 역량, 공동체 역량, 자기 관리 역량
- 정의에 대한 인식
  (자유 vs.평등 / 경쟁에 대한 입장)

창의융합 역량(교육의 내용)

- 인문사회-자연과학-실용예술
- 교육과정 속에서의 학습 · 구성
- 창의적인 사람, 교양 있는 사람
- 창의적 사고역량, 지식정보처리 역량, 심미적 감성역량
- 진리에 대한 접근
  (절대 vs.상대 / 평가에 대한 방향)

운영 목표	…	• 세상(생활주변, 공간)의 가치(價値) 인식 • 자연(동물 · 식물, 시간)의 이치(理致) 이해

운영기반	…	• 세상(공간)의 개념과 가치 탐구(민주주의, 경제성장, 세계문화, 통일과 번영) • 자연(시간)의 법칙과 이치 탐구(국가형성, 산업혁명, 세계문제, 지속가능 인류)

프로젝트 접근기반	…	• 6학년 교육과정 및 학생 특성 고려 • 세상(생활주변)과 자연(동식물)의 가치와 이치에 대한 배움 접근

프로젝트 기반 주제 중심 교육과정 개요			
구분		세상의 가치	자연의 이치
프로젝트 1. 함께 만드는 정치 (3~5월)	관련 교과	민주주의의 가치 (사회, 국어, 도덕, 창체, 음미체)	민주주의의 미래 (사회, 국어, 도덕, 창체, 음미체)
	성취목표 (핵심역량)	민주주의 가치 인식 (공동체, 의사소통)	민주주의의 미래 전망 (공동체, 의사소통)
프로젝트 2. 끊임없이 성장 하는 경제 (5~7월)	관련 교과	경제 발전의 의미 (사회, 국어, 도덕, 창체, 음미체)	지속가능한 경제공동체 (사회, 국어, 도덕, 창체, 음미체)
	성취목표 (핵심역량)	경제활동의 이해 (창의적 사고, 지식정보처리)	모두를 살리는 경제활동 (창의적 사고, 지식정보처리)
프로젝트 3. 다양한 움직임의 세계 (9~10월)	관련 교과	세계의 다양한 모습 (사회, 국어, 도덕, 창체, 음미체)	세계의 다양한 문제 (사회, 국어, 도덕, 창체, 음미체)
	성취목표 (핵심역량)	다양한 문화 인식 (공동체, 심미적 감성)	세계 여러 문제 인식 (공동체, 심미적 감성)
프로젝트 4. 인류의 미래 (11~12월)	관련 교과	한반도 통일과 번영 (사회, 국어, 도덕, 창체, 음미체)	지속가능발전 인류 (사회, 국어, 도덕, 창체, 음미체)
	성취목표 (핵심역량)	통일과 번영 기대 (공동체, 창의적 사고)	지속가능발전 인류 인식 (공동체, 창의적 사고)

프로젝트 미포함 교육과정

운영기반	• 국가 및 학교 수준 교육과정 기반 교과 및 창의적 체험활동 운영

1학기				
대주제	소주제	선정 이유	구성 중점 (◎지식 ◆역량 ▶산출물)	편성 교과
함께 만드는 정치	민주주의의 가치 - 민주주의의 미래	사회과 교육과정 중 정치 영역에 중점을 둔 프로젝트로 정치 형태를 결정하는 민주정과 독재정, 국민주권의 가치, 삼권분립, 우리나라의 민주화 과정, 시민 참여 등에 대해 생각하도록 하고자 함. 사회과 정치 영역의 두 번째 프로젝트로 정치에 대한 기본 개념과 가치를 파악한 후속활동으로서의 국가에 대한 다양한 탐구질문을 통해 정치에 대한 개념과 가치에 대한 인식을 심화해가기 위함.	◎ 민주정치와 독재정치, 국민주권의 가치, 삼권분립, 한국의 민주화 과정, 시민 참여 역사 속 국가의 형성과 모습, 국가의 구성요소, 국가의 형성, 국가기관의 종류와 역할, 정의로운 국가 등 ◆ 공동체 역량, 의사소통 역량 ▶ 민주주의 관련 발표/전시, 국가발전론 출판기념식	사회 국어
끊임없이 성장하는 경제	경제발전의 의미 - 지속 가능한 경제 공동체	사회과 교육과정 중 경제 영역에 중점을 둔 프로젝트로 경제 형태를 결정하는 성장과 분배, 경제 발전의 의미, 가계와 기업, 우리나라의 경제 발전 과정에 대해 생각하도록 하고자 함. 사회과 경제 영역의 두 번째 프로젝트로 경제에 대한 기본 개념과 의미를 파악한 후속활동으로 전 세계적인 경제흐름으로서의 산업혁명 과정에 대한 확인과 4차 산업혁명의 도래에 따른 다양한 탐구질문을 통해 미래 경제모습에 대한 통찰력을 심화시키기 위함.	◎ 성장과 분배, 경제 발전의 의미, 가계와 기업, 우리나라 경제 발전 과정, 1~3차 산업혁명 시대의 삶의 모습, 4차 산업혁명 시대의 모습 전망 등 ◆ 지식정보처리 역량, 창의적 사고역량 ▶ 경제 발전 관련 발표/전시, 산업혁명론 출판기념식	사회 국어

	3	주제별 프로젝트 학습 운영계획

대주제	함께 만드는 정치	운영기간	3월 1주 ~ 5월 3주

핵심역량 교과역량	▸ 공동체 역량, 의사소통 역량 ▸ 국어-비판적·창의적 사고역량　　▸ 사회-문제해결 및 의사결정력
일반화	▸ 공동체의 의견을 모으고 협력하기 위해 다양한 주장이 담긴 글을 읽고 적절성을 판단해야 한다. ▸ 공동체가 함께하기 위한 기능으로 정치의 기본 원리가 구성되며 민주정치는 우리와 영향을 주고받으며 성장한다.
핵심개념	▸ 국어: 주장과 근거 ▸ 사회: 정치의 형태
운영목표	다양한 주장을 가진 사람들이 바람직한 방법으로 공존하기 위해서는 정치의 형태가 필요하고, 사람들의 필요에 따라 만들어진 정치는 사람들과 영향을 주고받으며 성장해간다는 것을 인식한다. 더불어 현 민주주의의 모습과 앞으로 민주주의의 미래에 대해 깊이 고민해보는 기회를 갖는다.

운영방향 ⓐ - 사실 조사 및 관찰, ⓒ - 개념 및 분석, ⓑ - 논쟁거리, ⓓ - 실제 경험 및 제작					
탐구 과정	탐구질문 1	▶	탐구질문 2	▶	탐구질문 3	▶
	생각 조사하기		생각 연결 및 관계짓기		더 생각하고 실천하기	
프로젝트 1. 민주주의의 가치	▸ 우리나라 민주주의는 어떻게 확립되었나? ⓐ		▸ 왜 사람들은 민주주의를 위해 노력하였을까? ⓐⓒ		▸ 우리는 민주주의를 잘 지키고 있는가? ⓓ	
	사-4.19혁명, 5.18민주화운동, 6월 민주항쟁		사-4.19혁명, 5.18민주화운동, 6월 민주항쟁과 사람들의 생활 연결		국-주장이 담긴 글을 읽고 적절성 판단하기	

탐구 과정	탐구질문 1	▶	탐구질문 2	▶	탐구질문 3	▶
	생각 조사하기		생각 연결 및 관계짓기		더 생각하고 실천하기	
프로젝트 2. 민주주의의 미래	▶ 민주주의는 어떻게 작동할까? (사)		▶ 민주주의는 잘 작동하고 있을까? (사)(개)		▶ 앞으로 민주주의가 나아가야 할 방향은 무엇일까? (개)(실)	
	사-국회 정부, 법원이 하는 일, 삼권분립의 필요성, 민주주의의 생활 속 사례		사-생활 속 민주주의의 사례, 국회, 정부, 법원이 하는 일의 연결		국-주장이 담긴 글을 읽고 적절성 판단하기, 드러나지 않은 내용 추론하며 듣기	
결과물	▶ 주장하는 글(제안서), 포트폴리오					
평가계획	▶ 우리 생활에서 민주주의를 실천해야 함을 주장하는 글을 적절한 근거와 알맞은 표현을 사용하여 쓸 수 있는가? ▶ 민주정치가 우리 생활과 영향을 주고받으며 성장함을 알고 민주주의의 발전방향을 제안할 수 있는가?					

관련 교과	성취기준	내용요소
국어 (40차시)	• [6국02-04] 글을 읽고 내용의 타당성과 표현의 적절성을 판단한다. • [6국03-04] 적절한 근거와 알맞은 표현을 사용하여 주장하는 글을 쓴다. • [6국01-06] 드러나지 않거나 생략된 내용을 추론하며 듣는다.	• 다양한 주장 • 논설문의 특성 • 내용의 타당성, 표현의 적절성
사회 (22차시)	• [6사05-03]일상생활에서 경험하는 민주주의 실천 사례를 탐구하여 민주주의의 의미와 중요성을 파악하고, 생활 속에서 민주주의를 실천하는 태도를 기른다. • [6사05-04]민주적 의사결정 원리(다수결, 대화와 타협, 소수 의견 존중 등)의 의미와 필요성을 이해하고, 이를 실제 생활 속에서 실천하는 자세를 지닌다. • [6사05-05]민주정치의 기본 원리(국민주권, 권력분립 등)를 이해하고, 그것이 적용된 다양한 사례들을 탐구한다. • [6사05-06]국회, 행정부, 법원의 기능을 이해하고, 그것이 국민 생활에 미치는 영향을 다양한 사례들을 통해 탐구한다.	• 민주주의 발전 과정 • 민주적 의사결정 • 국민주권의 의미 • 국가기관의 역할 -국회, 정부, 법원

대주제	끊임없이 성장하는 경제	운영기간	5월 4주 ~ 7월 3주

핵심역량 교과역량	▶ 지식정보처리 역량, 창의적 사고역량 ▶ 국어-비판적·창의적 사고 역량 ▶ 사회-비판적 사고력
일반화	▶ 지속가능한 경제활동을 유지하기 위해서는 드러나지 않은 현 경제 성장의 문제점을 추론하는 과정이 필요하다. ▶ 지속가능한 경제활동을 유지하기 위해서는 경제주체의 합리적 선택과 바람직한 교류가 필요하다.
핵심개념	▶ 국어: 내용의 추론 ▶ 사회: 지속가능한 경제체제
운영목표	프로젝트를 통해 다양한 경제활동 사례로 경제주체들의 합리적 선택이 어떤 영향을 가져오는지, 합리적 선택이 왜 중요한지 생각해본다. 이를 통해 경제체제의 특징을 생각해보며 앞으로 변화할 경제체제의 모습을 예측해본다. 지속가능한 경제 발전을 위해 지금 가지고 있는 문제점을 파악하고 어떻게 해결해 나갈 것인지 고민한다.

운영방향 ㉕ - 사실 조사 및 관찰, ㉔ - 개념 및 분석, ㉢ - 논쟁거리, ㉘ - 실제 경험 및 제작						
탐구 과정	탐구질문 1	▶	탐구질문 2	▶	탐구질문 3	▶
	생각 조사하기		생각 연결 및 관계짓기		더 생각하고 실천하기	
프로젝트 1. 경제 발전의 의미	▶ 우리나라 경제를 움직이는 경제활동의 주체는 누구일까? ㉕		▶ 가계나 기업의 합리적인 선택은 어떤 것인가? ㉕㉔ ▶ 가계와 기업의 경제활동은 외부와 어떤 영향을 주고받는가? ㉕㉔		▶ 경제활동은 어떻게 이루어지는가? ㉔㉘	
	사-가계와 기업이 하는 일		사-가계와 기업의 합리적 선택, 시장, 나라 사이 경제적 교류		사-경제체제의 특징	

탐구 과정	탐구질문 1	▶	탐구질문 2	▶	탐구질문 3	▶
	생각 조사하기		생각 연결 및 관계짓기		더 생각하고 실천하기	
프로젝트 2. 지속가능한 경제공동체	▶ 경제는 어떻게 성장했는가? ㉛		▶ 경제 성장의 결과는 모두에게 바람직한가? ㉓		▶ 모두를 살리는 경제활동은 어떤 모습일까? ㉓㉓	
	사-6.25전쟁 이후, 70년대 이후, 90년대 이후 경제 성장 모습		사-경제 성장, 교류의 문제점과 해결 노력 국-드러나지 않은 내용 추론하며 듣기		국-드러나지 않은 내용 추론하며 듣기, 글을 읽고 내용의 타당성과 적절성 판단하기	
결과물	▶ 지속가능한 경제를 위한 논설문 외 텍스트 산출물					
평가계획	▶ 경제활동이 이루어지는 원리를 경제주체, 합리적 선택, 외부와의 영향을 연관시켜 설명할 수 있는가? ▶ 지속가능한 경제활동을 위한 방안을 쓰고 내용의 타당성과 적절성을 판단할 수 있는가?					

관련 교과	성취기준	내용요소
국어 (48차시)	• [6국01-06] 드러나지 않거나 생략된 내용을 추론하며 듣는다. • [6국02-04] 글을 읽고 내용의 타당성과 표현의 적절성을 판단한다. • [6국04-03] 낱말이 상황에 따라 다양하게 해석됨을 탐구한다.	• 드러나지 않은 내용 짐작하기 • 내용을 추론하는 방법
사회 (12차시)	• [6사06-01]다양한 경제활동 사례를 통해 가계와 기업의 경제적 역할을 파악하고, 가계와 기업의 합리적 선택 방법을 탐색한다. • [6사06-02]여러 경제활동 사례를 통하여 자유경쟁과 경제 정의의 조화를 추구하는 우리나라 경제체제의 특징을 설명한다. • [6사06-03]농업 중심 경제에서 공업·서비스업 중심 경제로 변화하는 모습을 중심으로 우리나라 경제 성장 과정을 파악한다. • [6사06-04]광복 이후 경제 성장 과정에서 우리 사회가 겪은 사회 변동의 특징과 다양한 문제를 살펴보고, 더 나은 사회를 만들기 위하여 해결해야 할 과제를 탐구한다.	• 경제주체의 역할 -가계, 기업 • 경제주체의 합리적 선택 • 경제체제의 특징 • 경제 성장의 과정과 문제점 • 경제 교류

교과	운영방향		핵심역량 및 기타 평가요소
	형태	성격 및 특징요소	
국어	전면 프로젝트	• 독서교육을 통한 프로젝트의 몰입 • 프로젝트의 과정에서 의사소통 및 자기표현 도움 　-토의토론, 의견 나누기 　-자신의 의견 생각을 표현하는 도구 　　· 프로젝트 활동 전반에 걸친 언어 표현 도구 　　· 프로젝트 결과 산출물	문제해결 과정에서의 지식정보처리 역량, 산출물 표현 시 의사소통 역량의 평가
사회	전면 프로젝트	• 프로젝트의 대주제의 기반 • 프로젝트 과정 전반의 맥락화를 이끄는 탐구 　- 민주주의와 국가 　- 경제 발전과 4차 산업혁명 　- 세계의 다양한 문화와 문제 　- 한반도 번영과 지속가능한 인류	공동체에 기여하고자 하는 공동체 역량의 평가, 프로젝트 산출물의 창의적 사고역량 평가
도덕	전면 프로젝트	• 프로젝트를 통한 바람직한 가치 형성 및 내면화 • 프로젝트 과정에서의 탐구 가치 역할 • 프로젝트를 통한 생활 실천의식의 기반	자기관리 역량, 공동체 역량, 심미적 감성 역량 평가
수학	부분 프로젝트	• 사고력 중심의 원리 탐구, 개념이해 탐구 수학 • 스토리텔링을 기반으로 생활과 상호작용하는 실용 수학 • 미래사회의 특징을 탐구하는 수학	수학적 탐구능력, 수학적 사고역량 평가
과학	비 프로젝트	• 교과 학습을 통한 과학적 탐구 과정을 습득 　- 문제해결을 위한 논리적·단계적 접근 • 과학적 탐구 과정 및 논리적 해결 방안을 실생활에도 적용할 수 있도록 도움	과학적 탐구 과정을 위한 지식정보처리 역량, 문제해결을 위한 창의적 사고역량 평가
체육	부분 프로젝트	• 기초체력 신장 • 스포츠클럽 줄넘기부 운영 • 뉴스포츠 운영 • 수영학습, 빙상학습, 어울림한마당	체육교과의 기능 관찰평가

음악	부분 프로젝트	• 프로젝트의 결과물을 음악적 요소를 활용하여 표현하도록 도움 • 다양한 음악적 지식과 기능을 학습하여 음악을 즐기는 태도를 기름	음악적 아름다움을 감상하고 표현하는 심미적 감성역량의 평가
미술	부분 프로젝트	• 생활 속에서 볼 수 있는 다양한 미술 관련 요소를 프로젝트와 관련지어 창의적인 문제해결 방안을 산출할 수 있도록 도움 • 프로젝트의 결과물을 다양한 요소로 표현하고 바람직한 태도로 감상하도록 함	심미적 감성역량, 창의적 사고역량의 평가
영어	비 프로젝트	• 영어전문 교사와의 교환 수업	생활영어 중심의 영역별 평가
창체	부분 프로젝트	• 범교과 및 인문학 도서 미팅, 자유토론, 뉴스포츠 활동 • 절차적 사고를 기반으로 한 SW교육	체험 과정에서의 관찰평가

5 주제별 프로젝트 학습 평가계획

민주주의의 가치					
교과	영역	단원	핵심성취기준	평가시기	평가방법
사회	정치	1. 우리나라의 정치 발전	[6사05-03]일상생활에서 경험하는 민주주의 실천 사례를 탐구하여 민주주의의 의미와 중요성을 파악하고, 생활 속에서 민주주의를 실천하는 태도를 기른다.	3월 2주	관찰 포트폴리오
국어	읽기	4. 주장과 근거를 판단해요	[6국02-04]글을 읽고 내용의 타당성과 표현의 적절성을 판단한다.	3월 4주	관찰 포트폴리오
	쓰기	9. 마음을 나누는 글을 써요	[6국03-02]목적이나 주제에 따라 알맞은 내용과 매체를 선정하여 글을 쓴다.	4월 1주	관찰 포트폴리오
	문법	7. 우리말을 가꾸어요	[6국04-06]일상생활에서 국어를 바르게 사용하는 태도를 지닌다.	4월 3주	관찰 포트폴리오

민주주의의 미래

교과	영 역	단원	핵심성취기준	평가시기	평가방법
사회	정치	1. 우리나라의 정치 발전	[6사05-04]민주적 의사결정 원리(다수결, 대화와 타협, 소수 의견 존중 등)의 의미와 필요성을 이해하고, 이를 실제 생활 속에서 실천하는 자세를 지닌다.	3월 4주	관찰 포트폴리오
국어	듣기· 말하기	〈독서 단원〉 책을 읽고 생각을 넓혀요	[6국01-03]절차와 규칙을 지키고 근거를 제시하며 토론한다.	4월 1주	관찰 포트폴리오
	문학	〈연극 단원〉 함께 연극을 즐겨요	[6국05-05]작품에 대한 이해와 감상을 바탕으로 하여 다른 사람과 적극적으로 소통한다.	4월 3주	관찰 포트폴리오

경제 발전의 의미

교과	영 역	단원	핵심성취기준	평가시기	평가방법
사회	경제	2. 우리나라의 경제 발전	[6사06-01]다양한 경제활동 사례를 통해 가계와 기업의 경제적 역할을 파악하고, 가계와 기업의 합리적 선택 방법을 탐색한다.	5월 2주	관찰 포트폴리오
국어	읽기	2. 이야기를 간추려요	[6국02-02] 글의 구조를 고려하여 글 전체의 내용을 요약한다.	5월 2주	관찰 포트폴리오
	듣기· 말하기		[6국01-01] 구어 의사소통의 특성을 바탕으로 하여 듣기·말하기 활동을 한다.	5월 2주	관찰 포트폴리오
	읽기	4. 주장과 근거를 판단해요	[6국02-04] 글을 읽고 내용의 타당성과 표현의 적절성을 판단한다.	5월 3주	관찰 포트폴리오
	쓰기		[6국03-04] 적절한 근거와 알맞은 표현을 사용하여 주장하는 글을 쓴다.	6월 2주	관찰 포트폴리오
	듣기· 말하기		[6국01-06] 드러나지 않거나 생략된 내용을 추론하며 듣는다.	6월 3주	관찰 포트폴리오

지속가능한 경제 공동체

교과	영 역	단원	핵심성취기준	평가시기	평가방법
사회	사회· 경제	2. 우리나라의 경제 발전	[6사06-06] 다양한 경제 교류 사례를 통해 우리나라 경제가 다른 나라와 상호 의존 및 경쟁 관계에 있음을 파악한다.	7월 1주	관찰 포트폴리오
국어	듣기· 말하기	3. 짜임새 있게 구성해요	[6국01-05] 매체 자료를 활용하여 내용을 효과적으로 발표한다.	7월 2주	관찰 포트폴리오
	문법		[6국04-01] 언어는 생각을 표현하며 다른 사람과 관계를 맺는 수단임을 이해하고 국어 생활을 한다.	7월 2주	관찰 포트폴리오

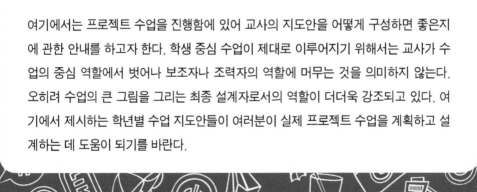

여기에서는 프로젝트 수업을 진행함에 있어 교사의 지도안을 어떻게 구성하면 좋은지에 관한 안내를 하고자 한다. 학생 중심 수업이 제대로 이루어지기 위해서는 교사가 수업의 중심 역할에서 벗어나 보조자나 조력자의 역할에 머무는 것을 의미하지 않는다. 오히려 수업의 큰 그림을 그리는 최종 설계자로서의 역할이 더더욱 강조되고 있다. 여기에서 제시하는 학년별 수업 지도안들이 여러분이 실제 프로젝트 수업을 계획하고 설계하는 데 도움이 되기를 바란다.

학년별 교수학습 지도안

프로젝트 수업, 어떻게 지도할 것인가?

<자랑스러운 우리나라> 프로젝트 수업

이제부터 앞서 소개했던 1학년 《나라사랑》 프로젝트에서 소주제 〈자랑스러운 우리나라〉 프로젝트 수업의 구체적인 지도안을 제시하려고 한다. 여기에 제시하는 지도안들은 모두 실제 프로젝트 수업의 교수학습 지도안들임을 미리 밝혀둔다. 아울러 이 프로젝트 수업의 대주제 프로젝트 학습 운영계획은 4장의 주제별 프로젝트 학습 운영계획(136~137쪽)에서 제시하였으니 해당 내용을 참고하기 바란다.

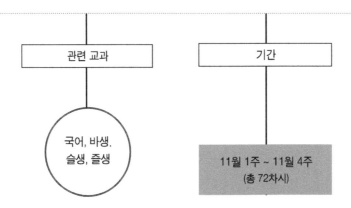

핵심 지식 · 가치

- 우리나라의 상징과 문화, 남북한의 생활모습과 문화 비교
- 남북 평화통일
- 우리나라의 아름다운 전통과 상징을 통한 나라사랑
- 통일에 대한 관심과 흥미(인류 평화)

관련 교과

국어, 바생, 슬생, 즐생

기간

11월 1주 ~ 11월 4주 (총 72차시)

흐름 (차시)	소프로 젝트명	활동 주제	활동 내용	관련 교과 및 성취기준	내용 요소	핵심 역량	평가 방법 (평가 도구)
1 (1~10)		우리 나라 만나기	• 교육과정 키워 드 분석 • 프로젝트 질문 만들기 • 온책 살펴보기	[2국02-03] 글을 읽고 주 요 내용을 확 인한다.	중요한 내용을 확인 하며 글 읽기	자기 관리 의사 소통 지식 정보 처리	관찰 평가 (체크 리스트)
2 (11~20)	자랑 스러운 우리 나라	우리 나라 알아 보기	• 놀이, 옷, 노래, 음식, 그릇, 집, 문양 등 우리나라의 전통 조사 • 우리나라의 국기, 노래, 꽃 조사	[2국01-01] 상황에 어울리 는 인사말을 주고받는다. [2국02-03] 글을 읽고 주 요 내용을 확 인한다.	우리 나라의 상징과 문화	의사 소통 지식 정보 처리	관찰 평가 (체크 리스트, 포트 폴리오)
3 (21~45)		우리 나라 소개 하기	• 우리나라 전통 문화 소개 자료 제작 • <u>우리나라 전통 전시회 활동</u> • 우리나라 상징 활용 방법 토의 • 우리나라 상징 여러 가지 방법 으로 표현하기	[2슬07-01] 우리 나 라 의 상징과 문화 를 조사하여 소개하는 자 료를 만든다. [2즐07-01] 우리 나 라 의 상징을 여러 가지 방법으 로 표현한다.	우리 나라의 상징과 문화 우리 나라의 상징과 문화 나라 사랑	의사 소통 창의적 사고 심미적 감성 공동체	관찰 평가 (체크 리스트, 포트 폴리오) 상호 평가 (상호 평가지)

흐름 (차시)	소프로 젝트명	활동 주제	활동 내용	관련 교과 및 성취기준	내용 요소	핵심 역량	평가 방법 (평가 도구)
4 (46~51)		남북한 알아 보기	• 남북한의 차이 점 알아보기 • 남북한의 공통 점 살펴보기	[2슬07-02] 남 북한의 공통 점과 차이점 을 비교한다.	남북한 의 생활 모습과 문화 비교	의사 소통 지식 정보 처리	관찰 평가 (체크 리스트)
5 (52~60)	통일 대한 민국	남북한 통일 모습	• 남북한 학생 역할로 나누어 놀이하기 • 통일을 해야 하는 이유 토 의 • 통일된 우리나 라 모습 표현 하기	[2즐07-02] 남북한에서 하는 놀이를 하고 통일을 바라는 마음 을 다양하게 표현한다.	남북한 의 놀이	의사 소통 창의적 사고 심미적 감성 공동체	관찰평가 (체크 리스트) 상호평가 (상호 평가지)
6 (61~72)		나라 사랑 및 통일 의지 다지기	• 나라사랑 시 화, 통일 다짐 서 표현하기 • 우리나라를 사 랑하고 널리 알리기 위한 방법 토의하고 실천하기	[2바07-01] 우리와 북한 이 같은 민족 임을 알고 통 일의지를 다 진다.	나라 사랑 통일 관심 표현	의사 소통 창의적 사고 자기 관리 공동체	상호평가 (상호 평가지) 자기평가 (성찰 기록지)

본시 프로젝트 학습 수업 구상안

프로젝트 주제 ▶ 자랑스러운 우리나라

프로젝트 목적 ▶ 우리나라의 전통문화에 대해 알아보고 자랑거리를 찾아보며 나라를 사랑하는 마음 기르기

학습주제	전시회를 통해 우리나라 전통 문화 소개하기	본시	흐름(3) 34/72
학습목표	우리나라 전통문화를 조사하여 소개할 수 있다.		
탐구질문	우리나라의 전통문화는 무엇일까?		
핵심 지식·가치	우리나라의 문화 우리나라의 자랑스러운 전통을 통한 나라사랑		
교수학습 전략	• 둘 가고 둘 남기 • 도트 보팅		
주요 핵심역량	• 지식정보처리 역량 : 우리나라의 전통문화 조사하기 • 의사소통 역량 : 우리나라의 전통문화에 대해 알게 된 점을 친구들에게 발표하고 질의·응답하기		
교수학습 자료	《우리나라를 소개합니다》와 《우리나라가 보여요》 프로젝트 도서, 전통전시회 6개 코너 설명 자료, 질문지, 클립보드, 질문판, 스티커		

본시 설계 시 중점사항		
단계	차시	활동 내용
전 차시	1-10 차시	**우리나라 만나기** - 나라사랑과 관련하여 떠오르는 낱말 생각하기 - '겨울 1-2' 교재를 통한 교육과정의 키워드 분석 - 나라사랑 프로젝트에 대한 질문 만들고 나누기 - 온책 《우리나라를 소개합니다》, 《우리나라가 보여요》 프로젝트 도서 탐구
	11-20 차시	**우리나라 알아보기** - 온책 기반 우리나라에 관련된 역사, 문화, 전통 탐색 - 교육과정과 연계하여 놀이, 옷, 노래, 음식, 그릇, 집, 문양 등에 대해 다양한 방법(인터뷰, 도서 활용 등)으로 조사활동 실시 - 우리나라의 상징물인 국기, 노래, 꽃에 대한 조사활동 실시
	21-33 차시	**우리나라 소개하기** - 그림, 만들기, 설명 자료 등으로 소개 자료 제작하기
본 차시	34 차시	각 모둠에서 조사·탐구한 우리나라 전통 자료 설명문과 전시 자료를 바탕으로 이번 차시에 '우리나라 전통 전시회'라는 배움 주제로 수업이 이루어진다. ♥ **배움 열기** 활동에서 그동안의 프로젝트 과정을 돌아보며 프로젝트의 흐름을 이어나간다. 또한 온책 도서 2권을 활용하여 우리나라 소개 자료의 필요성을 학생들이 다시 한 번 인식하고 배움에 임할 수 있도록 한다. ♥ **배움 활동1**에서 학생들은 '둘 가고 둘 남기' 전략을 통해 **우리나라 전통 전시회 큐레이터 및 관람자 역할**을 하게 된다. 우리나라의 문화 조사 및 자료 정리 활동을 통해 전통문화에 대한 기본 지식을 갖춘 학생들은 '둘 가고 둘 남기 토의'를 활용한 큐레이터와 관람자로 역할을 나누어 자신의 모둠을 제외한 5개 모둠의 설명을 듣게 된다. 학생들이 관람자로서 전시회를 둘러볼 때 생각할 점을 알아보고 질문의 기준을 제시하여 질문의 방향성을 안내하였다. ♥ **배움 활동2**에서 학생들은 우리나라 전통 전시회 코너별로 붙어 있는 **질문에 대한 응답활동**을 전개한다. 이때 질문은 **도트 보팅** 방법으로 선정하며, 질문에 대한 응답은 **전체 공유**를 통해 전시회 큐레이터뿐 아니라 전시회에 참가한 모든 학생이 들을 수 있도록 한다. 본차시에서 답변하지 못한 질문은 교실에 게시하여 모든 학생들이 참여할 수 있도록 함으로써 본차시 이후에도 우리나라의 전통문화에 대한 관심을 유지하도록 한다. ♥ **배움 공유** 본차시 학습활동에 대한 학생들의 생각을 알아보고 다음 활동인 '우리나라 상징 활용 방법 토의'에 대한 안내를 실시한다.
이후 차시	35-45 차시	**우리나라 소개하기** - 우리나라의 상징인 국기, 노래, 꽃을 실생활에서 자주 접할 수 있는 활용 방법 토의하기 - 토의를 기반으로 우리나라 상징을 여러 가지 방법으로 표현하기 (예: 무궁화 모양 빵, 태극기 디자인 색연필 등)

단계	배움활동 구상

◎ **프로젝트 준비하기 (전체학습)**

• **프로젝트 과정 돌아보기**
  - 프로젝트 활동 사진을 통해 자랑스러운 우리나라 프로젝트 활동 과정 되돌아보기

◎ **본 프로젝트 활동의 필요성 인식하기 (전체학습)**

> **핵심질문** (프로젝트 도서를 제시하며) 지은이가 《우리나라를 소개합니다》와
> 《우리나라가 보여요》 책을 쓴 이유는 무엇이라고 생각합니까?

• **우리나라를 알리는 소개 자료의 필요성 인식하기**
  - 프로젝트 도서를 읽은 경험 떠올리기
  - 프로젝트 도서를 통해 우리나라 소개 자료의 필요성 인식하기

**배움
열기**

〈나라사랑 프로젝트 도서들〉

◎ **학습문제 확인 (전체학습)**

• **학습문제 함께 확인하기**
  "전시회를 통해 우리나라 전통문화를 소개해봅시다."

◎ 활동 1 - 우리나라 전통 전시회 소개활동 (전체학습 → 모둠학습)

핵심질문 전시회 큐레이터의 설명을 들을 때 생각해야 할 것은 무엇입니까?

둘 가고 둘 남기 토의를 이용하여 우리나라 전통 전시회 활동을 실시해 봅시다.

◆ 활동 1에 대한 수업자 의도

전차시까지 이루어진 전통 관련 프로젝트 자료를 학생들에게 발표하는 단계다. 학생들은 둘 가고 둘 남기 활동을 통해 큐레이터(발표자)와 관람자로 활동하게 된다. 발표자는 담당한 전통 주제에 대해 여러 번 설명하면서, 관람자는 단순하게 전통의 주제에 대해 설명을 듣기보다는 설명이나 전시 자료에 대해 궁금한 점을 생각해보면서 우리나라의 전통문화에 대한 이해도를 높일 수 있는 기회를 제공하고자 하였다.

◆ 둘 가고 둘 남기 적용 방법

- 둘 가고 둘 남기는 모둠의 구성원 중 일부가 다른 모둠에 가서 정보를 수집해오고 그 결과를 바탕으로 모둠원의 의견을 정리하는 토론 방식이다. 본 수업에서는 둘 가고 둘 남기 토의·토론 형식을 변형하여 주제별 전통 소개 자료를 설명하는 큐레이터 2명과 설명을 듣고 질문을 하는 2명의 학생으로 나누어 활동한다.
- 큐레이터는 준비한 전통 주제에 대한 핵심내용, 가치에 대해 설명한다.
- 발표자는 설명을 들으면서 질문지를 기록하게 되는데, 1학년의 발달을 고려하여 빈칸을 채우는 질문지와 자유 질문지를 활용한다.
- 어떤 영역의 질문이 많은지 한 눈에 살펴볼 수 있도록 질문지는 질문 영역별로 색을 다르게 표시한다.

• 모둠별로 준비한 전통 전시회 안내하기
- 우리나라의 전통 놀이, 전통 옷, 전통 집, 전통 음식, 전통 그릇, 전통 문양 전시회장 자료를 안내하는 활동 실시
※ 교사가 전시 주제와 전시품이 무엇인지 간단하게 안내한다.

전통 그릇	전통 음식	전통 집
전통 문양		전통 옷
전통 놀이		

〈 우리나라 전통 전시회장 〉

배움
활동

배움 활동	• 우리나라 전통 전시회 큐레이터 설명을 들을 때 생각할 점 알아보기 　- 지식, 가치, 현대 활용 모습, 개선점 등의 질문 방향 안내하기 　※ 생각을 문장으로 표현하는 것이 아직 서툰 1학년 학생의 특성을 고려하여 예상 　　되는 질문을 제시하되, 예시 자료에 없는 경우 스스로 질문을 적을 수 있도록 안 　　내한다. | 〈지식〉 (　　)은/는 무 엇입니까?	〈가치〉 (　)은/는 왜 소 중한 전통문화로 남아 있습니까?	〈현대 활용 모습〉 (　)은/는 요즘 어떻게 사용하고 있습니까?	〈개선점〉 (　　)의 새롭게 바꾸고 싶은 점 은 무엇입니까?
〈지식〉 (　)은/는 왜 이렇게 만들었습 니까?	〈가치〉 (　)은/는 왜 중 요하다고 생각합 니까?	〈현대 활용 모습〉 (　)이/가 요즘 잘 사용되지 않 는 이유는 무엇 입니까?	〈개선점〉 (　　) 대신 (　　)을 사용 하는 것은 어떻 습니까?	 (자유 질문지) 〈 관람자 질문지 예시 자료 〉 • 우리나라 전통 전시회 활동하기 　- '둘 가고 둘 남기 토의', '질문생성 전략'을 통해 전통 전시회 활동하기 　- 큐레이터는 모둠별 전통문화 핵심내용과 가치에 대해 설명하기 　- 관람자는 큐레이터에게 설명을 들으면서 질문할 내용을 질문지에 적은 후 영역별 　　질문판에 붙이기 　※ 질문지는 붙임딱지를 활용하여 제시하되, 4가지 색으로 영역을 구분한다.

◎ **활동 2 - 우리나라 전통 전시회 질문지 답변활동 (모둠학습 → 전체학습)**

핵심질문 도트 보팅을 이용하여 답변할 질문을 선정해봅시다.

◆ **활동 2에 대한 수업자 의도**

우리나라 전통문화의 우수성에 대해 알고 자랑스러운 마음을 갖게 하려면 전통문화에 대해 생각해볼 기회가 많아야 한다. 활동 1에서 기록한 질문에 대한 답변을 전체 학생이 공유하면서 전통문화를 바라보는 시각, 전통문화에 대한 이해도를 알아본다. 활동 2에서는 주제별 질문 중 모둠에서 선정한 질문 1가지에 대한 답변을 전체 학생이 공유하며, 그 외 질문은 교실에 게시하여 추후 모든 학생들이 자유롭게 답변을 기록할 수 있도록 하여 우리나라 전통문화에 대해 지속적인 관심을 가질 수 있는 기회를 제공하고자 하였다.

◆ **도트 보팅 적용 방법**

- 도트 보팅은 토의 참가자들이 각자 제시한 의견에 대해 최종안을 선택하는 기법으로 절차의 민주성에 입각하여 선택된 안에 대해 참가자 전원의 공감을 얻어내는 기법이다. 주로 어떤 사안에 대한 선택이 필요할 때 활용하면 좋은 토의 방법이다. 본 수업에서는 모둠별로 전체 학생들과 공유할 질문 1가지를 선정하는 방법으로 활용한다.
- 모둠원은 질문판의 질문을 모아 영역별, 비슷한 질문으로 분류한다.
- 가장 많이 나온 영역의 질문으로 모둠원이 1인 2개의 스티커를 활용하여 투표를 실시한다.
- 동률일 경우 그 의견만 선정하여 다시 한 번 도트 보팅을 실시하여 최종 답변 질문지 1개를 선정한다.

• **모둠 토의로 답변할 질문 선정하기**
  - 같은 영역과 비슷한 내용으로 분류하기
  - 모둠에서 가장 많이 나온 영역의 질문 확인하기
  - '도트 보팅'을 통해 많이 나온 영역의 질문지 중 답변할 질문 1가지 선정하기

• **질문 답변활동**
  - 모둠별로 돌아가며 선정된 질문을 읽고 답변활동 실시하기
  - 답변을 받지 못한 질문지는 주제별로 게시하여 이후 자유롭게 답변할 수 있다는 내용 안내하기
  ※ 질문에 대한 답변에 대해 더 설명이 필요한 경우 추가 답변활동을 실시한다.
  ※ 활동2에서 다루지 못한 질문은 교실에 게시하여 모든 학생들이 자유롭게 답변을 할 수 있도록 한다.

**배움
활동**

배움 공유	◎ **생각과 느낌 공유하기 (전체학습)** • 본시 프로젝트 활동을 통해 생각한 점 나누기 • 다음 차시 프로젝트 활동 안내하기 - 우리나라 상징 활용 방법 토의 활동 안내

구분		본시 성취기준	관련 핵심역량	평가 방법 및 도구
평가 관점	교육 과정	• [2슬07-01] 우리나라의 상징과 문화를 조사 하여 소개하는 자료를 만든다.	창의적 사고역량, 지식정보처리 역량	관찰평가 (체크리스트, 포트폴리오)
	프로 젝트	• 모둠 친구들과 함께 우리나라의 전통을 소 개하는 자료를 만들어 친구들에게 설명할 수 있다. • 우리나라의 전통에 대한 나의 생각을 말할 수 있다.	공동체 역량, 의사소통 역량	관찰평가 (체크리스트, 포트폴리오)

<다양한 문화란 무엇인가?> 프로젝트 수업

2학년 《재생》 프로젝트 수업 중 소주제인 <다양한 문화란 무엇인가?> 프로젝트 수업의 구체적인 교수학습 지도안을 제시하려고 한다. 여기에 제시하는 지도안들은 모두 실제 프로젝트 수업을 실천하는 데 바탕이 된 지도안들임을 미리 밝혀둔다. 아울러 여기에서 소개하는 소주제를 포괄하는 대주제 프로젝트 학습 운영계획은 4장의 주제별 프로젝트 학습 운영계획(154~155쪽)에서 제시하였다.

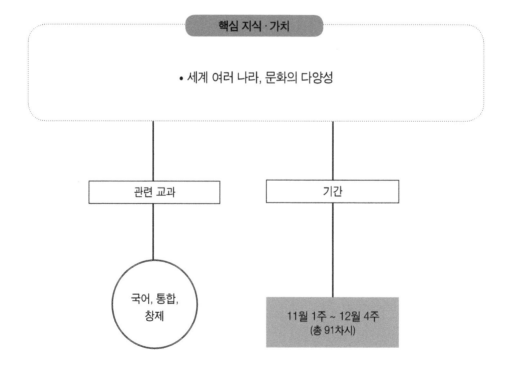

핵심 지식 · 가치

• 세계 여러 나라, 문화의 다양성

관련 교과

국어, 통합, 창제

기간

11월 1주 ~ 12월 4주
(총 91차시)

흐름 (차시)	활동 주제	활동 내용		관련 교과 및 성취기준	학습 방법	내용 요소	핵심 역량	평가 방법 (평가 도구)
도입 (15)	프로 젝트 준비 및 시작 하기	◎정보 공유하기 •관련 교육과정 분석하기 •정보검색, 및 읽기 자료 공 유하기 •세계 관련 경험 공유하기 ◎탐구 주제 선정하기 •관련 정보 검색하기 •협력토의, 및 의사결정하기 •탐구 소주제 선정하기		[2국01-05] 말 하는 이와 말 의 내용에 집 중하며 듣는 다. [2국01-02] 일이 일어난 순서를 고려 하며 듣고 말 한다.	전체 및 모둠	세계 여러 나라 이야기	의사 소통 역량 지식 정보 처리 역량	관찰 평가 자기 평가
프로 젝트 1 (20)	다양 한 나라	◎도입활동 •탐구질문 도출 •탐구주제 선정 ◎탐구활동 •탐구해결 계획 •결과 예상 •예상결과 협의 •일정 수립 •모둠구성 회의 •역할분담 •탐구활동 수행 •일지 작성	*세계 여러 나 라 관련 활동 *가고 싶은 나 라 조사 발표	[2슬07-03] 내가 알고 싶 은 나라를 조 사하여 발표 한다.	발표 토론	세계 여러 나라 언어, 수도, 상징물 등	의사 소통 역량 공동 체 역량	
프로 젝트 2 (21)	다양 한 문화		*세계 다양 환 경 알아보기 *세계 다양한 의식주 살펴 보기 *세계 다양 문 화 정리하기	[2즐07-04] 다른 나라 노 래, 춤, 놀이 를 즐기고 그 느낌을 다양 하게 표현한 다.	표현	세계 다양한 환경, 의식주 문화 등	지식 정보 처리 역량 창의 적 사고 역량	관찰 평가 자기 평가 포트 폴리 오
프로 젝트 3 (20)	다양 한 문제		*세계 곳곳 의 문제점 찾아보기 *해결을 위 해 우리 할 일 찾기 *SDGs 실천 홍보 자료 만들기	[2즐07-03] 다른 나라 문 화를 나타내 는 작품을 전 시·공연하고 감상한다.	감상	세계 곳곳의 다양한 문제들	심미 적 감성 역량	

흐름 (차시)	활동 주제	활동 내용	관련 교과 및 성취기준	학습 방법	내용 요소	핵심 역량	평가 방법 (평가 도구)
정리 (15)	비평 및 개선, 결과 물 발표 하기	◎ **비평 및 개선** •학생 자기 평가하기 •상호 동료 비평하기 •보강 및 개선하기 ◎ **발표 및 전시회** •발표 연습, 초대 준비하기 •리허설 및 행사하기 ◎ **성찰 및 정리** •탐구질문 답 확인하기 •프로젝트 일지 확인하기 •역량 성장 점검하기	[2즐07-03] 다른 나라 문 화를 나타내 는 작품을 전 시·공연하고 감상한다. [2국05-04] 자신의 생각 이나 겪은 일 을 시나 노 래, 이야기 등으로 표현 한다. [2안04-03] 지진, 황사, 미세먼지 등 의 위험을 알 고 상황발생 시 대처 방법 을 적용한다.	전시 감상 발표 평가	세계 여러 나라 관련 결과물 발표 및 전시 세계 여러 나라 관련 다양성 존중 및 인식	의사 소통 역량 공동 체 역량 지식 정보 처리 역량 심미 적 감성 역량	관찰 평가 자기 평가 상호 평가 포트 폴리 오 발표/ 전시

프로젝트 주제 ▶ 다양한 문화란 무엇인가?

프로젝트 목적 ▶ 세계 여러 나라의 모습과 문화적 다양성을 인식하고, 인류의 문제와 해결
방안에 대한 관심 갖기

학습주제	세계 여러 나라 관련 놀이 계획하기	본시	흐름(2) 56/91
학습목표	세계 여러 나라 관련 놀이를 계획할 수 있다.		
탐구질문	세계 여러 나라 관련 정보를 어떻게 놀이에 적용할까?		
핵심 지식·가치	세계 여러 나라의 특징과 생활 모습·다양성 존중		
교수학습 전략	• 표현 놀이 중심 지도		
주요 핵심역량	• 창의적 사고 역량: 자료 활용 놀이 계획하기		
교수학습 자료	세계 여러 나라 관련 활동 자료 등		

본시 설계 시 중점사항	
단계 (차시)	활동 내용
전차시 31-55 차시	'프로젝트 2. 다양한 세상' 본시 이전 차시까지 학생들은 다음과 같은 배움의 과정을 경험 하였다. - 세계 여러 나라의 다양한 환경 알아보기 - 세계 여러 나라의 의식주 살펴보기 - 세계 여러 나라의 다양한 모습 정리하기
본차시 56차시	본차시는 세계 여러 나라의 상징물, 언어, 음식 등 전차시에서 정리한 결과물을 활용하여 놀이를 계획해보는 수업을 구상하였다. - 그간의 배움 과정을 통해 알게 된 내용과 결과물 활용 및 적용하기 - 자신이 알고 있는 놀이 방식을 세계 여러 나라 관련 주제에 맞게 변형하여 구상하는 　종합적·창의적 사고 경험하기 - 구상한 내용 발표하며 세계 여러 나라 특징과 생활 모습에 대한 이해 증진하기
이후 차시 57-61 차시	발표한 내용과 결과물을 후속 차시에서 '세계 여러 나라 놀이활동'으로 직접 체험해보기 체험 과정 속 비평과 개선 과정을 통해 보다 완성된 프로젝트 결과물로 완성하고 발표회 (예: 세계놀이 카페 초청) 갖기

단계	배움활동 구상
배움 열기	◎ **학습문제 확인** • 학습문제 확인하기 　"세계 여러 나라 관련 놀이를 계획해보자."
배움 활동	◎ **활동 1. 놀이 방식 선정하기 (모둠)** • 세계 여러 나라 모습 담을 놀이 방식 선정하기 　`핵심질문`　세계 여러 나라 모습을 담을 놀이 방식에는 어떤 것이 있을까요? 　　　　- 평소 중간놀이 교실활동에서 활용한 다양한 놀이 중 본시 수업과 관련지 　　　　　을 수 있는 놀이 및 게임으로 접근하도록 유도한다.

◎ 활동 2. 놀이 내용 구상하기 (모둠)

- 세계 여러 나라 모습이 담긴 놀이 내용 구상하기

<table>
<tr><td>핵심질문</td><td>정해진 놀이 방식에 세계 여러 나라의 어떤 내용을 어떻게 담을 수 있을까요?</td></tr>
</table>

  - 특정 국가의 전체 내용에 초점을 두고 진행할 수도 있고, 특정 주제(음식, 수도, 국기, 언어 등)로 한정지어 적용할 수도 있다.

<table>
<tr><td>핵심질문</td><td>구상한 내용을 정리하여 소개해볼까요?</td></tr>
</table>

  - 결정한 사항은 3가지 정도로 한정하여 협의 초점을 집중시킨다.

◎ 활동 3. 세계 놀이 만들기 (모둠)

- 세계 여러 나라 모습 담긴 놀이 만들기

<table>
<tr><td>핵심질문</td><td>구상한 내용으로 세계 놀이를 만들어볼까요?</td></tr>
</table>

  - 각종 카드나 보드판은 이전차시 활동 결과물이나 중간놀이 자료 등 기존 자료를 활용하여 추가 제작으로 소요될 활동시간을 최소화한다.

◎ 활동 4. 세계 놀이 점검하기 (전체)

- 세계 여러 나라 관련 내용을 담은 모둠별 세계 놀이에 대해 발표하기

<table>
<tr><td>핵심질문</td><td>모둠이 만든 세계 놀이에 대해 발표 및 시연해볼까요?</td></tr>
</table>

  - 모둠별 간단한 놀이 규칙 설명과 놀이 시연을 보고 들으며 궁금한 점 및 개선이 필요한 사항을 확인한다.

<table>
<tr><td>핵심질문</td><td>다른 모둠의 발표를 듣고 개선할 점에 대해 조언해볼까요?</td></tr>
</table>

  - 발표한 모둠에게 궁금한 점에 대해 묻고, 개선 및 보완하면 좋을 점에 대해서도 조언한다.
  - 이어지는 차시에서 개선 및 보완을 완료하고, 직접 제작한 세계 여러 나라 관련 내용을 담은 놀이를 즐기는 시간을 가질 것을 안내한다.

왼쪽 세로: 배움 활동 / 배움 공유

구분		본시 성취기준	관련 핵심역량	평가 방법 및 도구
평가 관점	교육 과정	• [2국01-05] 말하는 이와 말의 내용에 집중 하며 들을 수 있다. • [2즐07-04] 다른 나라 노래, 춤, 놀이를 즐기 고 그 느낌을 다양하게 표현할 수 있다.	의사소통 역량 창의적 사고역량	관찰 및 상호평가 발표자료
	프로 젝트	• 세계 여러 나라의 특징과 생활모습을 다양 한 방법으로 표현할 수 있다.	창의적 사고역량 심미적 감성역량	

<절약과 소비의 문화> 프로젝트 수업

3학년 《문화의 변화》 프로젝트 중 소주제 〈절약과 소비의 문화〉 프로젝트 수업의 구체적인 교수학습 지도안을 제시하려고 한다. 여기에 제시하는 지도안들은 모두 실제 프로젝트 수업을 실천하는 데 바탕이 된 지도안들임을 미리 밝혀둔다. 아울러 여기에서 소개하는 소주제를 포괄하는 대주제 프로젝트 학습 운영계획은 4장의 주제별 프로젝트 학습 운영계획(171~172쪽)에서 제시하였다.

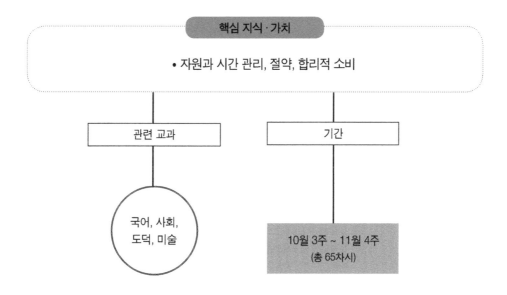

흐름 (차시)	소프 로젝 트명	활동 주제	활동 내용	관련 교과 및 성취기준	내용 요소	핵심 역량	평가 방법 (평가 도구)
1 (1~3)		주제 만나기	• 절약과 낭비에 관한 이야기 읽기(자린고비와 달랑곱재기, 새 드레스의 비밀)	[4국05-05]재미나 감동을 느끼며 작품을 즐겨 감상하는 태도를 지닌다.	절약 낭비	지식 정보 처리 역량	관찰 평가 (발표, 토의)
2 (4~6)	도구와 문화	질문 만들기	• 브레인스토밍으로 절약과 소비에 대한 질문 쓰기 • 불합리한 소비 사례 살피기	[4도01-02] 시간과 물건의 소중함을 알고 자신이 시간과 물건을 아껴 쓰고 있는지 반성해 보며 그 모범 사례를 따라 습관화한다.	불합 리한 소비	창의 적 사고 역량	자기 평가 관찰 평가 (활동지)
3 (7~28)		소비와 생활 도구	• 옛날 사람들의 생활과 소비문화 살펴보기 • 생활도구의 발달 과정 • 조상들의 합리적 소비를 위한 계산, 계량도구 스캠퍼 기법으로 구상하기 • 도구의 발달에 따른 문화와 소비생활의 변화 • 과거와 오늘날의 의복, 음식, 주거, 놀이, 소비문화 비교 및 체험하기	[4사02-04]옛날의 세시풍속을 알아보고, 오늘날의 변화상을 탐색하여 공통점과 차이점을 분석한다.	생활 과 소비	창의 적 사고 역량	관찰 평가 (발표, 포트 폴리오)

흐름 (차시)	소프 로젝 트명	활동 주제	활동 내용	관련 교과 및 성취기준	내용 요소	핵심 역량	평가 방법 (평가 도구)
4 (29~36)	전통 문화와 예절	세시 풍속과 소비 문화	• 옛날과 오늘날의 세시 풍속과 명절 알고 비 교하기 • 세시풍속에서 찾을 수 있는 조상들의 절약 정신 및 합리적 소비 문화와 지혜	[4사02-04]옛날의 세 시풍속을 알아보고, 오늘날의 변화상을 탐색하여 공통점과 차이점을 분석한다.	세시 풍속	지식 정보 처리 역량	자기 평가 관찰 평가 (발표, 토의)
5 (37~46)		예절과 공중 도덕	• 예절 지켜 바르게 대 화하기 • 언어예절에 맞는 소비 상황극하기 • 공공장소에서 지켜야 할 규칙과 문화 • 문화인으로서의 소비 예절과 마음가짐	[4국04-04] 높임법을 알고 언어예절에 맞 게 사용한다. [4도03-01] 공공장소 에서 지켜야 할 규칙 과 공익의 중요성을 알고, 공익에 기여하 고자 하는 실천의지 를 기른다.	공공 예절	자기 관리 역량	관찰 평가 상호 평가 (발표, 토의, 활동지)
6 (47~51)	절약과 소비의 문화	자원과 시간 관리	• 불합리한 소비 사례 6 가지 역할극으로 표 현하기 • 생선뼈 토의로 생각 더하기 • FPSP로 해결 방법 진 술하기	[4국05-05]재미나 감 동을 느끼며 작품을 즐겨 감상하는 태도 를 지닌다. [4도01-02] 시간과 물 건의 소중함을 알고 자신이 시간과 물건 을 아껴 쓰고 있는지 반성해보며 그 모범 사례를 따라 습관화 한다.	합리 적인 소비	자기 관리 역량 의사 소통 역량	관찰 평가 상호 평가 (발표, 토의)

흐름 (차시)	소프 로젝 트명	활동 주제	활동 내용	관련 교과 및 성취기준	내용 요소	핵심 역량	평가 방법 (평가 도구)
7 (52~55)		계획 표	• 해결 방법 실천하기 • 생활계획표와 용돈기 입장 만들기	[4도01-02] 시간과 물 건의 소중함을 알고 자신이 시간과 물건 을 아껴 쓰고 있는지 반성해보며 그 모범 사례를 따라 습관화 한다.	계획 적인 생활	자기 관리 역량	관찰 평가 (활동지)
8 (56~61)	절약과 소비의 문화	알뜰 장터	• 필요한 물건 목록 작 성하기 • 알뜰장터 계획 및 준 비하기 • 알뜰장터 실시하기 • 활동소감 나누기	[4도01-02] 시간과 물 건의 소중함을 알고 자신이 시간과 물건 을 아껴 쓰고 있는지 반성해보며 그 모범 사례를 따라 습관화 한다. [4도03-01] 공공장소 에서 지켜야 할 규칙 과 공익의 중요성을 알고, 공익에 기여하 고자 하는 실천의지 를 기른다.	나눔	자기 관리 역량 공동 체 역량	관찰 평가 상호 평가 (체크 리스트)
9 (61~65)		실천 다짐 하기	• 빈 병에 물건 넣기 체험 • 절약 실천 선언하기 • 프로젝트 소감문 쓰기	[4도01-02] 시간과 물 건의 소중함을 알고 자신이 시간과 물건 을 아껴 쓰고 있는지 반성해보며 그 모범 사례를 따라 습관화 한다. [4도03-01] 공공장소 에서 지켜야 할 규칙 과 공익의 중요성을 알고, 공익에 기여하 고자 하는 실천의지 를 기른다.	절약 실천	의사 소통 역량	자기 평가 (포트 폴리오)

2

본시 프로젝트 학습 수업 구상안

프로젝트 주제 ▶ 절약과 소비의 문화

프로젝트 목적 ▶ 자원과 시간 관리의 필요성을 알고 실천한다.

학습주제	합리적인 소비 방법 찾기	본시	흐름(6) 51/65
학습목표	불합리한 소비 사례를 통해 합리적인 소비 방법을 찾을 수 있다.		
탐구질문	실천 가능한 합리적 소비 방법은 어떤 것이 있을까?		
핵심 지식•가치	자원과 시간 관리, 절약, 합리적 소비		
교수학습 전략	• 생선뼈 토의토론 • FPSP(미래문제해결모형) 핵심문제 기술		
주요 핵심 역량	• 자기관리 역량: 합리적 소비 방법 찾기 • 의사소통 역량: 생선뼈 토의토론하기		
교수학습 자료	• 생선뼈 토의토론 활동지, 4think 활동판, 포스트잇		

본시 설계 시 중점사항	
단계 (차시)	활동 내용
전차시 47~50 차시	불합리한 소비 사례 6가지 살피고 역할극 만들기
본차시 51차시	본시에서는 불합리한 소비 사례를 살펴봄으로써 합리적인 소비의 중요함을 알고, 이를 실천하기 위하여 생선뼈 토의토론과 FPSP의 핵심문제 진술 방법으로 실천 가능한 합리적 소비 방법을 찾아본다. 이를 통하여 자기관리 역량과 의사소통 역량을 키울 수 있다. - 배움활동 1에서는 전 차시에 만든 불합리한 6가지 소비 사례(충동구매, 과소비, 낭비, 유행 추구, 사치, 인색)의 역할극을 시연하여 이와 같은 사례의 불합리성과 발생 가능성을 확인함으로써 합리적인 소비 방법의 필요성을 공감하도록 한다. - 배움활동 2에서는 생선뼈 토의·토론 전략을 통해 불합리한 6가지 사례가 발생한 원인을 구조화시켜 정확히 이해함으로써 이에 따른 알맞은 해결책을 강구하도록 한다. - FPSP(미래문제해결모형)에서 핵심문제를 진술할 때 '미래상황+조건+방법+목표' 4개의 요소를 포함한 문장으로 진술하도록 되어 있다. 이를 활용하여 본시의 배움공유활동에서는 핵심문제 선정과 해결 아이디어 생성을 하나의 절차로 통합하여 해결 아이디어를 '상황+조건+방법+목표'를 포함한 문장으로 진술하도록 하였다. 이를 통해 문제 상황과 고려해야 할 조건, 해결 방법을 통해 이루어야 할 목표를 다시 한 번 상기시킴으로써 배움활동의 정리가 명확히 이루어지도록 하였다.
이후 차시 52-65 차시	- 해결 방법을 실천하고 시간계획표, 용돈사용 계획표 만들기 - 필요한 물품 목록 작성하여 알뜰장터 계획 세우고 열기 - 절약실천 선언하기, 프로젝트 소감문 쓰기

단계	배움활동 구상
배움 열기	◎ **배움 과정 확인** • 진행되고 있는 프로젝트 과정 확인하기 ◎ **학습문제 확인 (전체학습)** • 학습문제 함께 확인하기 "합리적인 소비 방법을 찾아봅시다."

◎ **활동 1 – 불합리한 소비 사례 역할극(전체학습 → 모둠학습)**

• 전 단계에서 만든 불합리한 소비 사례 6가지 역할극 발표하기
  - 우리 주변에서 일어날 수 있는 불합리한 소비 사례를 1~2분 정도의 역할극으로 표현해봅시다.

> **핵심질문**

  - 어떤 문제가 생겼나요?
  - 왜 이런 일이 생겼을까요?
  - 계속 이런 일이 생기면 어떻게 될까요?

◎ **활동 2 – 생선뼈 토의토론(모둠학습)**

• 6가지 불합리한 소비 사례가 생긴 원인과 결과, 해결 방법 떠올리기
  - 각 사례에 해당하는 자신의 경험, 사례가 발생한 원인에 대하여 모둠원이 돌아가며 말해봅시다.
• 합리적인 소비를 위한 실천 방법 생각하기
  - 6개의 큰 가시 위에 불합리한 소비 사례를 적고, 작은 가시에는 합리적인 소비를 위해 실천할 수 있는 방법들을 포스트잇에 적어 붙여봅시다.

◎ **활동 3 - 실천 방법 평가(모둠학습)**

• 활동2에서 나온 방법들을 평가하여 최선의 방법 고르기
  - 다음의 평가기준에 맞추어 평가해봅시다.

> **핵심질문**

평가기준	발문
윤리	바람직한 방법인가?
안전	안전한 방법인가?
실천 가능성	실천할 수 있는 방법인가?
효과	해결에 효과적인가?

배움 활동

◎ **FPSP 핵심문제 기술(모둠학습 → 전체학습)**

• 모둠별 평가 결과 가장 좋은 방법을 칠판용 4-Think 활동판에 적어 붙이기
  - 평가 결과가 가장 좋은 방법을 발표해봅시다.

배움 공유

구분		본시 성취기준	관련 핵심역량	평가 방법 및 도구
평가 관점	교육 과정	• [4도01-02] 시간과 물건의 소중함을 알고 자신이 시간과 물건을 아껴 쓰고 있는지 반성해보며 그 모범 사례를 따라 습관화한다.	자기관리 역량 의사소통 역량	관찰평가 (발표, 토의)
	프로 젝트	• 불합리한 소비 사례의 문제점을 알고 원인과 해결 방법을 말할 수 있다.		

<지역을 위한 소비>
프로젝트 수업

4학년 《공동체의 경제활동》 프로젝트 중 소주제인 〈지역을 위한 소비〉 프로젝트 수업의 구체적인 교수학습 지도안을 제시하려고 한다. 여기에 제시하는 지도안들은 모두 실제 프로젝트 수업을 실천하는 데 바탕이 된 지도안들임을 미리 밝혀둔다. 아울러 여기에서 소개하는 소주제를 포괄하는 대주제 프로젝트 학습 운영계획은 4장의 주제별 프로젝트 학습 운영계획(189~190쪽)에서 제시하였다.

핵심 지식·가치

- 희소성으로 인한 경제 문제의 발생과, 이를 해결하기 위한 비용과 편익의 고려
- 공동체를 위한 절제와 배려 및 책임감

관련 교과	기간
국어, 사회, 도덕	10월 2주 ~11월 3주

흐름 (차시)	소프로젝트명	활동 주제	활동 내용	관련 교과 및 성취기준	내용 요소	핵심 역량	평가 방법 (평가 도구)
1 (1~6)	프로젝트 만나기		• 관련 주제글쓰기 • 주제글 공유 • 프로젝트 학습계획 수립	[4국02-04]글을 읽고 사실과 의견을 구별할 수 있다.	사실과 의견 구분	지식 정보 처리 역량	서술 평가 (학급 주제 글쓰기 노트)
2 (7~20)	생산 과 소비	생산 과 소비 에 대해 알아 보기	• 생산과 소비의 의미 알기 • 생산/소비의 과정 탐구 • 착한소비와 나쁜 소비 설문 및 정의 • 소비의 종류 탐구 • 바른 소비의 영향 토의토론	[4사04-03]자원의 희소성으로 경제활동에서 선택의 문제가 발생함을 파악하고, 시장을 중심으로 이루어지는 생산, 소비 등 경제활동을 설명할 수 있다.	생산과 소비, 선택의 문제, 희소성, 생산 활동의 종류	자기 관리 역량	관찰 평가 서술 평가 (UCC, 프로 젝트 노트)
3 (21~39)	지역 을 위한 소비	지역 간 경제 적 교류, 지역 을 위한 소비 방안 알아 보기	• 지역의 경제적 교류 탐구 • 지역을 바꾸는 데 필요한 것 조사 • 우리 지역의 소비 현황 조사 • 지역을 변화시키는 소비 방안 탐구 • 지역을 변화시키는 소비 방안 실천	[4국03-03]관심 있는 주제에 대해 자신의 의견이 드러나게 글을 쓸 수 있다. [4사04-04] 우리 지역과 다른 지역의 물자 교환 및 교류 사례를 조사하여, 지역 간 경제활동이 밀접하게 관련되어 있음을 탐구할 수 있다. [4도02-04] 협동의 의미와 중요성을 알고, 경청 · 도덕적 대화하기 · 도덕적 민감성을 통해 협동할 수 있는 능력을 기를 수 있다.	선택의 문제, 희소성, 지역 간 경제 교류, 의견이 드러나는 글쓰기 협동의 의미, 중요성	공동체 역량 창의적 사고 역량	관찰 평가 상호 평가 (포스터/ 그림, 프로 젝트 노트)

4
(40-42)
	프로
	젝트
	피드
	백
	및
	반성
		• 지속적인 합리적 소비의 실
		  천의지 다짐하기
		• 프로젝트 학습에 대한 피드
		  백 및 에세이 작성
			[4국03-03]관심 있
			는 주제에 대해 자신
			의 의견이 드러나게
			글을 쓸 수 있다.
				문장의
				짜임,
				요소
					공동체
					역량
						자기
						평가
						(에세이)

2 본시 프로젝트 학습 수업 구상안

프로젝트 주제 ▶ 지역을 위한 소비

프로젝트 목적 ▶ 우리 지역에 긍정적인 영향을 줄 수 있는 소비계획의 수립

학습주제	우리 지역을 변화시키는 소비	본시	흐름(3) 29/42
학습목표	지역을 위한 소비 방안을 찾을 수 있다.		
탐구질문	지역을 위한 소비는 어떤 것인가?		
핵심지식 · 가치	선택의 문제, 생산과 소비		
교수학습 전략	• 어항토의		
주요 핵심역량	• 공동체 역량, 창의적 사고역량: 우리 지역을 위한 소비 방안 찾기		
교수학습 자료	개인별 프로젝트 노트		

본시 설계 시 중점사항		
단계 (차시)		활동 내용
전 차 시	21-25차시	지역과 지역의 소비로 지역을 바꾸는 경제적 교류 알아보기
	개별과제	우리 지역의 소비 현황 알아보기
	26-28차시	우리 지역을 바꾸는 데 무엇이 필요한지 알아보기
본차시 29차시		본차시에서는 지역의 발전에 도움이 되는 소비에 대해 함께 고민하고 의견을 나눈다. 소비는 개인이 하는 것이지만 나의 소비, 우리의 소비가 지역에 영향을 주고 지역 간의 경제적 협력이 전체의 이익을 증가시킨다는 것을 다시 한 번 생각함으로써 공동체 역량을 기르도록 한다. - 지역의 발전에 도움이 되거나 지역에 긍정적인 영향을 줄 수 있는 소비에 대해 모둠과 의견을 나눈다. - 어항토의를 통해 지역을 위한 소비는 어떤 것인지 전체와 의견을 나누며 모둠 혹은 개인의 생각을 정리한다. 수업 과정에서 교사는 어항토의에서 제시된 의견을 마인드맵 형식으로 판서하고, 토의방향이 주제에서 벗어나지 않도록 한다. 이를 통해 모든 학생이 토의 주제에 대해 고민하고 의견을 정리할 수 있도록 돕는다.
이후 차시 30-39차시		지역을 위한 소비 방안 실천 및 내용 공유(포스터, 그림 제작 외)

단계	배움활동 구상
배움 열기	◎ **학습문제 확인** • 학습문제 함께 확인하기 　"우리 지역을 위한 소비방법을 찾아보자" • 차시 학습 방법 안내 　- 어항토의 학습활동 안내 및 토의 방법 상기, 점검

배움 활동	◎ **활동1- 우리 지역을 위한 소비방법 찾기(모둠학습 → 전체학습)** 　핵심질문　우리 지역을 위한 소비는 무엇일까요? • **모둠별 의견 나누기** 　- 모둠 친구들과 토의주제에 대한 의견 나누며 정리하기 • **모둠별 자리배치하고 토의 준비하기** 　- 중앙의 토의참여자, 청중으로 나누어 어항토의 준비하기 • **토의토론자를 교체하며 진행하기** 　- 토의 진행자들은 발언권을 얻고 토의 주제에 대한 의견을 제시 • **모둠별 작전타임 갖기** 　- 각 모둠은 잠시 모여 모둠의 의견을 함께 수정하거나 보충함 • **다시 토의토론자를 교체하며 진행하기** 　- 각 모둠의 다음 참여순서 학생들이 어항 안으로 들어와 토의를 진행 • **의견들을 종합해주기** 　- 의견이 충분히 오고 간 다음 교사는 전체의 의견을 종합 혹은 정리함 ◎ **활동2- 개인별 주제에 대한 의견 정리(개별학습 → 전체학습)** 　핵심질문　소비 방안을 실천함으로써 지역에 가져올 긍정적인 영향은 무엇 　　　　　일까요? 　　　　　우리 지역을 긍정적으로 바꾸어줄 수 있는 소비 방안을 정리해봅 　　　　　시다. • **토의한 내용을 바탕으로 개인의 의견 정리하기** 　- 토의에 참여하며 정리한 내 생각이나 의견을 개별 프로젝트 노트에 정리하기 • **생각 나누기** 　- 지역을 바꾸기 위한 소비에 대한 생각이나 의견 발표하기
배움 공유	◎ **배움 내용 정리** • 토의 주제에 대한 개인의 생각 정리 • 인상 깊은 생각이나 의견 이야기 　- 학생 활동 예: 저는 ○○이의 의견이 인상적이었습니다. 시장 상인들의 수입이 　　늘어나면 우리 지역의 경제가 다 같이 좋아진다는 것을 알게 되었고, 그 방법도 　　우리가 실천할 수 있는 것이기 때문입니다. ◎ **배움 차시 예고** • 정리한 생각 혹은 의견을 바탕으로 글쓰기

구분		본시 성취기준	관련 핵심역량	평가 방법 및 도구
평가 관점	교육 과정	• 자원의 희소성으로 경제활동에서 선택의 문제가 발생함을 파악하고, 시장을 중심으로 이루어지는 생산, 소비 등 경제활동을 설명할 수 있다.	공동체 역량, 창의적 사고역량	관찰평가 (프로젝트 노트)
	프로 젝트	• 토의 과정에서 다른 사람의 의견을 경청하고 자신의 의견을 바르게 제시한다. • 지역을 위한 소비 방안에 대한 의견을 정리할 수 있다.		

〈우리나라의 인권〉 프로젝트 수업

5학년 《정의로운 세상》 프로젝트 중 소주제인 〈우리나라의 인권〉 프로젝트 수업의 구체적인 교수학습 지도안을 제시하려고 한다. 여기에 제시하는 지도안들은 모두 실제 프로젝트 수업을 실천하는 데 바탕이 된 지도안들임을 미리 밝혀둔다. 아울러 여기에서 소개하는 소주제를 포괄하는 대주제 프로젝트 학습 운영계획은 4장의 주제별 프로젝트 학습 운영계획(203~204쪽)에서 제시하였다.

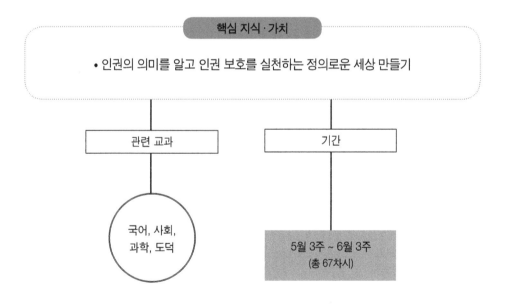

핵심 지식·가치

• 인권의 의미를 알고 인권 보호를 실천하는 정의로운 세상 만들기

관련 교과

국어, 사회, 과학, 도덕

기간

5월 3주 ~ 6월 3주
(총 67차시)

흐름 (차시)	소프 로젝 트명	활동 주제	활동 내용	관련 교과 및 성취기준	내용 요소	핵심 역량	평가 방법 (평가 도구)
1 (1~3)	우리 나라 의 인권	주제 만나 기	• 인권과 관련된 온작 품 자료 《Heal the world》	[6국05-02] 작품 속 세계와 현실 세계를 비교하며 작품을 감 상한다. [6국02-03] 글을 읽 고 글쓴이가 말하고 자 하는 주장이나 주 제를 파악한다.	인권	지식 정보 처리 역량	관찰 평가 (발표, 토의)
2 (4~6)		질문 만들 기	• 브레인스토밍으로 인 권과 법에 대한 질문 쓰기 • 인권 침해 사례 살피기	[6도03-01] 인권의 의 미와 인권을 존중하 는 삶의 중요성을 이 해하고, 인권 존중의 방법을 익힌다.	인권 침해	공동 체 역량	자기 평가 관찰 평가 (활동지)
3 (7~15)		인권 의 의미 와 중요 성	• 인권의 의미 알아보기 • 옛날의 인권에 대해 살 펴보기 • 옛날과 오늘날 인권에 대한 인식 변화 • 인권의 중요성 알아보기	[6사02-01] 인권의 중 요성을 인식하고 인 권 신장을 위해 노력 했던 옛사람들의 활 동을 탐구한다. [6국02-03] 글을 읽 고 글쓴이가 말하고 자 하는 주장이나 주 제를 파악한다.	인권 의 의미	자기 관리 역량	관찰 평가 (발표, 포트 폴리오)
5 (16~25)		인권 보장 과 보호	• 인권 침해의 사례 조사 하기 • 인권 보장과 보호의 필 요성 • 인권 보장과 보호를 위 한 우리들의 마음가짐 과 태도	[6사02-02] 생활 속에 서 인권 보장이 필요 한 사례를 탐구하여 인권의 중요성을 인 식하고, 인권 보호를 실천하는 태도를 기 른다.	인권 보호, 보장	자기 관리 역량	관찰 평가 상호 평가 (발표, 토의, 활동지)

흐름 (차시)	소프 로젝 트명	활동 주제	활동 내용	관련 교과 및 성취기준	내용 요소	핵심 역량	평가 방법 (평가 도구)
6 (26~36)	우리 나라 의 법	법의 성장	• 우리나라 법의 특징 알기 • 법 활동에 따른 생활모 습의 변화 알기 • 우리나라 법의 성장 과 정 알기	[6사02-05] 우리 생활 속에서 법이 적용되 는 다양한 사례를 제 시하고, 법의 의미와 성격을 설명한다. [6사02-06] 법의 역할 을 권리 보호와 질서 유지의 측면에서 설 명하고, 법을 준수하 는 태도를 기른다.	법	자기 관리 역량 의사 소통 역량	관찰 평가 상호 평가 (발표, 토의)
7 (37~49)		국민 의 권리 와 의무	• 헌법의 역할 알아보기 • 국민의 기본권과 의무 알기 • 바람직한 권리와 의무 의 관계 알기	[6사02-03] 인권 보장 측면에서 헌법의 의 미와 역할을 탐구하 고, 그 중요성을 설명 한다. [6사02-04] 헌법에 서 규정하는 기본권 과 의무가 일상생활 에 적용된 사례를 조 사하고, 권리와 의무 의 조화를 추구하는 자세를 기른다.	권리 의무	자기 관리 역량	관찰 평가 (활동지)
8 (50~57)	정의 로운 대한 민국	대한 민국 의 인권	• 공동체의 다양한 갈등 과 해결 방법 조사하기 • 인권을 침해하는 갈등 과 인권을 존중하는 대한민국의 실태 조사 하기	[6사02-03] 인권 보장 측면에서 헌법의 의미 와 역할을 탐구하고, 그 중요성을 설명한다. [6국03-06]독자를 존 중하고 배려하며 글을 쓰는 태도를 지닌다.	인권 존중	자기 관리 역량 공동 체역 량	관찰 평가 상호 평가 (체크 리스트)
9 (58~67)		대한 민국 의 정의	• 진정한 정의에 대한 토 의 토론하기 • 생활 속 정의로운 대한 민국 찾아 소개하기	[6사02-03] 인권 보장 측면에서 헌법의 의 미와 역할을 탐구하 고, 그 중요성을 설명 한다.	정의 사회	의사 소통 역량	자기 평가 (포트 폴리오)

프로젝트 주제 ▶ 우리나라의 인권

프로젝트 목적 ▶ 행복을 유지하기 위한 예절, 규칙, 법률 등 준수의식 및 인권 보호 활동에 대한 책임의식과 실천역량을 키운다.

학습주제	우리들의 인권	본시	흐름(5) 17/67
학습목표	어떻게 인권은 보호되는가?		
핵심 지식·가치	◎ 예절과 배려를 바탕으로 한 행복한 삶과 인권 보호 활동 ▶ 공동체의식, 배려, 예절		
교수학습 전략	자유토의토론 학습 전략		
주요 핵심역량	지식정보처리 역량, 자기관리 역량, 의사소통 역량, 공동체 역량		
교수학습 자료	세계인권선언문		

본시 설계 시 중점사항
활동 내용

필리핀 노말연구소의 인권의식에 연구에 따르면 인간의 인권의식 수준을 네 단계(① 인권 침해에 대해 무조건적이고 무비판적인 복종을 하는 단계, ② 인권에 대해 알고는 있지만 두려움이나 이해 부족 등으로 인해 인권 침해를 자신과 밀접한 사건으로 연관시키는 의식이 부족한 단계, ③ 사회적인 합의나 법적 테두리 안에서 인정하는 방식을 동원해서 인권 침해의 부당함을 호소하는 단계, ④ 실천적인 인권의식을 기초로 스스로 인권 침해 문제에 적극적이고 능동적으로 대처하며 문제를 해결하고자 노력하는 실천의 단계)로 나눈다고 한다. 우리 사회의 인권의식 수준을 알아보고 우리 사회에서 해결하지 못한 인권 침해 문제들을 조사해본다. 단순히 이론적인 이해뿐만 아니라 토의토론을 통해 인권 보호를 위한 공감 능력과 실천의지를 키우고자 한다.

- 인권의 의미와 필요성 이해하기   • 인권 보호, 보장을 위한 노력 알아보기
- 인권 침해 및 보호 사례 조사 및 공유하기 • 정의로운 대한민국의 모습 표현하기

본시에서 학생들은 자유토의토론 학습 기법을 통해 인권의 의미와 필요성을 이해하고 인권 보호, 보장을 위한 노력 등을 중점적으로 분석하여 정의로운 대한민국을 표현해볼 것이다.

본시 학습을 통해 학생들은 자유토의토론 과정과 객관적인 자료 분석을 통하여 인권 보호를 실천하는 정의로운 대한민국의 모습을 이해하게 될 것이다. 또한 인권 보호, 보장을 위한 노력을 알아보고 현재, 미래의 정의로운 세상의 모습을 예측하게 될 것이다.

단계	배움활동 구상
배움 열기	**◎ 배움 돌아보기** • **프로젝트 진행 차트를 보며 배움 돌아보기** 　- 행복에 대한 자신과 상대방의 생각 공유하기 　- 행복을 위한 우리의 노력 살펴보기(법 준수, 권리와 의무 이행 등) • **주변에서 인권 관련 경험 찾아보기** 　- 학교생활에서 인권을 보장받지 못한 경우 이야기 나누기 　　(별명 부르기, SNS에서 언어폭력, 외모에 대한 놀림, 시설 부족 등) 　- 학생, 장애인, 이주민, 다양한 성, 사형제도 등 인권 관련 이야기 나누기
배움 활동	**◎ 배움활동하기- 인권 침해 사례와 인권 보호 활동에 대해 조사, 발표하기** • **'가난, 다문화 가정 영상'으로 사회적 약자의 어려움 상기하기** 　- 《Heal the world》온작품 읽기 활용하기 • **인권 침해 사례에 대해 토의토론하기** 　- 인권 침해의 의미는 무엇인가? 　- 인권 침해 사례 알아보기 　- 인권 침해 사례의 원인과 특징 찾아보기 　〈전략〉 　-모둠의 구성은 4인으로 구성하고 2명은 자리에 남아 인권 침해 사례를 발표하고 나머지 학생은 다른 그룹을 돌며 각각의 사례 발표를 듣는다. 　-발표가 끝나면, 새로운 의문이나 제안하고 싶은 내용에 대해서 발표자와 발표를 들은 학생이 대화한다. 　-발표시간은 3분, 의견을 주고받는 시간은 2분으로 제한하였지만 상호 간 대화가 길어지면 적절한 시간을 추가로 배정한다. 　-인권 침해 사례 발표는 모든 모둠의 발표를 듣는 것이 좋겠지만, 시간 관계상 2~3팀 정도 실시하도록 한다. • **세계 여러 나라의 인권 보호 방법 자유토의토론하기** 　- healing: 이해할 수 없지만 치유할 수 있는 일 　- recovering: 돌이킬 수 없지만 회복할 수 있는 일 　- Joining: 강요할 수 없지만 함께할 수 있는 일 • **인권 보호를 위한 해결책 찾아보기**
배움 공유	**◎ 배움 내용 정리하고 다짐하기** • 인권 침해 사례와 보호 활동에 대해 토론을 마친 소감 나누기 • '인권 보호' 활동에 대한 자신의 생각 나누기

구분		본시 성취기준	관련 핵심역량	평가 방법 및 도구
평가 관점	교육 과정	• 생활 속에서 인권 보장이 필요한 사례를 탐구하여 인권의 중요성을 인식하고, 인권 보호를 실천하는 태도를 기를 수 있다.	지식정보처리 역량 자기관리 역량 의사소통 역량 공동체 역량	관찰평가 (포트폴리오)
	프로 젝트	• 인권 보장이 필요한 사례를 찾고, 인권의 중요성을 인식하여 인권 보호를 실천하려고 꾸준히 노력할 수 있다.		

<지속가능한 경제공동체> 프로젝트 수업

6학년 《끊임없이 성장하는 경제》 프로젝트 중 소주제인 <지속가능한 경제공동체> 프로젝트 수업의 구체적인 교수학습 지도안을 제시하려고 한다. 여기에 제시하는 지도안들은 모두 실제 프로젝트 수업을 실천하는 데 바탕이 된 지도안들임을 미리 밝혀둔다. 아울러 여기에서 소개하는 소주제를 포괄하는 대주제 프로젝트 학습 운영계획은 4장의 주제별 프로젝트 학습 운영계획(213~214쪽 참조)에서 제시하였다.

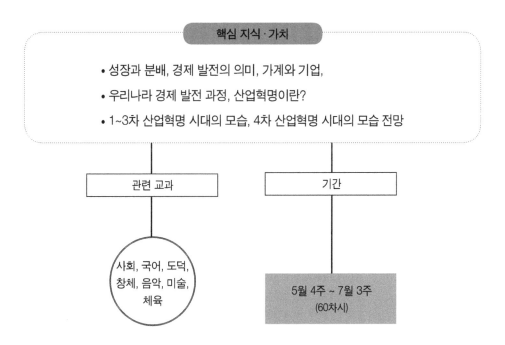

핵심 지식·가치

- 성장과 분배, 경제 발전의 의미, 가계와 기업,
- 우리나라 경제 발전 과정, 산업혁명이란?
- 1~3차 산업혁명 시대의 모습, 4차 산업혁명 시대의 모습 전망

관련 교과

사회, 국어, 도덕, 창체, 음악, 미술, 체육

기간

5월 4주 ~ 7월 3주
(60차시)

흐름 (차시)	활동 주제	활동 내용	관련 교과 및 성취기준	내용 요소	핵심 역량	평가 방법 (평가 도구)
도입 (15)	프로 젝트 준비 및 시작 하기	◎ **정보 공유하기** • 관련 교육과정 분석하기 • 정보검색, 및 읽기자료 공유하기 ◎ **탐구 주제 선정하기** • 관련 정보 검색하기 • 협력토의 및 의사결정 • 탐구 소주제 선정하기	[6국02-02] 글의 구조를 고려 하여 글 전체의 내용을 요약 한다. [6국01-01] 구어 의사소통 의 특성을 바탕으로 하여 듣 기 · 말하기 활동을 한다.	이야기의 구조 생각하며 요약하기	의사 소통 역량 지식 정보 처리 역량	관찰 평가 자기 평가
프 로 젝 트 1 (15)	경제 발전 이란 무엇 인 가?	◎ **도입 활동** • 탐구질 문 도출 • 탐구 주 제 선정 ◎ **탐구 활동** • 탐구 해 결계획 • 결과 예상 • 예상 결 과 협의 • 일정 수립 • 모둠구 성 회의 • 역할 분담 • 탐구활 동 수행 • 일지 작성	* 우리나라의 사회변동 모습 과 경제 성장 알아보기 * 사회 변화와 경제 성장의 관계 탐구하기 * 우리나라 경 제 성장의 동 력에 대한 보 고서 작성	[6사06-03] 농업 중심 경제에 서 공업, 서비스업 중심 경제 로 변화하는 모습을 중심으 로 우리나라 경제 성장 과정 을 파악한다. [6사06-04] 광복 이후 경제 성 장 과정에서 우리 사회가 겪 은 사회 변동의 특징과 다양 한 문제를 살펴보고, 더 나은 사회를 만들기 위해 해결해 야 할 과제를 탐구한다. [6국01-04] 자료를 정리하여 말할 내용을 체계적으로 구 성한다. [6국01-05] 매체 자료를 활용 하여 내용을 효과적으로 발 표한다	6.25, 1970, 1990년대 이후 경제 성장 모습, 경제 성장 과 사회 변화, 공식적인 말하기 상황에서 자료 활용 하여 발표하기	의사 소통 역량 공동 체 역량 지식 정보 처리 역량 창의 적 사고 역량 심미 적 감성 역량	관찰 평가 자기 평가 포트 폴리 오
프 로 젝 트 2 (15)	지속 가능 한 경제 공동 체		* 나라 간 경제 교류의 필요성 탐구 * 경제 교류의 영향, 생활모 습 알아보기 * 미래의 경제 생활 예측 및 필요한 것들 제안	[6사06-05] 세계 여러 나라와 의 경제 교류 활동으로 나타난 우리 경제생활의 변화모습을 탐구한다. [6사06-06] 다양한 경제 교류 사례를 통해 우리나라 경제가 다른 나라와 상호 의존 및 경 쟁 관계에 있음을 파악한다.	나라 간 경제 교류의 필요성, 경제 교류의 영향		

정리 (15)	비평 및 개선, 결과물 발표하기	◎ **비평 및 개선** • 자기평가 및 상호평가 • 보강 및 개선하기 ◎ **발표 및 전시회** • 발표 연습, 초대 준비 • 리허설 및 행사하기 ◎ **성찰 및 정리** • 탐구질문 답 확인하기 • 프로젝트 일지 확인하기 • 역량 성장 점검하기	[6국04-01] 언어는 생각을 표현하며 다른 사람과 관계를 맺는 수단임을 이해하고 국어 생활을 한다. [6국02-04] 글을 읽고 내용의 타당성과 표현의 적절성을 판단한다. [6국03-04] 적절한 근거와 알맞은 표현을 사용하여 주장하는 글을 쓴다. [6국01-06] 드러나지 않거나 생략된 내용을 추론하며 듣는다.	경제 관련 과거와 현재, 미래 결과물 발표 및 전시 미래 경제 성장에 대한 보고서 작성 및 비판적 판단	의사소통 역량 공동체 역량 지식 정보 처리 역량 심미적 감성 역량	관찰 평가 자기 평가 상호 평가 포트 폴리오 발표/ 전시

2 본시 프로젝트 학습 수업 구상안

프로젝트 주제 ▶ 지속가능한 경제공동체

프로젝트 목적 ▶ 경제 발전의 의미 이해, 지속가능한 경제공동체의 방향

학습주제	미래의 경제생활에 필요한 것 제안하기	본시	흐름(2) 41/60
학습목표	미래의 경제생활에 필요한 것을 설명할 수 있다.		
탐구질문	미래의 경제 성장의 핵심은 무엇일까?		
핵심 지식 · 가치	경제 교류 · 지속가능한 발전을 위한 고민		
교수학습 전략	교육연극기법(타블로)을 활용한 표현		
주요 핵심역량	창의적 사고역량: 미래 경제 박물관 관람		
교수학습 자료	개별 프로젝트 일지		

본시 설계 시 중점사항	
단계 (차시)	활동 내용
전차시 (1-40차시)	'프로젝트 2. 경제' 본시 이전 차시까지 학생들은 다음과 같은 배움의 과정을 경험하였다. - 나라 간 경제 교류의 필요성 알아보기 - 경제 교류로 인한 영향, 생활모습 탐구하기 - 미래의 경제생활 예측하기
본차시 (41차시)	본차시는 미래의 경제생활을 예측한 내용을 바탕으로 하여 미래 경제생활의 핵심은 무엇일지, 모두가 경제생활을 바람직하게 영위하기 위해 필요한 것이 무엇인지 고민하고 의견을 나누도록 하였다. - 모둠별 미래 경제생활의 핵심에 대해 토의토론하기 - 미래 경제생활의 핵심을 타블로 활동으로 표현하기 - 미래 경제활동의 핵심에 대해 서로 의견 나누기
이후 차시 (42-60차시)	체험 과정 속 비평과 개선 과정을 통해 한층 완성도 높은 프로젝트 결과물로 완성하여 경제 박물관 체험을 위한 부스 준비 및 운영 프로젝트를 통해 배운 점을 바탕으로 에세이 작성하기

단계	배움활동 구상
배움 열기	◎ **학습문제 확인** • 학습문제 함께 확인하기 "미래 경제생활에 필요한 것을 제안하여 보자"
배움 활동	◎ **활동 1. 경제활동의 핵심장면 선정하기(모둠)** • 미래 경제활동에서 가장 중요한 것을 모둠 토의토론을 통해 선정하기 　핵심질문　미래의 경제활동에 가장 큰 영향을 미치는 것은 무엇일까요? - 미래 사회를 예측한 내용을 바탕으로 하여 경제활동이 어떤 모습으로 변화할지, 어떠한 것이 경제활동에 가장 중요하게 작용할지 토의토론 한다. ◎ **활동 2. 경제 박물관 관람하기 (전체)** • 모둠별 미래 경제의 핵심요소 표현하기(타블로 활동) 　핵심질문　미래 경제 박물관에는 어떠한 중요 장면들이 있을까요? - 4차 산업혁명과 관련한 각종 사회 변동의 모습과 관련된 경제활동의 모습들, 경제생활을 유지하기 위해 필요한 다른 요인들에 대해 표현하고 질문한다

단계	배움 활동 구상
배움 활동	• 미래 경제의 핵심요소에 대한 서로의 의견 공유하기 **핵심질문** 미래 경제생활에 필요한 것은 무엇일까요? - 모둠의 표현에 대한 자신의 생각, 미래 경제생활에 필요한 것은 무엇인지 의견을 제안하고 서로의 의견에 생각을 더하거나 새로운 의견을 제시하도록 격려한다.
배움 공유	◎ **내용 정리 및 평가** • 미래 경제활동 핵심장면과 경제 박물관 관람 활동 결과에 대해 발표하기 **핵심질문** 사회의 변동과 경제생활은 어떤 관계가 있나요? - 프로젝트를 통해 학습한 내용을 떠올리며 경제생활과 사회의 변동, 경제 교류의 필요성을 순차적으로 떠올리도록 한다. - 과거와 현재, 미래의 사회모습과 경제생활을 연관시켜 떠올리며 학습한 내용을 스스로 점검하도록 한다. **핵심질문** 우리가 예측한 미래의 경제활동에서 나타난 공통점은 무엇일까? - 차시 학습을 통해 배운 내용을 정리할 수 있도록 한다. - 미래의 경제활동에 보이는 공통점을 통해 세계시민으로서 가져야 할 책임감 등의 가치를 느낄 수 있도록 한다. ◎ **차시 예고** • 프로젝트 학습계획에 따라 다음 진행 내용을 함께 확인하고 준비 내용 점검하기

구분		본시 성취기준	관련 핵심역량	평가 방법 및 도구
평가 관점	교육 과정	• [6사06-05]세계 여러 나라와의 경제 교류 활동으로 나타난 우리 경제생활의 변화 모습을 탐구한다.	공동체 역량, 창의적 사고역량	관찰 및 상호평가
	프로 젝트	• 미래 경제생활에서 필요한 것을 신체를 활용하여 표현할 수 있다.	창의적 사고역량 심미적 감성역량	발표자료

이제부터는 앞서 소개했던 프로젝트 수업 계획안을 바탕으로 필자들이 직접 운영했던 실제 수업 사례들을 소개하려고 한다. 각 학년별로 살펴본 주제 중심의 교육과정 재구성을 바탕으로 어떻게 프로젝트 수업이 이루어졌는지를 만나보게 될 것이다. 한 가지 꼭 짚고 넘어갈 것은 여기에서 제시하는 수업 사례들은 모범답안이 아니라는 점이다. 수업은 가르치는 학습자의 특성에 맞게 디자인되어야 하므로 제시된 수업 사례를 참고로 하여 여러분의 교실에 맞게 변형 및 응용해볼 것을 권한다.

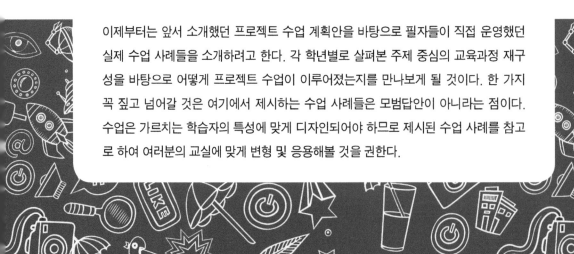

학년별 수업 실천 사례

프로젝트 수업, 이렇게 실천해봅시다!

전통문화의 자부심과 통일의지를 다진 《나라사랑》 프로젝트

1 **□나라사랑□프로젝트의 개요**

1학년의 프로젝트 수업으로 소개할 사례는 대주제 《나라사랑》 프로 젝트 중 〈자랑스러운 우리나라〉다. 《나라사랑》 프로젝트는 통합교 과인 겨울의 1단원 '여기는 우리나라'를 바탕으로 국어 과목의 교육 과정을 재구성한 것이다. 그중 첫 번째 프로젝트인 〈자랑스러운 우 리나라〉 프로젝트는 우리나라의 문화를 중심으로 우리나라를 대표 하는 상징물, 남북 평화통일 등에 대해 다루고 있다.

프로젝트 수업을 전개할 때, 한층 깊이 있는 탐구활동을 이끌어내 기 위해 학생들의 배경지식은 매우 중요하다. 특히나 아직 자신과 밀 접한 것에만 관심을 기울이고, 자신과 가까운 주변만을 살피게 되는 1학년 학생들에게는 우선 우리나라에 대한 배경지식을 갖게 할 필요 가 있다고 판단했다. 이에 나라사랑 프로젝트는 《우리나라를 소개합 니다》, 《우리나라가 보여요》의 2가지 프로젝트 도서를 활용한 온책 읽기를 기반으로 전개하였다.

나라사랑 프로젝트는 크게 자랑스러운 우리나라, 통일 대한민국 2 가지의 소프로젝트로 구분하여 전개되는데, 여기에서는 첫 번째 소 프로젝트를 중심으로 설명하고자 한다.

첫째, 학습목표 수립하기

가치와 철학, 프로젝트 주제, 교육과정 재구성 등 프로젝트 수업을 위한 설계가 마무리되었다면 프로젝트 수업의 구체적인 구상안을 작성해야 한다. 가장 먼저 이루어져야 하는 것이 바로 학습목표 수립이다. 핵심역량과 핵심성취기준을 반영하여, 학생들이 배워야 할 것이 무엇인지를 분명히 하고 구체적인 학습목표를 수립해야 한다. 1학년 프로젝트 수업에 담았던 학습목표를 간략히 정리하면 다음과 같다.

대주제	나라사랑
소주제	자랑스러운 우리나라
핵심 지식·가치	▶ 우리 나라의 상징과 문화, 남북한 생활모습과 문화 비교, 남북 평화통일 ▶ 우리 나라의 아름다운 전통과 상징을 통한 나라사랑, 통일에 대한 관심과 흥미(인류 평화)
핵심역량	▶ 의사소통 역량 : 우리나라에 대해 알게 된 점 친구들에게 발표하기, 통일의 필요성 토의
학습목표	▶ 우리나라의 전통문화에 대해 알아보고, 우리나라를 나타내는 상징물과 자랑거리를 찾아보면서 나라를 사랑하는 마음을 갖는다. 또한 우리나라의 상황, 남북한의 생활모습과 문화를 비교하고, 이산가족의 아픔을 통해 우리나라 통일의 필요성을 알게 하며, 통일 의지를 다진다.
온책	▶ 《우리나라가 보여요》(아이세움), 《우리나라를 소개합니다》(키다리)

| '나라사랑' 프로젝트 관련하여 떠오르는 낱말 | 낱말 분류 – 전통문화 |

둘째, 프로젝트를 만나기 위한 학생들의 배경지식 살펴보기

• '나라사랑'과 관련하여 떠오르는 낱말 생각하기

나라사랑 프로젝트에 대한 기본적인 안내를 받은 학생들이 가지고 있는 배경지식을 알아보려면 프로젝트에 대한 소개를 듣고 학생들이 떠올리는 낱말을 살펴보면 확인해볼 수 있다. 떠올린 낱말들을 모아 분류해보면 학생들이 가지고 있는 배경지식을 어느 정도 파악할 수 있어 프로젝트를 이끌어가는 데 많은 도움이 된다.

셋째, 프로젝트를 만나기 위한 기초지식 쌓기

• 교육과정 키워드 찾기

1학년 프로젝트 과정의 경우 통합교과를 기반으로 재구성하였다. '겨울 1-2' 교재를 통해 교육과정의 키워드 찾기를 실시하여 사고의 실마리를 잡도록 하였다. 많은 교사들이 활용하고 있는 학습 키워드 초성 퀴즈(자음퀴즈)를 통해 겨울의 1단원 '여기는 우리나라'에서 학습에 필요한 주요 내용을 먼저 살펴보았다. 교육과정 키워드 찾기를 통해 학생들은 '나라사랑 프로젝트'에 대한 기본 내용을 대략적으로 파악했다.

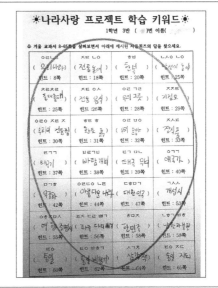

나라사랑 프로젝트 학습 키워드 활동지

넷째, 프로젝트를 만나기 위한 가이드 마련하기

• 탐구질문 소개 및 배움지도 제작하기

교육과정 키워드를 통해 학생들은 나라사랑 프로젝트에 대한 질문거리를 찾아 질문 만들기 활동을 실시하고, 이를 친구들과 나누는 기회를 가졌다. 학생들의 탐구질문과 교사가 계획한 프로젝트 과정을 비교해보면 많은 부분들이 교사의 계획과 일치하는 경우를 경험하게 될 것이다. 고학년의 경우와 달리 1학년의 경우 교육과정을 바탕으로 한 질문이 대부분이지만, 종종 교사가 예상하지 못하게 학년 수준을 뛰어넘은 심화된 내용의 탐구질문을 생각하기도 한다. 이런 경우 프로젝트 과정 중 관련 활동이 있을 때 학생들과 내용을 가볍게 다뤄주는 것도 좋다. 탐구질문 이후 학생들은 프로젝트 배움지도와 공부할 내용 정리를 통해 프로젝트의 방향성에 대해 다시 한 번 정리하고 이후 활동을 전개하게 된다.

'좋은 질문의 조건' 게시물

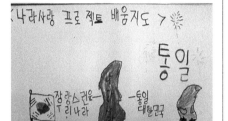

나라사랑 프로젝트 질문 – 전통과 상징 분류

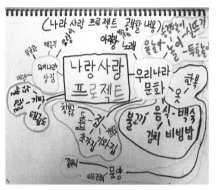

나라사랑 프로젝트 배움지도 및 공부할 내용 정리 자료

다섯째, 프로젝트 활동을 위한 배경지식 쌓기

• 온책 읽기 및 자료 조사하기

완전한 무(無)에서 창조되는 유(有)는 없다고 생각한다. 프로젝트 활동 역시 아는 만큼 훨씬 더 풍성해질 수 있다. 프로젝트 준비활동을 통해 마련한 가이드를 바탕으로 학생들은《우리나라를 소개합니다》,《우리나라가 보여요》등 프로젝트 도서를 탐구하며 온책 읽기를 시작하였다. 중요한 점은 단순하게 책을 읽는 단계를 넘어서 책에 대한 탐구를 실시하는 것이다. 이를 통해 학생들은 책을 온전히 읽는

나라사랑 프로젝트 도서 예시

방법을 학습할 뿐만 아니라, 프로젝트 질문과 책의 내용을 연계하여 생각하는 힘을 기를 수 있다. 온책에서 찾지 못한 자료나 더 탐구하고 싶은 자료는 관련 도서, 인터넷 등을 통해 추가로 조사하고 자료를 정리하여 프로젝트 활동을 위한 배경지식을 쌓았다.

여섯째, 프로젝트 조사 및 탐구 활동하기

• 우리나라 알아보기

학생들은 온책을 기반으로 우리나라에 관련된 역사와 문화, 전통에 관해 탐색하는 활동을 전개하였다. 교육과정과 연계하여 놀이, 옷, 노래, 음식, 그릇, 집, 문양 등에 대해 다양한 방법으로 조사활동을 실시하였다. 우리나라 전통문화에 대한 것은 주변의 가족(부모님 또는 조부모님 등)에게 인터뷰 형식으로 조사할 수도 있다고 안내해주었으며, 실제로 조부모님께 우리나라의 전통문화에 대한 이야기를 전해 들은 학생들도 있었다. 또한 우리나라의 상징물인 국기, 노래, 꽃에 대한 조사활동도 실시하였다. 조사활동 후에는 우리나라 전통물 및 상징물을 직접 그리고 만들어보면서 우리나라에 대해 좀 더 알아가는 활동을 실시하였다.

프로젝트 조사 및 만들기 활동들

일곱째, 프로젝트 조사 및 결과물 결정 및 정리하기

•우리나라 소개 자료 만들기

우리나라의 전통과 상징에 대해서 조사하는 활동을 했다는 것만으로는 우리나라를 모두 이해했다고 보기 어렵다. 따라서 학생들은 그림, 만들기, 설명 자료 등 다양한 방법으로 통해서 자신들이 조사한 내용을 효과적으로 소개할 수 있는 자료를 만들어본다. 이후 사전 소개 자료의 발표활동을 통해서 동료 학생들에게 피드백을 받으면서 본격적으로 우리나라 전통 발표회를 준비하였다.

  1학년 학생들은 대부분 자료들을 정리하는 것을 어려워한다. 아직 그러한 작업에 익숙하지 않기 때문이다. 따라서 핵심내용이 정리된 자료가 보일 수 있도록 예시자료 등을 활용하여 사전에 자세하게 안내해주어야 한다. 또한 모든 설명을 장황하게 하는 것보다는 학생들이 핵심내용만을 발표할 수 있도록 발표에 대한 피드백을 지속적으로 실시해야 한다. 이 단계에서는 우리나라 전통문화를 주제로 한 소개 자료 제작을 실시하였으며, 사전에 조사하고 탐구한 상징물과 관련된 내용은 추후 상징물을 활용한 아이디어 전개 활동으로 연계하여 실시하였다.

프로젝트 소재 자료 제작

여덟째, 프로젝트 조사활동 결과물 발표하기

• 우리나라 전통 소개하기

모둠별로 6개의 우리나라 전통을 소개하는 활동을 실시하였다. 모둠
별로 학생들은 '둘 가고 둘 남기' 전략을 통해 우리나라 전통 전시회
큐레이터 및 관람자 역할을 하였다. 우리나라의 문화 조사 및 자료
정리 활동을 통해 전통문화에 대한 기본지식을 갖춘 학생들은 '둘 가
고 둘 남기 토의'를 활용한 큐레이터와 관람자로 역할을 나누어 자신
의 모둠을 제외한 5개 모둠의 설명을 들었다. 학생들이 관람자로서
전시회를 둘러볼 때 생각해볼 점을 알아보고 질문의 기준을 제시하
여 질문의 방향성을 안내하였다.

설명과 관람을 끝낸 후 학생들은 우리나라 전통 전시회 코너별로
붙어 있는 질문에 대한 응답 활동을 전개하였다. 이때 질문은 도트
보팅 방법으로 선정하며, 질문에 대한 응답은 전체 공유를 통해 전시
회 큐레이터뿐 아니라 전시회에 참가한 모든 학생이 들을 수 있도록
하였다. 본차시에서 답변하지 못한 질문은 교실에 게시하여 모든 학
생들이 참여할 수 있도록 함으로써 본차시 이후에도 우리나라의 전
통문화에 대한 관심을 유지하도록 하였다.

우리나라 전통 소개 및 참가 모습	질문 자료

상징물과 관련한 활동으로는 우리나라 상징물 3가지를 사람들이 일상생활에서 많이 접할 수 있도록 활용하는 방안에 대한 아이디어를 바탕으로 아이디어 스케치를 실시하였으며, 전통문화 활동과 더불어 우리나라를 알리는 소개 자료로 활용하였다.

• 우리나라 프로젝트 발표회

학급에서 이루어진 우리나라의 전통을 소개하는 활동을 전교 학생들을 초대하여 실시하였다. 1학년 전체가 '나라사랑 프로젝트 발표회'라는 타이틀로 활동을 실시하였는데, 우리 학급에서는 6개의 우리나라 전통 모둠을 4개로 합산하여 활동을 전개하였다. 학급에서와는 달리 큰 공간에서 발표하기 위해 소개 타이틀과 발표 자료를 수정 ·

우리나라 프로젝트 발표회

보완하였으며, 1학년 학생들뿐만 아니라 전교 학생들을 초대하여 탐구한 내용을 발표하고, 체험활동을 도우며 우리나라를 알리는 다양한 활동을 적극적으로 실시하였다.

아홉째, 프로젝트 활동 평가 및 성찰하기

프로젝트 활동을 마치고 학생들은 그림일기를 통해 활동 당시 자신의 생각을 글과 그림으로 표현했다. 이후 프로젝트 활동을 하면서 배운 점, 가장 흥미로웠던 활동, 새롭게 알게 된 점, 프로젝트를 실생활에 적용하는 방안에 대해 성찰해보는 시간을 가졌다. 1학년 학생들이지만 나라사랑 프로젝트 활동을 마치고 우리나라의 자랑스러움과 통일에 대한 남다른 생각을 갖게 되었음을 확인할 수 있었다. 특히

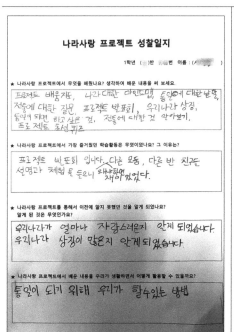 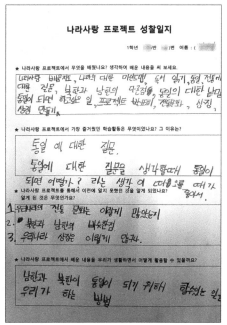

나라사랑 프로젝트 성찰일지

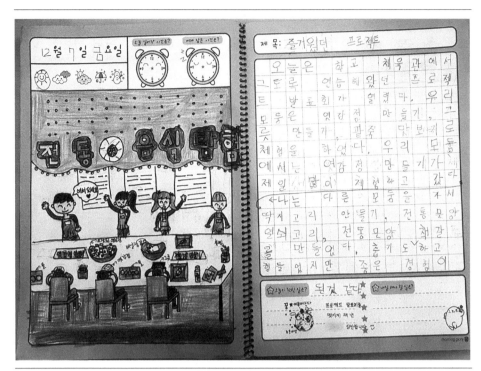

나라사랑 프로젝트 그림일기

학급에서 가장 즐거웠던 활동으로 프로젝트 발표회가 많이 소개되었는데, 체험과 설명이라는 큰 경험을 통해 얻어가는 것이 많았음을 알수 있었다. 학생들이 직접 작성한 프로젝트 성찰일지는 프로젝트 포트폴리오와 함께 가정으로 보내 학부모와 연계하였다.

가족과 생명의 가치를 되새긴
《탄생》 프로젝트

1 ████탄생████프로젝트의 개요

2학년 프로젝트 중 살펴볼 것은 대주제 '탄생 프로젝트'의 소주제 〈가족의 가치(가족, 국어, 창체)〉와 〈생명의 이치(봄, 국어, 창체)〉 프로젝트 수업이다. 이 프로젝트 수업은 학생들로 하여금 동서고금을 넘어서는 가치와 이치를 인식시키기 위한 목표로 설계되었다. 국어 과목을 재구성하였으며, 탄생 프로젝트에서는 '가족과 생명의 가치'를 돌아보고 가족의 소중함과 생명의 신비를 되새긴다. 학습목표의 수립부터 평가와 성찰까지 어떤 식으로 이루어졌는지를 정리하였다.

2 프로젝트 수업의 진행 과정

첫째, 학습목표 수립하기

추구하는 가치, 교육목표 및 방향, 프로젝트 주제, 교육과정 재구성 등 프로젝트 수업을 위한 전체적인 디자인이 마무리되었다면 프로젝트 수업의 구체적인 구상안을 작성해야 한다. 수업 구상안 작성에서 가장 먼저 이뤄져야 하는 것이 바로 학습목표의 수립이다. 핵심역량과 핵심성취기준을 반영하여, 학생들이 배워야 할 것이 무엇인지를 분명히 담은 구체적인 학습목표를 수립해야 한다. 2학년 프로젝트 수업에 담았던 학습목표를 간략히 정리하면 다음과 같다.

대주제	탄생							
소주제	가족의 가치, 생명의 이치							
핵심 지식·가치	세상(공간)의 가치, 자연(시간)의 이치							
	가족과 생명		행복과 건강		일과 휴식		불변의 가치	
	가족	생명	행복	건강	직업	조화	공간	시간
프로젝트 주제	탄생		성장		조화		재생	
	가족의 소중함	생명의 신비	행복한 학교	건강한 성장	다양한 이웃	풍성한 가을	세계의 문제	과거의 문제
핵심역량	공동체, 지식정보처리		공동체, 자기관리		공동체, 심미적 감성		공동체, 창의적 사고	
학습목표	▸ 가족구성원의 역할을 설명할 수 있다. ▸ 가족구성원의 소중함을 알고 표현할 수 있다. ▸ 봄철 자연의 변화 모습을 관찰할 수 있다.		▸ 바람직한 학생의 자세를 알고 실천할 수 있다. ▸ 진정한 친구의 의미를 알고 표현할 수 있다. ▸ 나와 동식물의 성장 과정을 설명할 수 있다.		▸ 주변의 직업과 공공기관에 대해 조사하여 발표할 수 있다. ▸ 직업의 소중함과 고마움을 표현할 수 있다. ▸ 가을의 느낌을 다양한 방법으로 표현할 수 있다.		▸ 세계의 문화를 조사하여 발표할 수 있다. ▸ 세계의 문제에 관심 갖고 해결하고자 노력할 수 있다. ▸ 인류의 보편적인 가치에 대해 이해하고 이야기할 수 있다.	

둘째, 도입활동 들어가기

학습목표가 수립되고 나면 프로젝트 학습의 도입활동을 통해 학생들이 프로젝트 수업에 대해 관심을 갖게 하고, 프로젝트의 주제와 진행 과정에 대한 궁금증을 갖게 한다. 프로젝트 수업에서 도입활동을 하는 목적은 바로 학생들이 스스로 생각하게 만들기 위함이다. 이러한 도입활동은 앞으로 학생들이 맞이하게 될 어려운 문제나 과제의 해결에 앞서 자신들의 사전 지식과 접촉할 수 있도록 도와준다. 도입활동 방법으로는 주로 관련 자료(도서, 경험, 영상, 정보 등)의 제시와 공유 등을 통해 이루어진다. 2학년 탄생 프로젝트의 경우 프로젝트 주제와 관련된 질문독서를 통한 배경지식을 습득한 후 하브루타 생각 나누기를 통해 배경지식을 공유하고 확장하였다. 이후 관심 있는 주제에 대해 의도적으로 몰입해갈 수 있는 시간을 마련하였다.

소주제 구분		가족의 소중함	생명의 신비
① 학습목표 수립		▸ 가족구성원의 역할을 설명할 수 있다. ▸ 가족구성원의 소중함을 알고 표현할 수 있다.	▸ 봄철 동식물의 변화모습을 관찰할 수 있다. ▸ 봄철 동식물의 변화모습을 관찰하여 발표할 수 있다.
도입활동	② 질문독서		
	③ 하브루타		
	④ 관심주제		

도입활동의 가장 큰 목적은 학생들 스스로 생각하게 만드는 것이다.

셋째, 탐구 주제 및 질문 도출하기

프로젝트 주제에 대한 배경지식의 공유와 확장 속에 관심 있는 주제에 대해 학급 전체가 이야기를 나누면서 탐구 주제를 선정했다. 이때 모든 학생들이 탐구 주제에 대해 공감할 수 있어야 한다. 그 다음에는 학생들이 탐구 주제에 대한 세부적인 탐구질문들을 만들어가도록 하였다. 이러한 탐구 주제와 질문들은 프로젝트의 진행 및 마무리 과정에서 학생들이 최종적인 답을 찾아가는 데 계속 참고할 수 있도록 학급 게시판에 게시하였다.

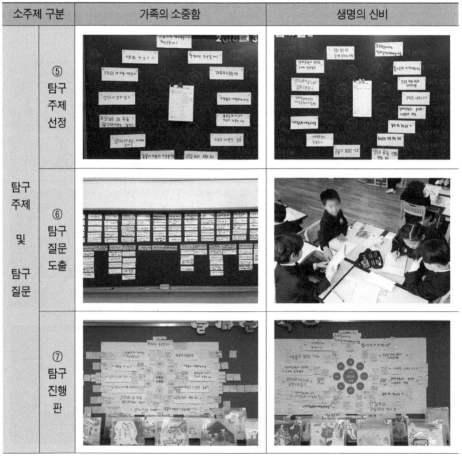

소주제 구분		가족의 소중함	생명의 신비
탐구 주제 및 탐구 질문	⑤ 탐구 주제 선정		
	⑥ 탐구 질문 도출		
	⑦ 탐구 진행판		

도출해낸 탐구질문은 게시하여 학급 전체가 공유하고 참고한다.

넷째, 모둠 구성 및 탐구활동하기

모둠은 ④ 관심 주제 접근 과정과 ⑤ 탐구 주제의 선정 과정에서 자연스럽게 구성될 수 있다. 프로젝트의 목적과 주제 및 성격에 따라 개인활동과 모둠활동이 구분되어지기는 하지만, 모둠을 구성할 때 교사는 학생들의 다양한 수준과 상황을 고려해야 한다. 탐구활동에서는 ⑥ 도출된 탐구질문 목록을 적극 활용하는 것이 중요하다. 질문의 답을 찾는 과정에 어떻게 접근할 것인지 교사와 학생이 함께 결정해야 한다. 어떤 질문은 학생 스스로 조사를 통해 답을 찾아야 할 것이고, 교사의 수업을 들어야 답을 할 수 있는 질문도 있을 것이다. 질문 목록은 ⑦ 탐구 진행판에 게시하여 탐구활동 과정에서 계속적으로 활용한다. 답을 찾은 질문은 목록에 해답을 적어 나가는 동시에, 새로운 문제나 과제가 발생한 질문은 목록에 더해 나가면서 프로젝트에 몰입하며 심층적으로 파고들 수 있도록 한다.

소주제 구분		가족의 소중함	생명의 신비
모둠 구성 및 탐구 활동	⑧ 모둠 구성		
	⑨ 탐구 활동		

모둠 구성 시 학생 수준을 적절히 고려하고, 탐구활동 시에는 탐구질문 목록을 적극 활용한다.

다섯째, 프로젝트의 주요 결과물 결정하기

프로젝트 결과물을 언제 어떻게 결정할지는 상황에 따라 달라질 수 있다. 도입활동 중, 또는 탐구 주제와 탐구질문을 논의하면서 교사와 학생들이 함께 결과물에 대해 이야기할 수도 있다. 어떤 프로젝트의 경우에는 학생들이 주제에 대해 어느 정도 조사한 후에 어떤 결과물을 만들지 결정하기도 한다. 프로젝트 주요 결과물의 구상이 어느정도 결정되면 교사는 프로젝트를 진행하면서 학생들이 언제 도움을 필요로 하는지 그리고 어떤 도움을 주어야 하는지에 대한 판단을 내려야 한다. 가장 이상적인 시점은 바로 학생들이 도움이 필요하다는 사실을 깨닫고 요청해올 때이다. 교사는 프로젝트의 완성을 위해 학생들에게 무엇이 필요한지를 항상 관심을 갖고 점검해야 한다.

소주제 구분	가족의 소중함	생명의 신비
⑩ 프로젝트 결과물 결정	■ **설문조사 결과 전시 및 발표회** - 행복이란 무엇인가? - 가족이 소중한 이유는? - 부모님께 자녀가 최고인 이유는? - 가족의 호칭과 촌수 - 부모님이 돈을 버시는 이유는? - 부모님이 우리를 사랑하는 이유는? - 가족의 종류와 다문화 가정 - 아프리카 아이들은 왜 일을 할까?	■ **관찰 결과 전시 및 발표회** - 학교의 한해살이와 여러해살이 식물 - 봄이 오면 새싹이 돋는 이유는? - 학교 나뭇잎 모양과 나뭇잎의 비밀 - 봄에 피는 꽃의 특징 - 산철쭉과 진달래의 차이 - 학교 생태공원 연꽃의 변화 모습 - 학교 생태공원 곤충 탐구 - 지구멸종 동식물 조사

여섯째, 중간 공개 및 상호 비평하기

학생들은 중간 공개 및 상호 비평을 통해 자신의 수행 능력을 한층 더 향상시키고 결과물을 다듬어서 개선할 수 있는 기회가 필요하다. 프로젝트를 통해 학생들은 단순히 교과 지식만을 배우는 것뿐만 아

소주제 구분	가족의 소중함	생명의 신비
⑪ 중간 공개 및 상호 비평		

중간발표를 통해 최종 결과물의 완성도를 한층 개선할 수 있다.

니라 수준 높은 결과물을 제작해야 하기 때문이다. 따라서 이 단계에서 학생들은 결과물의 초안, 원형 및 아이디어를 제출하고 이에 대한 평가를 받게 된다. 이러한 방법으로 자료 요약, 배운 내용 요약, 성찰 일지, 보고서 초안, 협의회, 동료 비평 등이 있다. 특히 동료 학생들의 상호 비평은 프로젝트 결과물의 수준을 한층 끌어올릴 수 있다. 교사 역시 피드백을 제공해야 하며, 프로젝트에 따라 교사 이외의 성인이 학생의 작품을 검토하고 새로운 아이디어나 초안, 시제품 등을 평가할 수 있다. 그리고 이러한 과정은 수차례에 걸쳐 반복될 수 있다. 이러한 과정을 통해 학생들은 탐구질문에 대해 스스로 답에 도달하게 되며, 자신들이 만들어낸 결과물을 마무리짓게 된다.

일곱째, 결과물 발표하기

결과물을 공개 발표하며 프로젝트 완성 과정에 대해 설명하는 단계로 학생들이 최종적으로 결과물을 가다듬어 청중에 공개하는 단계이다. 프로젝트의 성격에 따라 학생들은 다양한 방식으로 자신의 작품을 공개한다. 예컨대 청중과 직접 대면하는 프레젠테이션, 작품을 물리적 공간에 전시, 사용 가능한 제품을 사용자에게 나눠줄 수도 있으

소주제 구분	가족의 소중함	생명의 신비
⑫ 결과물 발표하기		

최종 결과물의 발표는 다양한 형태로 이루어질 수 있다.

며, 문서 형태의 결과물을 독자들에게 배부할 수도 있다. 또 학부모
와 지역사회가 함께 참여하는 축제 형태로 개최할 수도 있다.

여덟째, 평가와 성찰하기

교사는 학생들이 스스로 활동을 평가하고, 프로젝트를 통해 무엇을
배웠는지 돌아보는 성찰의 시간을 가질 수 있도록 기회를 마련해야
한다. 교사와 학생이 지금까지의 모든 과정을 되돌아보며 무엇을 성

소주제 구분	가족의 소중함	생명의 신비
⑬ 평가와 성찰하기		
프로젝트를 통해 배운 것, 보완해야 할 것 등을 정리하며 돌아보는 시간을 마련한다.		

취하였는지 생각해보는 시간이 될 것이다. 일반적으로 결과물을 발표한 뒤에 그동안의 과정을 되아보며 프로젝트의 각 단계에 있었던 일들, 탐구질문의 해결 과정, 탐구 결과에 대한 학생들 스스로의 평가, 어떤 부분에 발전이 있었고 또 앞으로 어떤 부분에 더 발전이 필요한지, 부족한 부분과 보완할 부분은 무엇이었는지, 다음 프로젝트를 위한 교훈은 무엇일지 등에 대해 성찰해보는 시간을 갖는다.

지역사회에 대한 관심과 미래사회 전망
《우리 고장 디자이너》 프로젝트

1 **□우리 고장 디자이너□프로젝트의 개요**

무심히 지나쳐온 우리 고장의 모습을 살펴보고 증강현실과 가상현실의 개념을 익히고 체험한다. 우리 고장의 현재 모습으로 지도를 그린 후, 그 위에 미래의 모습을 증강현실을 본떠 디자인한다. 이를 통해 고장의 환경을 종합적으로 이해하고 방위와 기호의 개념을 익히며 지식정보처리 역량과 의사소통 능력을 함양하는 수업이다.

2 **프로젝트 수업의 진행 과정**

첫째, 학습목표 수립하기

프로젝트의 주제와 재구성된 교육과정 속에 담긴 성취기준과 핵심역량을 인식하여, 학생들이 배워야 할 것을 분명하고 구체적으로 반영한 학습목표를 수립하였다. 학급 교육 1년의 거시적 방향을 미래핵심역량을 키우는 미래교육으로 잡았기 때문에 우리 고장을 탐구하면서 우리 고장의 미래에 대해 생각해볼 기회를 갖고자 하였다.

대주제	우리 고장 디자이너
소주제	우리 고장 이모저모, 나의 자랑! 우리 고장!
핵심 지식·가치	▶ 지역사회에 대한 관심과 사랑, 방위와 기호, 증강현실, 미래사회의 변화
핵심역량	▶ 지식정보처리 역량, 자기관리 역량, 심미적 역량, 공동체 역량 　-자기주도 학습 능력, 문제 인식, 정보 수집, 분석, 자아성찰, 절제, 존중, 책임
학습목표	▶ 고장의 환경을 종합적으로 이해하고 방위와 기호의 개념을 익히며 미래 고장의 모습을 　디자인함으로써 정보처리 역량과 의사소통 능력을 함양한다.

둘째, 탐구질문 작성하기

학습목표를 달성하기 위하여 프로젝트 수행의 목적을 분명히 하고 프로젝트의 필요성을 상기시킬 수 있는 탐구질문을 작성하였다. 탐구질문은 프로젝트가 진행되는 동안 학생들에게 일종의 가이드 역할을 할 수 있다.

탐구질문	탐구방향
▶ 우리 고장의 위치와 지도상의 모습은? ▶ 우리 고장의 자연환경은 어떠한가? ▶ 우리 고장의 자연환경과 사람들의 생활모습은 어떤 관계가 있을까? ▶ 우리 고장에 필요한 것은 무엇인가? ▶ 미래의 우리 고장은 어떻게 변화할까?	▶ 토의토론을 통한 의견 수렴과 나눔 ▶ 놀이와 함께 하는 공감, 감성 교육 ▶ 우리 고장에 대한 탐구 및 발표

셋째, 학습 결과물 선정하기

프로젝트 수업에서 어떤 결과물을 만들어내는가는 매우 중요하다. 왜냐하면 학습 결과물은 그 자체로 학생들이 학습한 것에 대해 토의, 토론하고 증명해온 과정 전체를 평가하는 하나의 방법이며, 배움의 과정을 보여주는 중요한 교육 자료이기 때문이다. 프로젝트의 목표에 부합하는 동시에 학생들의 학습동기를 높일 수 있는 학습 결과물을 정하기 위해 고심하였다.

본 프로젝트에서는 우리 고장에 대한 탐구 결과를 바탕으로 발표 자료로 만들고, 우리 고장에 전해 내려오는 이야기를 자신만의 언어로 해석하여 만화로 만들어보려고 한다. 또한, 우리 고장의 명소를 소개하는 해설사 활동과 우리 고장에 대한 게임을 만들어보는 것을 결과물로 선정하였다.

결과물	▸ 우리 고장 홍보물 ▸ 우리 고장 만화 이야기 ▸ 우리 고장 탐구 발표 자료 ▸ 우리 고장 게임(빙고, 골든벨, 보드게임 등) ▸ 프로젝트 글쓰기(우리 고장의 미래와 나의 삶)

넷째, 도입활동 들어가기

먼저 우리 고장과 관련 있는 책을 학교에 가져오게 해서 읽게 하였다. 그렇게 배경지식을 쌓은 후, 우리 고장을 생각하면 떠오르는 것들을 브레인스토밍으로 자유롭게 적어보게 하였다. 또한 우리 고장의 모습을 책상에 자유롭게 그려보도록 하였다.

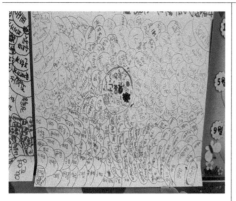

| 고장을 생각하면 떠오르는 것 쓰기 | 우리 고장 자유롭게 그리기 |

다섯째, 질문 만들기 및 탐구 주제 정하기

우리 고장에 대해 궁금하고 알고 싶은 것에 관해서 학생들이 질문으로 만들었고, 교사가 그것을 분류하여 6가지 큰 주제를 정하였다. 그리고 그것을 가이드라인으로 삼아 학생들이 개인 탐구 주제를 정하였다. 그런데 이것이 3학년 1학기 첫 번째 프로젝트이다 보니 아무래도 처음에는 '우리 고장에는 무엇이 있을까?'와 같은 단편적인 사실만을 묻는 질문들이 주류를 이루었다. 이때 "선생님이 어렸을 때 구로동에 살았는데, 왜 이름이 구로동일까?"와 같은 식으로 학생들에게 질문을 던졌더니, 그제야 학생들로부터 한층 다양한 질문이 나오게 되었다. 첫 프로젝트에서는 좋은 질문은 단편적인 지식을 묻고 정해진 답을 말해야 하는 것보다는 질문을 하는 사람도 받는 사람도 함께 생각해볼 수 있고 다양한 의견이 쏟아져 나올 수 있는 질문이 좋은 질문이라는 것을 꼭 강조해야 한다. 만약 처음 프로젝트 학습을 접하는 학생들이라면 반드시 좋은 질문 만들기 연습을 몇 차시 해볼 것을 권장한다.

| 탐구 주제 정해서 게시하기 | 질문 만들고 분류하기 |

여섯째, 다양한 탐구활동하기

먼저 자신이 살고 있는 고장의 그림 지도를 그려보았다. 이를 통해
우리 고장에 대한 지리적 요소와 방위에 대한 개념을 세울 수 있었

| 우리 고장의 이야기 | 우리 고장 그림 지도 | 우리 고장 탐구 자료 |

| 우리 고장 해설사 | 우리 고장의 명소 | 우리 고장 게임(인천마블) |

다. 프로젝트 전체 활동으로 자신의 정한 탐구 주제를 조사하여 탐구 발표 자료를 만들었다. 태블릿 PC와 도서관의 책을 활용하여 조사하였고, 여러 사람의 생각이 필요한 주제는 설문조사와 토의를 통하여 생각을 모았다. 또한 인천시청 홈페이지에 게시된 우리 고장의 설화를 조사하고 내용을 만화로 꾸며 전시하였다. 우리 고장의 명소를 그림이나 만들기로 꾸며 소개하는 해설사 활동을 하였으며, 우리 고장을 소재로 게임을 만들어 활동하였다. 이 외에도 고장 사람들의 생활 모습을 역할극으로 나타내는 활동도 우리 고장의 삶에 대한 이해를 한층 높이는 데 도움을 주었다.

일곱째, 결과물 발표하기

자신의 탐구질문에 대해 스스로 찾아낸 답으로 발표 자료를 만들어 발표회를 열었다. 발표회는 다양한 방법이 있을 수 있겠으나 이번 프로젝트에서는 4절 크기의 발표 자료를 만들어 이젤에 세워 발표하였다. 먼저 학급에서 '둘 가고 둘 남기'의 방법으로 발표 리허설을 하고, 다른 학급 학생들을 초대하여 발표하였으며, 발표 후 학생과 선생님들의 질문과 피드백을 받아 생각을 더 키워 나갈 수 있었다. 또한 3학

탐구 주제 학급 발표회	우리 고장의 생활 발표회(소비자교육 연계)

년 전체 학년 단위로 교생 선생님들의 협조를 얻어 우리 고장 사람들의 생활모습을 체험해보는 발표회를 체육관에서 크게 열었다. 이때 우리 학급은 은행과 관공서의 역할을 맡았다.

여덟째, 평가와 성찰하기

매 프로젝트가 끝나면 프로젝트 글쓰기를 통해 자기 평가와 성찰을 실시한다. 프로젝트 글쓰기에서는 자신의 소감을 쓰거나 이번 프로젝트에서 자신이 알게 된 것을 정리하도록 한다. 평가와 성찰은 프로젝트에 반성과 개선을 위해 꼭 필요하다. 특히 고학년일수록 평가와 성찰의 비중을 높여야 한다고 생각한다.

자기 평가와 성찰을 돕는 프로젝트 글 쓰기

학부모 의견	프로젝트 학습을 즐겁게 하는 모습을 보여주어 대견했습니다. 다양한 조사 방법을 배울 수 있어서 향후 학습에 많은 도움이 될 것 같습니다. 그림그리기, 만화그리기, 게임만들기, 영상 만들기 등 다양한 방법으로 프로젝트를 완성해나가는 과정을 통해 아이가 성장하는 것을 느꼈습니다. 친구들과 협력하고, 조율하는 방법도 자연스럽게 잘 터득하였습니다. 좋은 지도 감사합니다. 탐구력과 창의력이 높은 아이로 자랄 수 있도록 앞으로도 좋은 지도 부탁드립니다.

학부모 소감

우리고장 디자이너	제가 성장한 점은 여러가지에 관심을 갖고, 여러가기 문화유산을 알아 본것이 뿌듯합니다. 친구들도 고장에 대해 많이 알아와서 나의 생각이 많이 커진것 같습니다.
우리고장 디자이너	우리고장디자이너를 하면서 1,2,3반에게 발표를 했던게 가장 기억에 남았습니다. 왜냐하면 저의 배움을 다른 아들에게 알려주는 것이기 때문입니다. 그리고 우리고장을 조사하다 보니 우리고장이 신기하고 더 빛나보였습니다. 저는 많은 역사가 있는 저의 고장을 소중히 다루겠습니다.
우리고장 디자이너	내가 이 프로젝트에서 가장 재미있고 열심히 했던 것은 프로젝트 책 만들기 였다. 내가 조사 했던 우리고장 축제, 행사와 시설물을 알아봤다 그래서 인천의 자랑거리에 대해 더 잘알게 되었고 인천이 참 환기찬 도시 인것 같다.

학생 소감

공동체 역사에서 발견한 미래
《지역 문화유산의 아름다움》 프로젝트

1 □지역 문화유산의 아름다움□프로젝트의 개요

본 프로젝트의 목적은 우리 지역 문화유산의 아름다움을 알아보는 것이다. 학생들은 우리 지역의 아름다움이 어디에 있는지 탐구해보면서 공동체의 역사를 읽고, 현재 어떤 모습으로 변화하였는지 알아본다. 또한 우리 지역이 앞으로는 어떤 모습이 될지, 바람직한 변화를 위해 내가 할 수 있는 일은 무엇인지도 생각해본다.

2 프로젝트 수업의 진행 과정

첫째, 학습목표 수립하기

본격적인 프로젝트 수업에 앞서 학생들이 프로젝트 과정에서 학습해야 할 교육과정의 성취기준과 핵심역량을 정리한다. 이를 통해 학생들이 배워야 할 것이 무엇인지를 분명하고 구체적으로 반영한 학습목표로 수립하였다. 본 프로젝트에서는 우리 지역을 탐구하면서 지역 문화유산의 아름다움을 생각해보도록 하였다.

대주제	지역 문화유산의 아름다움
소주제	참된 아름다움, 우리 지역의 아름다움
핵심 지식가치	▸ 한글의 가치를 통한 한글의 아름다움을 인식 ▸ 지역의 문화유산과 현재의 중심지를 통해 우리 지역의 아름다움 찾기 ▸ 인간으로서의 도덕적 책임을 다하기 위해 참된 아름다움 추구
핵심역량 교과역량	▸ 지식정보처리 역량, 창의적 사고역량, 심미적 감성역량 ▸ 국어-문화향유 역량 ▸ 사회-정보 활용능력 ▸ 도덕-도덕적 정서능력
핵심개념	▸ 국어: 한글의 우수성, 아름다움 ▸ 사회: 우리 지역의 문화유산 · 역사 · 인물 ▸ 도덕: 우리 지역의 참된 아름다움
학습 목표	우리 지역의 아름다움이 어디에 있는지 탐구해보면서 공동체의 역사를 읽고 현재 어떤 모습으로 변화하였는지 알아본다. 또한 우리 지역이 앞으로는 어떤 모습이 될지, 바람직한 변화를 위해 내가 할 수 있는 일은 무엇인지 생각해본다.

둘째, 도입활동 들어가기

　도입활동의 목적은 아름다움에 관한 다양한 생각을 공유하고 정리해보도록 하는 것이었다. 이를 위해 첫 번째 도입활동으로 한글을 탐구하고 한글의 아름다움을 느끼도록 하였다. 학급에서는 일주일에 한 번 프로젝트 또는 교과 학습과 관련된 신문기사를 읽고 내용을 파악하거나 생각이나 의견을 정리하는 글쓰기 활동을 하고 있다. 여기에서는 평창올림픽 메달에 숨겨진 한글을 테마로 한 신문기사를 제시하여 한글을 탐구하고, 한글의 아름다움을 느낄 수 있도록 하여 아름다움을 느낄 수 있는 대상이 다양함을 인식하도록 하였다.

　두 번째 도입활동은 아름다움에 관한 다양한 관점을 공유하는 것이었다. 본 학급에서는 일주일에 두 편의 생활일기를 작성하는데, 그 중 한편은 특정 주제에 관한 자신의 생각과 의견을 썼다. 학생들과는 이것을 '주제 글쓰기'라고 부르며 프로젝트의 도입 혹은 마지막 단계에서 활용하기도 한다. 이번 프로젝트에서는 '내가 생각하는 아름다움은 무엇인가?'라는 주제로 글쓰기를 하여 친구들과 공유하였다. 이를 통해 아름다움에 대한 생각의 다양성을 인식할 수 있었으며, 의식을 가지고 둘러보면 주변에서 아름다움을 찾을 수 있다는 것을 알게되었다. 또 우리가 함께 어떤 아름다움을 찾을 수 있을까 하는 궁금증을 만들어 탐구질문을 소개할 준비를 할 수 있었다.

셋째, 탐구질문 소개 및 질문지도 제작하기

'우리 지역의 아름다움은 어디에 있을까?'라는 탐구질문을 제시하고, 개별 학생들은 이에 꼬리를 무는 질문을 세 가지 정도 작성하였다. 세 가지 질문을 작성한 학생들은 조용히 질문여행을 떠나도록 했다. 질문여행은 질문을 작성한 친구끼리 만나 조용히 질문을 교환하거나, 질문을 교환하는 과정에서 생겨난 또 다른 꼬리를 무는 질문을 함께 만드는 과정이다. 질문여행은 둘 이상의 학생이 모이면 할 수 있다. 모든 학생의 질문여행이 끝나 각자의 질문을 좀 더 정제하고 나면 모두 자리에 앉아서 질문지도를 제작하기 시작한다.

질문지도를 제작하기 위하여 각 학생은 만들어진 질문 중 학습할

질문여행과 질문지도 제작

의미나 가치가 있다고 생각되는 질문, 중요하다고 생각하는 질문을 기록한다. 질문은 칠판에 부착할 수 있도록 제작한 코팅판에 보드마커로 크게 기록하고 각자 쓴 것을 자유롭게 부착하도록 한다. 쓰고 부착하는 과정에서 중복된 질문은 피하도록 하고, 비슷한 질문은 서로 가까이에 부착하도록 돕는다. 처음에는 교사가 많이 도와주지만 과정을 거듭해갈수록 학생들이 스스로 비슷한 질문을 분류하고, 학습에 중요한 질문을 알아서 선별하기도 한다.

탐구질문(대주제)을 중심으로 질문지도가 제작되면 전체 학생들과 상의하여 다시 한 번 학습에 의미 있는 질문을 남기고, 질문을 해결할 순서, 질문을 해결하기 위한 학습 방법, 학습 후 결과물을 나타낼 형식을 정한다. 해결할 질문 및 학습 순서는 전체 학생과 함께 정한다. 학생들은 자유롭게 의견을 제시할 수 있으며, 다른 학생의 의견을 보충하거나 다른 의견을 제시할 수도 있다. 의견에 대한 이유를 제시하도록 하면 의견을 제시하는 과정에서 학생들의 생각이 정리되어 최종 질문지도(해결할 질문)와 학습 순서가 정해지게 된다. 교사는 이 과정에서 질문을 통해 학습해야 할 성취기준이 누락될 때 관련 질문을 생각해낼 수 있도록 이끌어주며, 효율적인 학습 순서를 생각해볼 수 있게 다양한 상황을 고려하여 조언해준다. 학습 방법 및 결과물을 나타낼 형식은 모둠별로 토의하고 발표하여 전체 학급의 의견 및 동의를 얻어 결정한다. 모둠토의 전 다양한 학습 방법 및 결과물의 형식을 안내하면 학생들이 적절한 의견을 제시할 것이다. 교사는 성취기준에 도달하기 위하여 학습 방법이 적합한지, 프로젝트 학습에 주어진 시간 동안 결과물 제작이 가능한

학급계획 수립

지, 프로젝트를 진행하는 시기에 열리는 학교 행사를 고려하여 조언을 해주었다. 이러한 과정을 통해 학생들은 주도적으로 프로젝트의 학습계획을 수립했다.

넷째, 프로젝트 결과물 결정하기

프로젝트는 보통 두세 가지의 소주제로 나뉘고 각 소주제의 결과물은 질문지도를 제작하고 정리하는 과정에서 수립한다. 최종 결과물도 이 과정에서 논의하여 결정할 수도 있지만, 때로는 프로젝트의 학습 과정에서 결정하기도 한다. 왜냐하면 프로젝트 학습 전에는 성취기준과 관련한 학습 내용을 알지 못하므로 결과물에 대한 아이디어를 제시하는 데 한계가 있다. 그러나 프로젝트 학습으로 성취기준에 관련된 내용을 어느 정도 학습한 후에는 내용을 잘 활용할 수 있는 아이디어를 제시할 수 있기 때문이다.

본 프로젝트의 경우 참된 아름다움에 대한 학습, 지역의 문화유산 및 역사적 인물에 대한 프로젝트 학습이 어느 정도 이루어진 단계에서 최종 프로젝트 결과물에 대한 논의를 하였다. 어항토의를 진행하여 모둠이 각각의 의견을 제시하였는데, 더 좋은 의견을 절충해 나가는 과정에서 우리 지역 사람들도 우리 지역의 아름다움을 제대로 느끼게 해주고 싶다는 의견을 바탕으로 소확행 달력을 제작하고 배부하기로 하였다. 달력에 우리 지역의 인물 및 문화유산, 역사를 그리거나 기록하여 알리고 가볼 만한 박물관 및 전시를 소개하여 우리 지역에서 소소한 행복을 느낄 수 있도록 돕자는 것이었다. 더욱이 본교에서는 문화 체험교육의 일환으로 다양한 공연 및 전시에 참여하도록 장려하고 있으므로 제작한 달력을 다른 학생들에게도 배부하면 여러 가지로 도움이 될 것이라는 학생들의 의견이었다.

다섯째, 탐구활동 지도하기

• 학생 조사활동

학생 조사활동(도서관수업)

학생들이 자료를 도서관에서 탐색하기로 결정해서 교사가 먼저 학교 도서관의 장서들을 살펴보고 적절한 내용이 있는지 확인했다. 또한 동시에 많은 학생이 도서를 열람할 수 없는 경우에 대비해 추가 자료를 준비하였다. 학습 과정에서 학생 스스로 조사하기 어려운 경우에는 교사가 준비한 자료를 제시하기도 했다. 이때 자료는 학생이 이해하기 쉬운 용어로 풀이하여 제작하며 학습 내용에 관한 다양한 자료를 준비하여 탐구할 수 있도록 했다.

• 토의토론 안내

학생들이 토의토론으로 학습하고자 계획하여 학습 내용을 알기 위해 적절한 토의구조 및 모형을 구상하여 안내해주었다. 교사는 토의토론을 통해 배워야 할 학습 내용이 도출되고 있는지 확인하며 정리 및 보충해주었다.

직소수업으로 인천의 역사 공부

'하나 남고 셋 가기'로 인천의 인물 발표

탐구 결과물 제작
아름다움을 담은 지도, 노래가사, 율동 만들기

· 탐구 결과물 제작하기

소주제의 내용을 학습할 때마다 내용을 활용해 학습 결과물을 제작하였다. 프로젝트 중 학생들은 인천의 아름다움을 조사하면서 다양한 명소를 조사하고 그곳의 소리를 담아왔으며, 인천의 소리를 스마트폰의 QR코드를 활용해 들을 수 있도록 지도를 제작하였다. 또한 프로젝트를 진행 기간 중 열린 학년의 행사인 동요제를 활용하여 인천의 아름다움, 역사, 인물을 노래로 발표할 수 있도록 준비하였다.

여섯째, 최종 결과물 발표하기

프로젝트 학습이 끝날 무렵은 동요제의 시기와 맞물렸다. 동요제를 통해 프로젝트의 결과물을 무대에서 보여주고, 무대 밖에는 조그마한 전시회를 열기로 하였다. 동요제에서 발표하는 노래로 인천의 아름다움을 담은 가사와 율동을 선보이고, 무대 밖 전시회에서는 학생들이 제작한 소확행 달력을 선보이기로 했다.

탐구활동 과정에서 학생들은 소주제를 배울 때마다 모둠 학생들과 협력하여 결과물을 제작하였다. 예컨대 우리 지역의 명소를 표시한 지도, 지역의 인물을 담은 역사신문, 문화유산 보고서 등이 제작되었

소주제 결과물을 활용하여 소확행 달력을 제작하는 모습

동요제 행사를 통한 프로젝트 학습 발표

으며, 이 결과물들은 학급의 뒷 게시판이나 복도에 프로젝트 기간 동안 전시되어 있었다. 이 내용들을 활용하여 학생들은 각자의 소확행 달력을 제작하였다. 월별 뜻깊은 역사를 테마로 한 달력을 제작하거나 인물을 중심으로 달력을 제작하기도 하였으며, 계절마다 방문하면 좋을 지역의 명소들을 안내하는 달력도 있었다.

완성된 달력들은 동요제를 발표하는 학교의 문화관 주변에 전시하여 다른 학급의 학생 및 학부모들과 공유하였다. 또 전시 후에는 다른 학급의 학생이 원할 경우 가져갈 수 있도록 하였다.

일곱째, 평가와 성찰하기

달력을 함께 공유한 뒤 학생들과 프로젝트를 통하여 배운 점, 성장한 점, 아쉬운 점 등을 나누었다. 학생들은 직접 활용할 수 있는 달력을 제작하였다는 것에 큰 성취감을 느꼈으며, 각각의 달력이 가진 개성과 특색 있는 모습도 인상 깊었다. 또한 배운 내용을 달력에 담기가 어려웠다는 발표를 통해 배움을 활용하는 것이 쉽지 않다는 것도 함께 느낄 수 있었다.

여러 가지 이야기를 학급 전체 학생들과 나눈 뒤에 프로젝트를 마치는 에세이를 작성하였다. 장기간 프로젝트를 진행하므로 학습의 처음 단계로 되돌아가서 중요한 내용들을 함께 이야기하고 우리가 제작한 결과물이 그것을 충분히 담아냈는지, 다른 이에게 좋은 영향을 미치는지 반성하였다. 이러한 성찰이 담긴 글을 에세이로 쓰도록 하였으며 교사는 개별 글에 대해 생각이 부족한 부분은 더 깊이 생각해볼 수 있도록, 주제와 관련 없는 부분은 수정하여 주제를 향하는 글이 되도록, 배운 것에 대해 고민했던 느낌을 담을 수 있도록(배우지 않고도 쓸 수 있는 글이 많으므로) 피드백을 해주었다.

프로젝트를 수행하는 과정에서 기록하는 모든 과정은 에세이를 포함하여 언제나 학급 전체가 공유할 수 있도록 전시했다. 에세이를 작성한 후에도 학생들은 자신의 글과 다른 학생의 글을 비교해서 검토해보기도 하며 다양한 관점에서 고민해보거나 생각을 정리할 수 있음을 배웠다.

서로가 쓴 프로젝트 에세이를 살펴보는 모습

인권 존중의 중요성을 깨달은
《정의로운 세상》 프로젝트

1 □정의로운 세상□프로젝트의 개요

5학년 프로젝트 수업은 《정의로운 세상》이다. 이 프로젝트를 통해 학생들은 정의로운 세상을 만들기 위한 전제와 생활 속에서 민주주의 사회의 구성원으로서 우리 자신이 직접 실천해볼 수 있는 것들에는 무엇인지 생각해볼 수 있다. 특히 인권이 왜 보호되어야 하는지와 생활 속에서 실천할 수 있는 인권 보호 활동은 무엇인지에 관해서도 생각해본다.

2 프로젝트 수업의 진행 과정

첫째, 학습목표 수립하기

본격적인 프로젝트 수업에 앞서 학생들이 프로젝트 주제와 재구성된 교육과정 속에 담긴 성취기준과 핵심역량을 인식하도록 한다. 학생들이 배워야 할 것이 무엇인지를 분명하고 구체적으로 반영한 학습목표를 수립하였다.

대주제	정의로운 세상
소주제	정의로운 대한민국
핵심 지식·가치	인권의 의미를 알고 인권 보호를 실천하여 정의로운 세상을 발표한다.
핵심역량	지식정보처리 역량, 자기관리 역량, 공동체 역량, 의사소통 역량 -자기주도학습 능력, 문제 인식, 정보 수집, 분석, 자아성찰, 존중, 책임
학습목표	국가의 진정한 의미를 찾아 이해하며 사회구성원으로서 민주주의를 실천하는 태도를 지 닌다. 인권의 뜻에 대한 이해를 바탕으로 인권이 존중되어야 하는 까닭을 설명하며 인권 침해 사례를 찾아 발표한다.

둘째, 도입활동 들어가기

도입활동의 목적은 인권의 의미를 5학년 수준으로 알아보고 인권 보호를 어떻게 실천할 수 있을지 범주를 정하고자 학생들의 이해 정도를 파악해보았다. 자신이 알고 있는 것을 돌아가며 생각 나누기를 한다. 같은 생각이거나 이미 알고 있었던 사실의 경우 동의 표시를 하여 교사가 학생 수준을 파악할 수 있게 한다. 모둠별로 돌아가며 생각 나누기에서 나왔던 많은 사실 중 하나인 '지구촌 문제'에서 가장 심각하다고 생각되는 것을 조각상으로 표현했다. 조각상으로 경제적 불평등, 기후변화, 식수문제, 기아문제, 전쟁, 자원 고갈을 표현하면서 의미를 전달했다. 상호 이해되지 않는 조각상 표현의 경우 질문을 통해 궁금증이 해결될 수 있도록 했다. 모둠 토의 시 지구촌 문제에 대한 서로의 감정을 이해할 수 있는 기회를 마련했다.

돌아가며 생각 나누기

조각상으로 표현한 기후변화와 기아문제

셋째, 행복한 경험 나누기와 공정의 의미 세우기

'인권' 관련 단체를 각자 조사하여 정보를 공유하는 시간을 가졌다. 주변에서 '인권'이라는 단어로 생기는 여러 가지 사실들을 학생들이 조사하고 인권을 지키고 보호하기 위해 애쓰는 단체의 다양성을 알아보고. 그중 국제엠네스티 단체를 검색하여 '인권' 관련 기사와 실천 노력을 보면서 자신의 인권이 보호받아 행복했던 경험을 소소한 것부터 찾아볼 수 있다.

특히 '인권'의 사전적 의미를 찾아 이해할 때보다 학생들이 느끼는 인권에 대한 공감지수가 상당히 높아질 수 있는 기회가 되었다. 행복, 불행에 대한 사례를 찾아보고 메이킹북 활동 중 '피자북 만들기'를 활용하여 행복뷔페 놀이를 했다. 공정의 의미를 알아보고 '인권 논쟁'을 함께 읽으며 개념과 의미 세우기를 했다.

또한 온작품 읽기로 《힐 더 월드(Hill the World)》라는 책을 선정하여 단편의 글을 읽으며 자신이 알게 된 것과 궁금한 것에 대해 마인드맵으로 표현했다. 같은 글을 읽고 표현한 마인드맵의 결과가 상이한 것을 보면서 서로 질문을 주고받으며 배움을 확장해 나갔다.

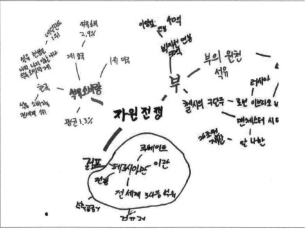

온작품읽기로 선정한 도서와 단편을 읽고 개인별로 정리한 마인드맵

넷째, 인권 보호를 위한 실천 방법 정하기

인권에 대해 육색사고모 토의토론 활동을 하면서 학생들은 사실-느낌-장점-단점-개선할 점-평가 등에 대해 의견을 주고받았다. 이렇게 알게 된 새로운 사실을 바탕으로 각각 인권의 의미를 어떻게 실생활 속에서 연결할 수 있을지가 핵심질문으로 등장했다. '인권' 프로젝트 활동의 결과물을 자신이 알게 된 인권의 개념을 바탕으로 '인권 보호'를 위한 실천 방법을 정하기로 모둠별로 의견을 모았다. 국제 엠네스티 활동은 가까운 친구와 이웃부터 각 나라별, 세계로 다양한 활동(난민, 여성, 고문, 집회의 자유, 사형 등)이 이루어진다는 것을 알게 되었다. 인권 보호를 위한 소극적 방법, 적극적 방법 등 학생 수준에서 적절한 참여와 후원 방법에 대해 고민했다. 학생들은 인권 관련한 사실에 관심을 갖는 것만으로도 큰 의미가 있다는 것을 알게 되었고 편지쓰기, 캠페인하기, 기부하기 등 다양한 활동을 찾아보게 되었다. 아울러 이러한 활동들이 일회성으로 머물지 않고 지속적으로 실천할 수 있는 방법으로 이어질 수 있는 방안도 찾아보았다.

다섯째, 인권 보호 활동에 대한 탐구활동

학생들은 인터넷 검색, 도서 검색, 전문가와의 인터뷰 등 다양한 방법으로 인권 보호 활동에 대해 탐구했다. 특히 전문가와의 만남을 계획할 때 실현 가능한 인터뷰 대상을 직접 선정하기 위해 온라인, 오프라인으로 대화할 기회를 가지면서 인권 관련 정보를 확대시킬 수 있게 했다. 실제 인터뷰를 하기 전에 인터뷰를 위한 일정 잡기, 질문 만들기, 인터뷰 에티켓 등을 탐구하고, 인터뷰 후 평가를 통해 의사소통 역량을 키웠다.

인터넷이나 도서를 검색할 때는 맹목적인 자료 수집이 아닌 단편적인 사실이나 사실의 진실 여부에 대한 정보의 신뢰도를 높이기 위해 수집 정보의 출처를 단체 및 기관의 정보를 활용하도록 했다. 개인별로 탐구한 내용이 자신뿐만 아니라 상대방에게 '인권의 이해'와 '인권 보호의 실천'에 대한 정보를 제공하고 공감할 수 있는 기회가 될 수 있도록 과정 평가와 환류가 수시로 이루어지는 것이 중요하다. 보고서 형식의 탐구내용 구성뿐만 아니라 스톱모션, 포스터, 만화, UCC, 로고송, 교육연극, 놀이 등도 개인별 소질과 재능에 따라 선택할 수 있게 했다.

돌아가며 생각 나누기	스톱모션으로 표현하기	만화로 표현하기

여섯째, 인권 보호를 위한 실천 활동하기

인권 보호를 위한 다양한 실천 활동을 실시했다. 특히 PMI 토의토론을 실시할 때 주의할 점이 있다. 학생들이 주로 장점, 단점, 흥미로운 점으로 이야기를 나누는데, 단순히 흥미로운 점으로 이야기를 나누기보다는 'IF I…'로 바꾸어서 한다면 자신이 해야 할 일이 좀 더 명확해질 수 있다. 개인 또는 모둠별로 인권 보호를 위한 어떤 실천 활동을할 것인지 정하고 결과를 발표하면서 학생들은 발표자, 청중, 실천가

모둠별 인권 보호 실천 활동 사례	
 인권 신문 내용 선정하기	인권 신문 제작하기
 인권 관련 육색사고모 토의토론	 인권 신문 전시하기

개인별 인권 보호 실천 활동 사례	

지역사회 다문화가족 돕기 김장 담그기 참가하기	'씨앗잔치'를 통한 인권 캠페인 및 기부활동

의 역할을 자연스럽게 수행하게 될 것이다.

특히 어린이 인권 보호와 관련된 기사를 집중적으로 집중적으로 찾아 읽은 후 자신의 생각하는 어린이 인권에 대한 주장하는 글을 썼다 아울러. 세계화의 모습을 이해하고 세계시민으로서 지녀야 할 자질은 무엇인지 알아보고 우리가 꿈꾸는 세상을 주제로 연설문을 써서 발표하는 시간을 가졌다.

연설문을 쓰고 발표하는 모습	

일곱째, 평가와 성찰하기

인권을 지키기 위한 우리의 노력에 대해 다양하게 발표하면서 우리의 노력이 정의로운 세상으로 나아갈 수 있는 밑거름이 되고 세계가 하나의 공동체로서 공감하고 변화를 위해 더 노력해야 한다는 것을 깨닫게 되었다. 프로젝트 실행 단계마다 이루어진 평가뿐만 아니라 최종 디베이트 활동을 통해서 프로젝트 중 배움의 양과 질을 교사, 학생, 학부모 모두가 확인하고 피드백하는 것이 중요하다. 프로젝트를 진행하며 학기 초에 정했던 학급 규칙 중 인권 보호를 위한 학급 기본법(헌법)의 필요성을 느끼게 되었다. 프로젝트로 서로 존중하여 인권을 보호하기 위한 학급 안에서의 실천의지가 함양되어 우리가 꿈꾸는 정의로운 세상으로 한 발 나아간 것 같았다.

디베이트로 반론하고 성찰하기

정의가 살아 있는 우리들 세상 글쓰기

지속가능한 경제 발전
《끊임없이 성장하는 경제》 프로젝트

1　□끊임없이 성장하는 경제□프로젝트의 개요

6학년 프로젝트 수업 주제는 《끊임없이 성장하는 경제》이다. 경제는 우리 사회의 가장 뜨거운 관심사 중 하나이다. 이에 프로젝트 수업을 통해 경제 형태를 결정하는 성장과 분배, 경제 발전의 의미와 산업혁명을 이해하도록 한다. 아울러 가계와 기업, 우리나라의 경제 발전 과정에 대해 생각해볼 기회를 갖게 될 것이다. 이 프로젝트 수업을 통해 창의성과 지식정보처리 등 핵심역량을 키우도록 디자인하였다.

2　프로젝트 수업의 진행 과정

첫째, 학습목표 수립하기

프로젝트 주제와 재구성된 교육과정 속에 담긴 성취기준과 핵심역량을 인식하여, 프로젝트를 통해 학생들이 배워야 할 것이 무엇인지를 분명하고 구체적으로 반영한 학습목표를 수립하였다.

대주제	끊임없이 성장하는 경제
소주제	경제활동의 주체 ㅣ 가계나 기업의 경제활동 ㅣ 경제활동은 어떻게 이루어지는가?
핵심 지식가치	▶ 지속가능한 경제활동을 유지하기 위해 드러나지 않은 현 경제 성장의 문제점을 추론한다. ▶ 지속가능한 경제활동을 유지하기 위해 경제주체의 합리적 선택과 바람직한 교류가 필요함을 이해한다.
핵심역량 교과역량	▶ 지식정보처리 역량, 창의적 사고역량 ▶ 국어-비판적·창의적 사고역량　　　▶ 사회-비판적 사고력
핵심개념	▶ 국어: 내용의 추론 ▶ 사회: 지속가능한 경제체제
학습 목표	프로젝트를 통해 다양한 경제활동 사례로 경제주체들의 합리적 선택이 어떤 영향을 가져오는지, 합리적 선택이 왜 중요한지를 생각해본다. 이를 통해 경제체제의 특징을 생각해보며 앞으로 변화할 경제체제의 모습을 예측해본다. 지속가능한 경제 발전을 위해 지금 가지고 있는 문제점을 파악하고 어떻게 해결해 나갈 것인지를 고민한다.

둘째, 도입활동 들어가기

학습목표가 수립되고 나면 프로젝트 학습의 도입활동을 통해 학생들이 프로젝트 수업에 대해 관심을 갖게 하고, 프로젝트의 주제와 진행과정에 대한 궁금증을 갖게 한다. 프로젝트 수업에서 도입활동의 주요 목적은 바로 학생들이 스스로 생각하게 만들기 위함이다. 도입활동은 앞으로 학생들이 맞이하게 될 어려운 문제나 과제와 관련된 자신들의 사전 지식과 접촉할 수 있게 해준다. 도입활동의 방법으로는 주로 관련 자료(도서, 경험, 영상, 정보 등)의 제시와 공유 등을 통해 이루어진다. 6학년 《끊임없이 성장하는 경제》 프로젝트의 경우 경제와 산업 발전과 관련된 독서를 통해 배경지식을 습득한 후 하브루타 생각 나누기를 통해 배경지식을 공유하고 확장하였다. 이후 관심 있는 주제에 대해 의도적으로 몰입해 들어갈 수 있는 시간을 마련하였다.

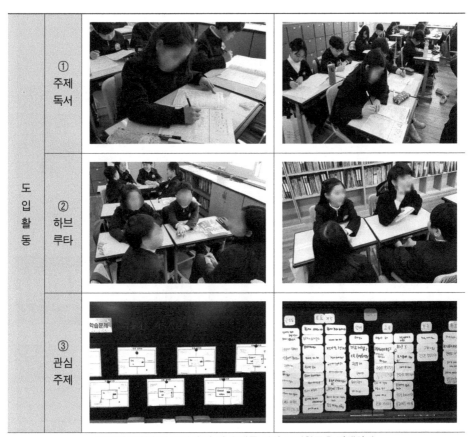

도입활동	① 주제 독서		
	② 하브루타		
	③ 관심 주제		

프로젝트 학습의 동기 유발 및 유지를 위한 도입활동을 진행한다.

셋째, 탐구 주제 및 질문 도출하기

프로젝트 주제에 대한 배경지식을 공유하고 확장한 후 관심 있는 주제에 대해 학급 전체의 이야기를 나누면서 탐구 주제를 선정하는 시간을 가졌다. 이때 모든 학생들이 탐구 주제에 대해 공감할 수 있도록 한다. 그 다음에는 학생들이 탐구 주제에 대한 세부적인 탐구질문들을 만들어갔다. 이러한 탐구 주제와 질문들은 프로젝트의 진행 및 마무리 과정에서 학생들이 최종적인 답을 찾아가는 데 참고하도록 학급 뒷판에 게시하여 활용하면 좋다.

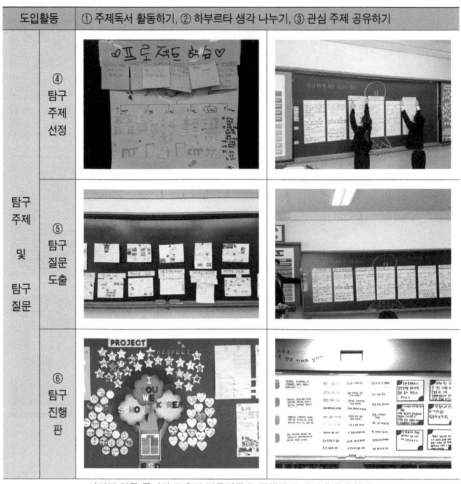

도입활동		① 주제독서 활동하기, ② 하부르타 생각 나누기, ③ 관심 주제 공유하기
탐구 주제 및 탐구 질문	④ 탐구 주제 선정	
	⑤ 탐구 질문 도출	
	⑥ 탐구 진행 판	

선정된 탐구 주제와 도출된 탐구질문은 진행판에 게시해 공유한다.

넷째, 모둠 구성 및 탐구활동하기

모둠 구성은 ③ 관심 주제 공유 과정과 ④ 탐구 주제의 선정 과정에서 자연스럽게 구성될 수 있다. 프로젝트의 목적과 주제 및 성격에 따라 개인 활동과 모둠별 활동이 구분되어지기는 하지만, 모둠을 구성할 때 교사는 학생들의 다양한 수준과 상황을 반드시 고려해야 한다. 탐구활동에서는 ⑤ 도출된 탐구질문 목록을 적극 활용하는 것이

| 모둠 구성 및 탐구 활동 | ⑦ 모둠 구성 |  | |
| | ⑧ 탐구 활동 | | |

모둠 구성 시 교사는 학생들의 수준과 상황을 고려한다.

중요하다. 질문의 답을 찾는 과정에 어떻게 접근할 것인지 교사와 학생이 함께 결정해야 한다. 어떤 질문은 학생 스스로 조사를 통해 답을 찾아야 할 것이고, 교사의 수업을 들어야 답을 할 수 있는 질문도 있을 것이다. 질문 목록은 ⑥ 탐구 진행판에 게시하여 탐구활동 과정에 계속적으로 활용한다. 답을 찾은 질문은 목록에 해답을 적어 나가는 동시에, 새로운 문제나 과제가 발생한 질문은 목록에 더해 나가면서 프로젝트에 한층 몰입할 수 있도록 한다.

다섯째, 프로젝트 주요 결과물 결정하기

프로젝트 결과물을 언제 어떻게 결정할지는 상황에 따라 달라질 수 있다. 도입활동 중 또는 탐구 주제와 탐구질문을 논의하면서 교사와 학생들이 함께 결과물에 대해 논의할 수도 있다. 어떤 프로젝트의 경우에는 학생들이 주제에 대해 어느 정도 조사한 후에 어떤 결과물을

올바른 소비자 교육 얼개 짜기 및 주장 발표회

만들지 결정하기도 한다. 프로젝트 주요 결과물의 구상이 어느 정도 결정되면 교사는 프로젝트를 진행하면서 학생들이 언제 도움을 필요로 하는지 그리고 어떤 도움을 주어야 하는지에 대한 판단을 내려야 한다. 가장 이상적인 시점은 바로 도움이 필요하다는 사실을 깨닫고 학생들이 요청해올 때이다. 교사는 프로젝트의 완성을 위해 무엇이 필요한지 항상 관심을 갖고 점검해야 한다.

여섯째, 중간 공개 및 상호 비평하기

학생들은 중간 공개 및 상호 비평을 통해 자신의 수행 능력을 향상시키고 결과물을 다듬어 개선할 기회가 필요하다. 프로젝트를 통해 학생들은 단순한 교과 지식을 뛰어넘는 수준 높은 결과물을 제작해야 하기 때문이다. 따라서 이 단계에서 학생들은 결과물의 초안, 원형 및 아이디어를 제출해서 평가를 받았다. 방법으로는 자료 요약, 배운

⑩
중간 공개
및
상호 비평

최종 결과물의 수준을 한층 끌어올리는 중간 공개와 상호 비평

내용 요약, 성찰일지, 보고서 초안, 협의회, 동료 비평 등이었다. 특히 동료 학생들의 상호 비평은 프로젝트 결과물의 수준을 한층 끌어올리는 데 큰 도움이 되었다. 이때 교사 역시 학생들의 결과물에 대해 피드백을 제공해주었는데, 프로젝트에 따라서는 교사 이외의 성인이 학생들의 작품을 검토하고 새로운 아이디어나 초안, 시제품 등을 평가할 수도 있다. 이러한 과정은 필요에 따라 수차례에 걸쳐 반복될 수 있다. 이러한 과정을 하나하나 거치면서 학생들은 탐구질문에 대한 자신들의 답에 도달하게 되며, 자신들이 만들어낸 결과물을 마무리 짓게 된다.

일곱째, 결과물 발표하기

결과물을 공개 발표하며 프로젝트 완성 과정에 대해 설명하는 단계로 학생들이 최종적으로 결과물을 가다듬어 청중에게 공개하는 단계이다. 프로젝트의 성격에 따라 학생들은 다양한 방식으로 자신의 작품을 공개할 수 있다. 청중과 직접 대면하는 프레젠테이션, 작품을 물리적 공간에 전시, 사용 가능한 제품을 사용자에게 나눠줄 수도 있으며, 문서 형태의 결과물을 독자들에게 배부할 수도 있다. 또한 학부모와 지역사회를 대상으로 축제 형태의 행사를 개최할 수도 있다.

⑪
결과물
발표하기

프로젝트의 성격에 따라 다양한 방식으로 공개할 수 있다.

여덟째, 평가와 성찰하기

프로젝트를 통해 무엇을 배웠는지 성찰의 시간을 가졌다. 성찰의 시간은 교사와 학생이 지금까지의 모든 과정을 돌아보며 무엇을 성취하였는지 생각해보는 시간이다. 결과물 발표 후 그간의 과정을 돌아보며 프로젝트의 각 단계에 있었던 일들, 탐구질문의 해결 과정, 탐구 결과에 대한 스스로의 평가, 발전된 점과 부족한 부분은 무엇이었는지, 다음 프로젝트를 위한 교훈은 무엇일지 등에 대해 성찰했다.

⑫ 평가와 성찰하기	사랑합니다! 올해부터 프로젝트 학습 전면시행으로 학생들에게 어떤 큰 효과가 있는지 반신반의하게 지켜보았습니다. 저 우려와는 달리 수준높은 수업으로 무럭해 가는 것 같습니다. 앞으로 많이 발전한 모습입니다. 공개수업 때도 보았듯이 열정적인 선생님의 수업에 감사드리며 적극적으로 뒤어 나가는 우리반 모두를 칭찬합니다. 다시한번 감사드립니다.
	사랑합니다. 다양한 프로젝트 수업으로 사고력이 깊어지고 언제나 즐거운 학교생활을 합니다. 많은 사랑과 가르침에 감사드립니다.
	여러가지 방향으로 느끼고, 생각 할 수 있는 소중한 탐구활동이고, 타인의 의견을 받아들이고 경청하도록 훈련을 하는 기회가 되어 매우 긍정적이라고 생각합니다.

성찰을 통해 학생과 교사 모두 프로젝트 수업으로 한층 성장할 수 있다.

에필로그

질문이 넘치는 교실을 만드는
프로젝트 수업의 가치

지금까지 우리는 사전 준비, 디자인, 교육과정 재구성, 수업 실천과 평가 등 프로젝트 수업을 위한 모든 과정을 이론적 배경과 구체적인 실천 사례를 중심으로 이야기해왔습니다. 특히 성공적인 프로젝트 수업을 만들어가려면 좋은 탐구질문을 이끌어내는 것이 참으로 중요하다는 점을 거듭 강조했습니다.

질문은 왜 중요한가?

질문은 생각과 행동을 변화시킬 수 있는 힘을 가지고 있습니다. 일상생활에서 던지는 질문은 우리가 의례적으로 해왔던 생각, 행동에 또 다른 의문을 갖게 해주죠. 아울러 스스로를 객관적으로 돌아보고 비판적으로 사고할 수 있도록 도와줍니다. 그런데 실제로 우리나라 사람들은 질문하는 데 익숙하지 않고, 심지어 질문을 어렵게 여기는 편입니다. 어떠한 현상에 대해 의구심이 들어도 그것이 질문할 만큼 중요한 사안인지 판단하지 못해 질문을 주저하거나, 때론 질문으로 인해 나의 무지함이 세상에 알려져 행여 손가락질이라도 받게 될까봐 질문을 피하곤 하죠. 자기 내면에 주목하기보다는 늘 타인의 시선이나 평가에 크게 흔들리기 때문입니다. 하지만 자신의 내면에 주목하지 못한 채 외부 요인에만 연연하면 결국 성장도 발전도 아무것도 이룰 수 없습니다.

그렇다면 개인의 내면에 집중하려면 어떻게 해야 할까요? 무엇보다 질문이 절실히 필요하다는 결론에 다다르게 됩니다. 나의 내면은 나 이외의 다른 사람들이 설명해줄 수 없습니다. 내가 원하는 것, 내가 좋아하거나 싫어하는 것, 하고 싶은 것과 피하고 싶은 것은 모두 스스로 내면에 던지는 질문을 통해서만 알 수 있으니까요. 질문은 나의 내면에서 집중하고 원하는 것을 할 수 있게 도와줍니다.

질문을 통해 나만의 생각과 행동, 모습을 갖춰 나간다면 자신이 원하는 바를 차근차근 추구해 나가는 행복한 사람이 될 수 있습니다. 나아가 다른 사람의 행복 또한 존중할 수 있는 성숙한 사람이 될 것입니다. 저마다 자신이 더 불행하다고 주장하며 행복에 목마른 시대를 살아가는 요즘 우리에게 필요한 것은 누군가를 선망하고 질투하기보다는 우리 내면에서 진정으로 바라는 것이 무엇인지에 관해 질문해보는 것이 아닐까요? 이제 질문의 힘은 행복한 삶을 위해서도 그 중요성이 점점 더 커지고 있습니다.

지식이 지배하던 시대의 종말과 핵심역량의 중요성

바야흐로 인공지능이 스스로 딥러닝을 하는 시대입니다. 이제 인공지능이 인간 고유의 지적 능력마저 크게 위협하는 시대로 접어든 것입니다. 많은 사람들이 교육의 역할이 이전과는 크게 달라져야 한다는 점에는 동의하고 있습니다. 단편적인 지식 전수를 목적으로 하였던 과거의 교육 방식은 무의미해졌죠. 이전과 달리 누구나 지식에 쉽게 접근할 수 있으니까요. 즉 원하면 언제 어디서든 지식을 검색할 수 있고 활용할 수 있게 된 것입니다.

현대사회를 넘어 미래사회의 주역인 학생들에게 필요한 것은 지식의 습득이 아니라 넘쳐나는 지식을 바르게 찾아서 활용하고, 이를 다시 공유할 수 있는 역량입니다. 이와 관련하여 학교 교육에서도 지식이 아닌 미래핵심역량인 4C를 길러주는 교육이 강조되고 있죠. 4C란 소통(communication), 협업(collaboration), 비판적 사고력(critical thinking), 창의력(creativity)을 말합니다.

공교육에서 이러한 네 가지 핵심역량을 함양하기 위해서는 학생들이 좀 더 많은 상호작용을 할 수 있는 수업, 학생이 배움의 중심이 되어 자발적으로 참여하는 수업이 불가피합니다. 학생이 중심이 되어 서로 치열하게 토론하고 협력하는 수업에서는 각자가 가지고 있는 지식으로 소통하며 창의력을 발휘하여 나만의 생각, 나만의 시각으로 새로운 정보를 생산합니다. 그리고 생성된 정보를 비판적 사고를 통해 분석·선별하고 종합하며 협업을 통해 더욱 만족할 만한 학습 결과물을 얻고, 이를 다시 비판적 사고를 통해 건설적으로 평가할 수 있죠. 4C를 활용하고 함양하는 배움이야말로 학생의 현재와 미래의 삶에 꼭 필요한 교육입니다.

질문을 통해 열리기 시작하는 배움

4C 역량을 함양할 수 있는 학생이 중심이 되는 수업, 학생이 더 많은 상호작용을 할 수 있는 수업의 시작에는 '질문'이 있습니다. 좋은 질문은 학생들로 하여금 배움이 일어나게 하는 동력이 되며 학생의 질문으로 시작하는 배움은 학생의 소통과 협업, 비판적 사고력과 창의력의 함양을 도와주죠. 질문이 살아나면 누가 시키지 않아도 궁금한 것을 자발적으로 탐구하며 배웁니다. 또한 배움의 과정에서 도움이 필요할 때는 서로 소통하고 자연스럽게 협업이 이루어지죠. 무엇보다 질문의 답을 찾아가는 과정이 올바른지, 내가 찾아낸 답이 과연 올바른지 비판적으로 사고하게 되며, 더 나은 해답이 없는지 끊임없이 의심하고 또 다시 질문하는 과정에서 창의력이 성장하게 됩니다.

우리가 PBL(Project Based Learning), 즉 프로젝트 수업에 주목하는 이유도 바로 여기에 있습니다. 프로젝트 수업은 배움의 시작부터 끝까지 질문이 이어지므로 4C 역량 함양에 효과적입니다. 프로젝트 수업은 학생들의 자발적인 호기심, 질문으로 배움을 이끌어내는 일련의 과정입니다. 학생들은 개인이 관심 있는 것, 더 알고 싶고 궁금한 것을 통해 뭔가를 성취하려는 목적을 가지고 학습합니다. 따라서 다른 수업에 비해 학생들의 학습동기가 높고 학습에 참여하는 태도 또한 열정적이죠. 그리고 일련의 학습계획을 학생이 주도적으로 수립하므로 어떠한 목적이나 과제 수행을 위해 필요한 학습의 단계나 내용 및 학습 방법에 대해 비판적으로 사고하여 의견을 제시하고 때로는 교사의 예상을 뛰어넘은 창의적인 방안을 내놓기도 합니다.

프로젝트 수업에서 학생들은 개인적으로 과제를 수행할 때보다 협업이 훨씬 배움의 내면화에 바람직한 영향을 주고 만족할 만한 결과물을 내놓는다는 것을 깨닫습니다. 때로는 소통하고 협업하는 과정이 만만치 않다고 털어놓기도 하지만, 그럴수록 과제물을 다른 친구들과 공유할 때 더 큰 성취감을 느끼며 뿌듯해 하죠. 결과 발표 후 프로젝트의 성찰 과정에서도 다시 한 번 주제와 관련한 질문을 나누고 질문에 대한 개인의 생각을 정리하는 과정을 통해 자신과 친구들의 배움을 돌아보며 학습한 지식과 역량을 내면화합니다.

실천 없는 배움은 공허하다

과거에는 배움이 교실 안에만 머무는 것이 당연시되었습니다. 즉 교실 밖으로 까지 배움이 이어지지 못했던 거죠. 수업시간에 배운 내용은 오직 시험을 잘 보는 데 기여하면 그것으로 충분하다며 스스로를 위로했습니다. 오죽하면 시험을 치르기 무섭게 공부한 내용을 까맣게 잊어버렸다고 말하는 학생들도 다반사였죠. 하지만 이것이 과연 진정한 의미의 배움이고 교육일까요?

수업을 통해 뭔가를 배우더라도 실천으로 이어지지 않는다면 진정으로 뭔가를 알고 있다고 보기는 어려울 것입니다. 프로젝트 수업에서 학생들은 내면화한 지식들을 쏟아 부은 결과물을 발표하는 시간을 갖게 됩니다. 이러한 결과물들은 여러 가지 형식을 취하고 있지만, 나의 배움을 전달하고 실천한다는 측면에서 공통점을 가집니다.

내가 배운 것이 가정에서 실천하기에 적합하다면 부모님께 전달하여 가정에서 함께 실천해볼 수 있고, 학교에서 친구들과 함께 실천하고 싶다면 옆 반의 친구에게, 혹은 다른 학년의 학급에게 전달할 수도 있습니다. 또 어떤 활동을 주최하거나 참여하여 직접 배움을 실천할 수도 있습니다. 이 과정에서 학생들은 배움을 통한 성취감과 희열을 느끼죠. 결국 프로젝트 수업을 통한 지식의 실천은 진정한 앎을 보여주며 배움의 긍정적인 영향을 주변에 전파하는 것만으로도 의미가 있지만 학생들로 하여금 다음 프로젝트 수업에 더욱 열정적으로 참여하도록 선순환을 일으키는 동력이 되는 것입니다.

가치 있는 질문을 이끌어내는 수업을 설계하는 것이 교사의 역할

프로젝트 수업은 4C 역량을 비롯한 학생의 성장에 크게 기여합니다. 하지만 그 대신에 교사의 많은 관심과 준비, 피드백을 필요로 하는 것 또한 사실이죠. 무엇보다 배움을 이끄는 전 과정에서 가장 중요한 것은 뭐니 뭐니 해도 '질문'인데, 교사는 학생이 하는 질문이 가치를 향하도록 돕고 이끌어내는 역할을 해야 합니다. 여기서 말하는 가치란 개인과 국가 차원의 지평을 넘어서는 것이어야 한다. 그리고 전 지구적인 차원을 아우를 수 있고, 우리 미래세대에게 나아가야 할 방향을 알려주는 지침이 되는 가치를 뜻합니다.

우리는 한 나라의 구성원이기도 하지만 나아가 세계시민의 일원이기도 합니다. 각 개인은 복잡한 이해관계와 인과관계로 얽혀 있고, 나의 결정과 행동이 지구 반대편에 있는 사람에게까지 영향을 줄 수 있습니다. 따라서 개인이 추구하는 가치가 국가 차원의 지평을 뛰어넘어 전 지구적 차원에서 어떻게 적용되어야 할지, 혹은 우리와 미래세대가 당면한 지구적인 문제를 해결하기 위해 필요한 가치들이 무엇인지 숙고해보고 논의해볼 필요가 있는 시점입니다. 그렇기 때문에 교육의 역할, 교사의 역할 또한 학생들이 개인과 국가 차원의 지평을 벗어나 세계시민으로서 생각하고 행동할 수 있도록 가치의 방향을 제시해주고, 그러한 질문을 할 수 있도록 도와줄 수 있어야 합니다.

그렇다고 프로젝트 수업의 목표가 반드시 학생들에게 거창하게 배움의 서문을 열고 세계시민으로서 역할을 알리고 부담을 심어주려는 것은 아닙니다. 다만 프로젝트 수업에서 질문의 방향, 프로젝트 수업을 통한 가치의 학습은 학생에게 단지 우리의 배움, 배움의 공유, 배움의 실천이 주변 사람들에게 영향을 줄 수 있다는 것, 우리의 생각과 결정과 실천이 누군가에게 영향을 주고 영감을 줄 수 있다고 인지시켜주어야 한다는 뜻입니다.

불확실성의 시대, 교육은 새로운 방향성을 제시해야 한다

최근 학생 중심 수업, 학생 간 상호작용이 이루어지는 수업에 관한 다양한 연구들이 진행되고 있으며, 이러한 노력과 연구는 앞으로도 계속될 전망입니다. 그럼에도 불구하고 교육의 미래가 여전히 불안한 이유는 미래를 정확하게 예측하기 어렵기 때문입니다. 즉 미래에 발생하게 될 다양한 변화를 계속 따라잡을 수 있을지, 교육이 사회의 변화에 뒤처지지 않을까 하는 두려움 때문이 아닐까요?

이렇듯 불안한 상황에서 '일단 좋은 대학을 가면 된다'는 전제는 더 이상 미래사회를 살아갈 우리 아이들의 행복한 삶을 보장해주는 필요조건이 될 수 없습니다. 지금 많은 사람들이 생각하는 좋은 대학이 몇 십 년 후에도 여전히 좋은 대학일까요? 좋은 대학의 기준은 과연 무엇일까요? 좋은 대학은 행복한 미래를 보장해줄까요? 이러한 질문들에 선뜻 대답하기도 어렵지만, 그 대답들이 정답인지 아닌지를 판단하기란 아마 더더욱 어려울 것입니다.

물론 대학에서의 배움은 성숙한 어른으로 사회에 진출하는 데 꼭 필요한 소양을 키우는 과정에서 도움이 되는 가르침을 받을 소중한 기회일 수 있습니다. 그러나 변화가 핵심인 미래사회에서 대학에서든 혹은 어떤 장소에서든 내면의 힘을 굳건히 해줄 역량을 키워주는 것이 훨씬 더 중요하지 않을까요? 나는 어느 순간에 행복을 느끼는지, 나의 행복이 주변에도 긍정적인 영향을 주는지, 그렇다면 나의 행복을 위해 필요한 것은 무엇인지, 행복을 만들기 위해 내가 무엇을 해야 하는지, 어떤 순서대로 해나가야 할지, 어떠한 어려움이 예상되는지 등을 스스로 질문하고 고민하며 실행해나가야 합니다.

그런데 변화가 핵심인 미래사회에서는 실행 과정에서 또 다른 변화와 맞닥뜨릴 수 있습니다. 인간의 업무를 새로운 시스템이나 기술이 대체할 수도 있습니다. 이럴 때에도 필요한 것은 지금 이 순간 나의 행복에 대해 **질문하는 것**입니다. 변화가 주는 스트레스에 좌절하지 않고 행복을 찾아갈 수 있는 역량이 필요합니다. 그러한 점에서 나 이외의 주변 세계를 객관적으로 인식하는 동시에 내면에 집중할 수 있는 역량이 요구되는 시대인 것입니다.

역량의 시대, 더욱 중요해진 교사의 역할

우리는 과거 어느 때와 비교할 수 없는 눈부신 기술 혁신의 시대를 맞이했습니다. 이러한 기술의 성장과 발전은 우리가 스스로를 통제하고 조절하며 집중하는 것이 좀 더 수월해지도록, 혹은 어떤 상황에서도 방해받지 않도록 도와줄 순 있습니다. 그러나 그러한 역량을 함양하는 것은 최종적으로 기술이 아닌 사람의 몫입니다. 즉 우리 자신에게 달린 것입니다. 그리고 교육은 그러한 역량 함양에 이르도록 이끌어줄 중요한 안내자가 되어야 합니다.

한창 성장하고 있는 아이들은 매일 매일이 새로운 변화의 연속입니다. 그러면서도 주변에서 다양한 것을 끊임없이 흡수하며 계속 성장하고 있죠. 이러한 변화와 배움에 둔감해지지 않도록, 어떤 변화에도 당차게 적응하며 배워 나갈 수 있도록 교사는 길잡이의 역할을 다해야 할 것입니다.

교사는 다양한 수업 구조와 학습 환경을 조성하여 문제를 해결해 나가도록 북돋고, 현재의 자신에게 집중하도록, 스스로 원하는 상태에 도달하기 위해 제대로 노력하고 있는 과정인지 질문할 수 있도록 도울 수 있습니다. 아울러 삶과 연계된 배움을 디자인함으로써 아이들이 변화에 맞서기 위해 필요한 것을 질문하고, 해결해보는 실연 기회를 마련해줄 수 있습니다. 스스로 질문하고, 고민하고, 실행하고 성찰할 수 있는 아이들은 성인이 되어 설령 예기치 못한 다른 변화와 맞닥뜨리더라도 당황하지 않고 문제를 해결할 수 있는 능력을 갖게 되죠. 그리고 이러한 능력은 결국 행복한 삶의 길잡이가 되어줄 것입니다.

교육이 아이들의 행복한 미래를 위한 밑거름이 되기를 꿈꾸며

기성세대는 행복을 찾기 위해 스스로 질문하며 나아갈 방향을 탐색하는 데 익숙하지 않습니다. 여기에는 여러 가지 이유가 있겠지만, 무엇보다 이전의 교육에서는 이러한 것들을 배울 기회가 없었기 때문일 것입니다. 그래서 지금이라도 다시 책을 찾아보고, 함께 모여 의견을 나누며 온라인 또는 오프라인으로 정보를 공유하면서 새로운 방향과 가치를 모색하는 사람들이 늘어나고 있는 게 아닐까요?

우리 어른들도 아직은 시행착오를 겪고 있기에 아이들에게 미래사회에 대해, 행복에 대해 똑떨어지는 정답을 알려줄 순 없습니다. 하지만 최소한 행복하기 위해 질문하고 고민하는 것이 얼마나 중요한 것인지는 알려줄 수 있습니다. 그리고 우리 교사들은 수업에서 학생들이 스스로 질문할 수 있도록 도울 수 있으며, 질문이 지향해야 할 가치를 함께 고민해볼 수 있습니다. 또한 학생들이 질문을 해결하는 과정에서 배우고 다양한 역량을 함양할 수 있도록 적극 지원하는 역할을 해줄 수 있습니다.

기술의 발전이 우리의 다양한 수행 과정을 도울 수는 있을지 몰라도, 우리 미래세대가 나아갈 방향까지 제시해줄 순 없습니다. 그것은 스스로 의심하고 질문하면서 찾아가야 하는 것입니다. 따라서 행복을 찾기 위한 질문을 스스로 던질 수 있는 능력을 키우는 교육이 더더욱 중요한 때입니다. 이러한 교육이 우리 모두를 진정 행복한 삶으로 이끌어줄 수 있을 것입니다. 우리의 공교육이 아이들의 행복한 삶을 위한 밑거름이 되기를 희망합니다!

저자들의 말·말·말

기애경

프로젝트를 계획하고 활동을 준비하면서 학생들과 함께 긴 숨을 쉬며 나무만 보지 않고 숲을 조망하면서 수업을 하나하나 채워가는 과정은 마치 즐거운 놀이처럼 여겨졌습니다. 오히려 이것이 의미 있는 배움으로 나아갈 수 있었던 원동력이 되었던 것 같습니다. 가끔 프로젝트에 대한 부담감으로 교과서 수업이 더 편안하다고 할 때도 있고 프로젝트 못하겠다고 뒷전으로 미루어 놓은 적도 있었죠. 하지만 프로젝트를 '왜' 할까 생각하다 보면 일시적이고 단발적인 프로그램의 한계를 느끼게 되었습니다. 이런 한계를 극복하고 학년의 위계를 생각하며 프로젝트를 운영해가면서 결국 교사 스스로를 되돌아볼 수 있었습니다.

조은아

아직도 프로젝트 교육과정에 대해 자신 있다고 장담하지는 못하겠습니다. 하지만 "프로젝트 교육과정을 계속 운영하고 싶은가?"란 질문에는 주저 없이 "네!"라고 대답할 것입니다. 프로젝트 교육과정을 운영하는 것은 결코 나 혼자만의 힘으로 이루어지지는 않았습니다. 익숙하지 않지만 프로젝트 교육과정을 잘 따라와준 학생들이 있었고, 프로젝트 교육과정에 대한 의구심을 거두지 않았지만 결국 프로젝트 교육과정을 믿게 된 학부모들이 있었으며, 어려움이 있을 때마다 함께 고민하고 문제를 해결해 나가기 위해 힘을 모은 동료 교사들이 있었죠. 학생들이 프로젝트 수업에서 서로 힘을 합치는 것처럼 교사들 역시 함께한다면 프로젝트 교육과정도 도전해볼 만하지 않을까요?

송영범

프로젝트 수업은 '교육과 삶'이라고 생각합니다. 인류 보편적 가치를 향해, 학습자가 몰입하고, 자신만의 방식으로 표현하며, 그러한 배움이 삶의 모습으로 발현될 때 프로젝트 수업이 완성되고 의미를 지니게 됩니다. 가치와 몰입, 표현과 발현은 교육인 동시에 인간의 삶의 모습입니다. 그러한 차원에서 이 책을 통해 만나게 될 다양한 프로젝트 수업 사례들이 학생 성장을 위한 교육 참고서로서 뿐만 아니라, 교사들에게도 교육자를 넘어 한 인간으로서 자신의 삶을 비추어 생각해보게 하는 가치와 의미를 지닐 수 있기를 기대합니다. 이 책을 읽는 순간 새로운 삶이 펼쳐질 것입니다. 진정한 교사 그리고 의미 있는 한 명의 인간을 꿈꾸는 삶으로. 끝으로 이 책이 나올 수 있도록 프로젝트 수업을 만나게 해주고 밀도 있는 경험을 할 수 있게 해준 모든 분들에게 감사드리며 사랑하는 아내와 두 아들에게도 사랑의 마음을 전합니다.

김성일

강의식·주입식 수업에 익숙했던 내게 프로젝트 학습의 첫인상은 차라리 비판적 시각에 더 가까웠죠. 지금 생각해보면 이러한 시각은 지식 위주의 현행 입시제도와 프로젝트 학습 간의 괴리감 때문이었던 것 같습니다. 하지만 수업 경험이 쌓일수록 이런 생각은 프로젝트 학습을 제대로 이해하지 못한 데서 온 무지인 동시에, 아이들 간의 상호작용을 통해 얻는 지식이 교사가 제공하는 지식보다 못하다고 생각했던 내 모습을 반성하게 만들기에 충분했죠. 프로젝트 학습은 학생들의 자율성을 강조함으로써 자칫 교사의 역할이 일반 수업보다도 더 작다고 여길 수 있습니다. 하지만 실제로 경험해본 프로젝트 수업에서 교사의 역할은 일반 수업보다 훨씬 더 정교하고 중요해졌죠. 프로젝트 수업에서는 교사가 학생들보다 더 많은 열의를 갖고 있어야 하며, 교사들 간에 경험을 공유하는 것 또한 중요합니다. 이번 기회를 통해 여러분만의 프로젝트 교육과정을 디자인해보기를 진심으로 바랍니다.

옥진우

프로젝트를 운영하면서 크게 깨달은 점은 교육자로서의 교육철학을 바로
세워야 한다는 사실입니다. 방법적인 것들은 각종 자료와 경험을 통해 익
힐 수 있지만, 진정한 프로젝트 학습이 되기 위해서는 교사가 먼저 의미
있는 가치들을 정립하고 교육철학을 올바로 세워야 합니다. 미래사회에
도움이 되는 가치를 정립하고 그 가치를 학생들이 내면화할 수 있는 프로
젝트를 계획해야 합니다. 교사의 한 사람으로서 여기에 한 가지를 더 추가
하자면 프로젝트 학습의 의의는 '함께' 성장하는 데서 찾아야 한다는 거죠.
팀을 이루어 프로젝트를 진행하는 과정에서 생기는 갈등을 해결하고, 의
견을 조율하며, 팀원들과 의사소통하며, 자신의 생각을 효과적으로 표현
하는 방법을 배우는 것. 이 과정을 잘 거쳐서 훌륭한 결과물을 함께 만들
어냈을 때, 성장은 자연스럽게 이루어질 것입니다. 그동안 함께 고민하면
서 느리지만 성실하게 동행해준 동료들에게 무한한 감사를 느낍니다.

한난희

프로젝트 학습을 시작하기 전이면 어쩐지 늘 마음이 참 바쁘게 술렁거립
니다. 아이들과 무엇을 공부해야 할지, 아이들이 어떤 궁금증을 풀기 시작
할지, 어떻게 도와주면 좋을지. 준비하고 또 준비하여도 행여 모자람이 있
지 않을까 걱정이 됩니다. 어떤 수업이든 교사의 많은 준비가 필요하고,
수업이 어떤 형태나 구조를 갖던 학생이 주도적으로 참여하는 수업일수록
많은 배움이 일어납니다. 그중에서도 프로젝트 학습은 노력에 따른 성장
의 결과를 가장 잘 보여주는 대표적인 수업 구조가 아닐까 싶습니다. 특히
아이들의 배움과 성장이 교실뿐만 아니라 생활 전반에서 나타나기 때문에
프로젝트 학습의 매력은 더욱 크다고 생각합니다. 프로젝트 수업 경험이
쌓여갈수록 새로운 학급의 아이들에게, 아이들의 성장을 돕는 다른 교사
들에게 전하고 싶은 마음도 함께 쌓여갔습니다. 이제는 제법 묵직해진 그
마음이 이 책을 통해 조금이나마 전달되어 아이들을 위한 수업에 많은 노
력을 바치는 분들에게 도움이 되길 바랍니다.

참고문헌

강현석·이지은, 《이해 중심 교육과정을 위한 백워드 설계의 이론과 실천》, 학지사, 2016.

김난도 외 7인, 《트랜드코리아 2018》, 미래의창, 2017.

김재춘 외, 《교육과정과 평가》, 교육과학사, 2011.

박의수 외, 《교육의 역사와 철학》, 동문사, 2011.

심미혜, 《하루 20분, 미국 초등학교처럼》, 센추리원, 2014.

아이작 유, 《질문지능》, 다연, 2017.

이성대 외, 《프로젝트수업, 교육과정을 만나다》, 행복한 미래, 2016.

이현정·최무연·임해정, 《프로젝트수업, 배움을 디자인하다》, 행복한 미래, 2017.

임재성, 《질문하는 독서법》, 평단, 2018.

표시정, 《우리나라를 소개합니다》, 키다리, 2013.

햇살과나무꾼, 《우리나라가 보여요》, 아이세움, 2014.

린 에릭슨·로이스 래닝·레이첼 프렌치, 《생각하는 교실을 위한 개념 기반 교육과정 및 수업》(온정덕·윤지영 옮김), 학지사, 2019.

존 라머 외 2인, 《프로젝트 수업 어떻게 할 것인가?》(최선경·장밝은·김병식 옮김), 지식프레임, 2017.

후쿠타 세이지, 《국제바칼로레아의 모든 것》((교육을바꾸는사람들 옮김), 21세기교육연구소, 2019.

교육부, 〈2015개정교육과정 해설서〉, 2016.

교육부, 〈국어 1-1 교사용 지도서〉, 미래엔, 2019.

교육부, 〈통합교과 1-1 교사용 지도서〉, 교학사, 2019.

교육부, 〈사회 5-1 교사용 지도서〉, 지학사, 2019.

조현영, 〈SOLO분류법에 따른 초등학교 6학년 학생들의 비와 비례개념분석〉, 석사학위논문, 경인교육대학교, 2015.

Chuck Weiderhold, *Cooperative Learning & Higher-Level Thinking(The Q-Matrix)*, Kagan Publishing. 1998.

H. Lynn Erickson, *Concept-Based Curriculum and Instruction: Teaching Beyond the Facts*, Corwin Press, 2002.

H. Lynn erickson, *concept-based teaching and learning*, IB Position paper, 2012.

IB, *What is an IB education?*, International Baccalaureate Organization, 2017.

John D. Bransford외 2인, *How People Learn: Brain, Mind, Experience and School*, National Academy of Sciences and the National Research Council, 2000.

Pam Hook, *First steps with SOLO Taxonomy Applying the model in your classroom*, Essential Resources, 2016.

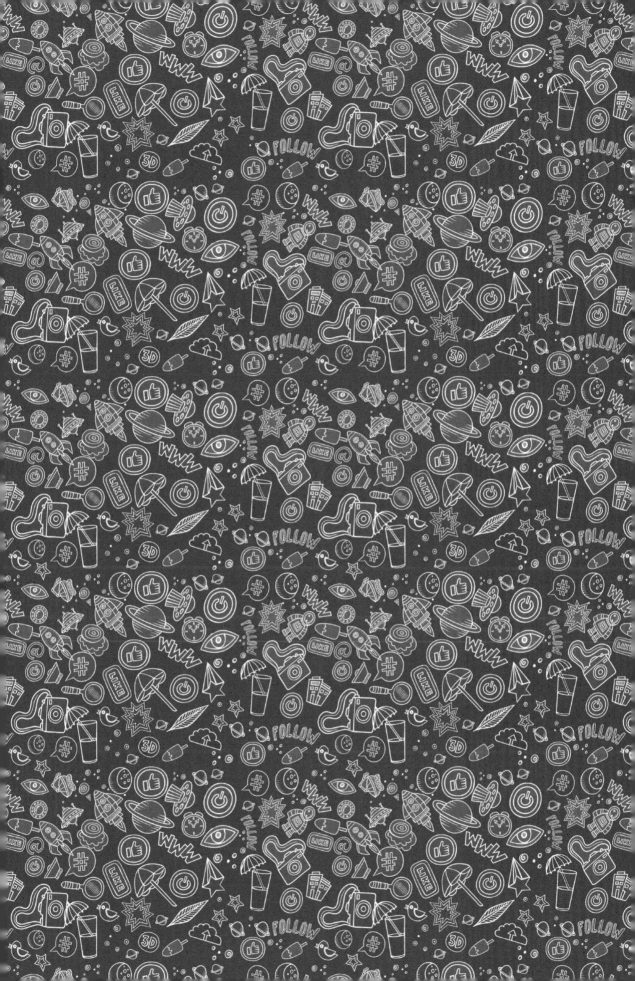